Fils du philosophe Jean-François Revel et de l'artiste peintre Yahne Le Toumelin, Matthieu Ricard est moine bouddhiste, auteur, traducteur et photographe. Après un premier voyage en Inde en 1967 où il rencontre de grands maîtres spirituels tibétains, il termine son doctorat en génétique cellulaire à l'Institut Pasteur en 1972 puis s'installe dans l'Himalaya où il vit depuis plus de 45 ans. Il est l'auteur de plusieurs livres, dont *Le Moine et le Philosophe*, *L'Infini dans la paume de la main*, *Plaidoyer pour le bonheur*, *L'Art de la méditation*, *Plaidoyer pour l'altruisme* et *Plaidoyer pour les animaux*. Ses photos de l'Himalaya sont exposées de par le monde et regroupées dans des livres de photographies. Il est aussi l'auteur de plusieurs volumes de traductions à partir du tibétain.
Sous l'égide de l'Institut Mind and Life, il collabore à plusieurs programmes de recherches en neurosciences sur les effets de l'entraînement de l'esprit et de la méditation, dans les universités américaines et européennes.
L'association humanitaire qu'il a créée, Karuna Shechen (www.karuna-shechen.org) a accompli 160 projets dans le domaine de la santé, de l'éducation et des services sociaux. Elle soigne aujourd'hui 120 000 patients par an au Népal, en Inde et au Tibet, et 25 000 enfants sont éduqués dans ses écoles. Il lui dédie l'intégralité de ses droits d'auteurs et les bénéfices de ses activités.

Retrouvez toute l'actualité de l'auteur sur :
www.matthieuricard.org

CHEMINS SPIRITUELS

DU MÊME AUTEUR
CHEZ POCKET

PLAIDOYER POUR LE BONHEUR
LA CITADELLE DES NEIGES
L'ART DE LA MÉDITATION
CHEMINS SPIRITUELS
PLAIDOYER POUR L'ALTRUISME
PLAIDOYER POUR LES ANIMAUX

OUVRAGES EN COLLABORATION :

Avec Jean-François REVEL
LE MOINE ET LE PHILOSOPHE

Avec Trinh Xuan THUAN
L'INFINI DANS LA PAUME DE LA MAIN

Avec Sa Sainteté le DALAÏ-LAMA
365 MÉDITATIONS QUOTIDIENNES DU DALAÏ-LAMA
VERS UNE SOCIÉTÉ ALTRUISTE

Avec Wolf SINGER
CERVEAU ET MÉDITATION
POUR UN POUVOIR ALTRUISTE

MATTHIEU RICARD

CHEMINS SPIRITUELS

Petite anthologie
des plus beaux textes tibétains

Morceaux choisis et traduits du tibétain
avec la collaboration de Christian Bruyat,
du Comité de traduction Padmakara

NIL

Pocket, une marque d'Univers Poche,
est un éditeur qui s'engage pour la
préservation de son environnement et
qui utilise du papier fabriqué à partir
de bois provenant de forêts gérées de
manière responsable.

ISBN 978-2-266-21555-8

Avertissement au lecteur

Vous trouverez, en fin d'ouvrage, un glossaire donnant les définitions des principales notions du bouddhisme rencontrées dans les textes de cette anthologie.

À Takloung Tsétrul Péma Wangyal Rinpotché,
avec immense respect et gratitude

Avant-propos

Ces quelques gouttes extraites du vaste océan de la littérature bouddhiste tibétaine n'ont pas l'ambition de constituer une anthologie de référence, mais une simple compilation des textes les plus édifiants qu'il m'a été donné de lire au cours des années et que j'ai choisis en fonction de leur clarté et de l'authenticité de leur auteur.

J'ai voulu que les passages cités dans ce livre représentent un éventail le plus large possible des différentes traditions spirituelles du Tibet. À plusieurs reprises, j'ai puisé à des sources qui me sont apparues particulièrement limpides et désaltérantes, notamment celles des maîtres que j'ai eu la bonne fortune de rencontrer et qui incarnent de manière exemplaire les traditions maintenues intactes jusqu'à nos jours. Mon choix s'est également porté sur des paroles du Bouddha, ainsi que sur certains enseignements de grands maîtres bouddhistes de l'Inde fréquemment cités dans les ouvrages tibétains.

Cette anthologie est « petite » dans la mesure où elle ne prétend pas être exhaustive, ne serait-ce qu'en raison de mes connaissances limitées. Mais, telle une goutte de miel qui possède, malgré sa taille, toute la saveur de la jarre d'où on l'a extraite, ce recueil contient, du moins je l'espère, l'essence de la voie bouddhiste, tout particulièrement dans son aspect le plus pratique, à savoir l'utilisation de chaque instant de l'existence pour progresser vers l'Éveil.

En 1981, au Bhoutan, le grand maître spirituel tibétain Dilgo Khyentsé Rinpotché (1910-1991) donna pendant deux mois la transmission du *Trésor d'instructions spirituelles* (*Damngak Dzö*), un ouvrage en treize volumes dans lequel Jamgön Kongtrul, l'un des plus grands maîtres du XIXe siècle, avait rassemblé les enseignements cruciaux de ce que l'on appelle les Huit Grands Chars de la Lignée d'Accomplissement, autrement dit les principales lignées de transmission des enseignements bouddhistes qui se sont épanouies au Tibet : Nyingma, Kadam-Guélouk, Sakya, Kagyu, Shangpa Kagyu, Kalachakra, Orgyen Nyendroub et Tcheu-Shitché (voir appendice, pp. 318-319).

Un jour, Khyentsé Rinpotché me dit : « Lorsqu'on prend conscience de la profondeur de vue de ces huit grandes traditions et que l'on voit aussi qu'elles mènent toutes au même but sans se contredire mutuellement, on se dit que seule l'ignorance peut nous conduire à adopter une attitude sectaire. »

C'est alors que, pour illustrer les paroles de Khyentsé Rinpotché, j'ai conçu le souhait de traduire un certain nombre de textes provenant de ces grandes écoles. Cette petite anthologie n'est que la modeste réalisation de cette pensée.

La plupart des textes de cette anthologie ont été traduits du tibétain par mes soins au cours des trente-cinq années que j'ai passées en Orient. Ceux qui proviennent d'autres sources sont référencés dans les notes. Il nous est arrivé de reprendre le texte tibétain de ces sources et d'en modifier la première traduction.

Selon la tradition en vigueur au sein du Comité de traduction Padmakara*, dont je fais partie, ces traduc-

* Ce comité, fondé il y a plus de trente ans, s'est donné pour but de traduire le plus fidèlement possible les grands textes de la littérature bouddhiste tibétaine et de les publier pour les rendre accessibles au public occidental.

tions ont été vérifiées avec les originaux tibétains par un autre traducteur, en l'occurrence mon ami Christian Bruyat, qui a également reformulé la traduction de bon nombre de textes.

Des versions précédentes de cette anthologie avaient également été relues attentivement par Carisse Busquet et Madeleine Tréhin, et ont bénéficié de suggestions de Jean-François Lambert, de Yahne Le Toumelin et d'autres membres du Comité de traduction Padmakara.

Ce qu'on appelle « esprit » est un phénomène très curieux. Parfois rigide et réfractaire à tout changement, il peut aussi devenir très souple pourvu que l'on fasse de constants efforts pour le transformer et que l'on se convainque, par la réflexion, que ce changement est non seulement possible mais indispensable. Il ne suffit pas, pour cela, de faire des vœux ou des prières. Il faut que la raison intervienne en s'appuyant sur l'expérience. On ne doit pas non plus s'attendre à ce que cette transformation s'opère du jour au lendemain, car nos vieilles habitudes résistent à toute solution rapide.

Sa Sainteté le XIVe dalaï-lama

Introduction

Le bouddhisme est essentiellement une voie de connaissance qui conduit à la libération de la souffrance. L'Éveil dans lequel il culmine est à la fois une sagesse fondée sur une compréhension juste de la réalité et un affranchissement des émotions perturbatrices et des voiles engendrés par l'ignorance. La pratique du bouddhisme n'exige pas de renoncer à ce que l'existence a de bon, mais d'abandonner les causes de la souffrance auxquelles nous sommes souvent attachés comme à une drogue. Étudier les enseignements bouddhistes ne consiste donc pas à surcharger son esprit d'une multitude d'informations mais à maîtriser les seules connaissances nécessaires pour se libérer du *samsara*, le cycle des existences conditionnées par l'ignorance et la douleur.

La voie bouddhiste est structurée de telle sorte qu'elle prend en compte le caractère graduel de la transformation intérieure, chaque étape conduisant naturellement à la suivante, comme dans la construction d'une maison où l'on ne peut poser le toit sans avoir au préalable établi les fondations, élevé les murs et installé la charpente.

Certains facteurs favorisent cette transformation. Le principal est de prendre conscience que l'on possède déjà en soi le potentiel de transformation, ce que le bouddhisme appelle la nature, ou l'embryon, de

Bouddha. Viennent ensuite l'intérêt suscité par la rencontre avec un maître spirituel authentique, suivi par la détermination enthousiaste de cultiver l'altruisme, la compassion et d'autres qualités essentielles que ce maître personnifie ; et enfin, la persévérance indispensable pour accomplir toute transformation véritable.

Les réflexions, méditations et exercices spirituels qui jalonnent la voie font appel au corps, à la parole et à l'esprit, mais en fin de compte c'est bien sûr l'esprit que l'on doit transformer si l'on veut remédier à sa propre souffrance et à celle de tous les êtres. C'est pourquoi le Bouddha déclara :

Sans commettre le moindre acte nuisible,
Applique-toi parfaitement au bien
Et maîtrise pleinement ton esprit :
Voilà l'enseignement du Bouddha.

Par où faut-il commencer ? Pour s'engager réellement et efficacement sur la voie de la transformation, il faut commencer par réfléchir sincèrement à sa propre condition. Où en suis-je dans ma vie ? Quelles ont été jusqu'ici mes priorités ? Que puis-je envisager pour le temps qu'il me reste à vivre ? Cette réflexion n'a bien sûr de sens que si l'on a le sentiment qu'un changement est à la fois souhaitable et possible. Souhaitable : puis-je affirmer que rien ne doit être amélioré dans mon existence et dans le monde qui m'entoure ? Possible : il ne tient en fait qu'à moi-même d'en décider.

Reste également à savoir dans quelle direction nous souhaitons changer. Si j'aspire à m'élever dans la hiérarchie sociale, à devenir plus riche ou à me divertir, suis-je intimement convaincu que ces choses, à supposer que je les obtienne, me combleront ? À cette croisée des chemins où je m'interroge sur mes buts, je dois être honnête avec moi-même et ne pas me satisfaire de réponses superficielles.

Le bouddhisme répond que la vie humaine est éminemment précieuse ; que le désenchantement qui nous envahit parfois ne veut pas dire que l'existence ne vaut pas la peine d'être vécue, mais que nous n'avons pas encore clairement identifié ce qui peut lui donner un sens. « La question n'est pas de savoir si la vie a un sens, mais comment chacun de nous peut lui en donner un », dit le dalaï-lama. Éminemment précieuse, notre existence l'est encore davantage si nous jouissons de toutes nos facultés physiques et mentales, si nous sommes libres de nos actes et si nous mettons à profit ces conditions favorables pour actualiser le potentiel de transformation qui se trouve en nous. Le temps nous est malgré tout compté. Les accidents, la maladie et la mort inévitable surviennent sans crier gare. D'où l'accent mis sur la diligence.

Cette anthologie reflète les différentes étapes du chemin spirituel selon la tradition du bouddhisme tibétain, lui-même fondé sur le bouddhisme qui vit le jour en Inde. Viennent d'abord quatre thèmes de réflexion destinés à transformer notre perception du monde et à orienter notre esprit vers la pratique spirituelle. La première de ces réflexions porte sur les possibilités extraordinaires qu'offre l'existence humaine. La deuxième nous invite à observer la nature transitoire de toute chose en général et de la vie en particulier, et nous incite à faire le meilleur usage possible du peu de temps dont nous disposons. La troisième porte sur la loi de causalité des actes. Pour mettre fin à la souffrance et parvenir à l'Éveil, comme pour atteindre n'importe quel autre but, on ne peut pas procéder n'importe comment : il y a des choses à faire et d'autres à éviter, car chacun de nos actes a inévitablement des répercussions sur nous-même et sur le monde extérieur. Cette réflexion nous aide à comprendre les conséquences de notre comportement et les conclusions que nous devons en tirer. La quatrième méditation porte sur les défauts du samsara, autrement dit l'existence conditionnée par l'ignorance et caractérisée par la souffrance. Ces quatre thèmes nous aident à prendre conscience des actes, des paroles et des pensées qui méritent d'être cultivés et de ceux qui causent notre malheur ou nous font simplement perdre notre temps.

Les enseignements des grands maîtres bouddhistes ne sont pas des recettes aléatoires. Ce sont, au contraire, de véritables guides pratiques fondés sur l'expérience vécue d'êtres experts dans la voie spirituelle, au savoir hors du commun, et qui comprennent clairement les mécanismes du bonheur et de la souffrance.

Une fois explorés ces quatre thèmes, nous aborderons la notion de « prise de refuge ». Ce terme ne veut pas dire qu'on invoque la protection de puissances occultes et mystérieuses, mais que l'on s'en remet aux enseignements qui conduisent à l'Éveil, c'est-à-dire à la connaissance authentique de l'esprit et de la nature de la réalité, car c'est cette connaissance qui libère de la souffrance. Dans un premier temps, il est indispensable de s'appuyer sur des êtres qui possèdent déjà cette sagesse et l'illustrent par leurs actes. Leur représentant parfait est le Bouddha.

Suivront des enseignements sur l'altruisme et la compassion, qui forment le cœur de la voie. À quoi bon se libérer seul de la souffrance si tous les êtres autour de soi continuent de souffrir ? Une démarche aussi limitée serait vouée à l'échec, car nos joies et nos peines sont inévitablement liées à celles des autres.

Autrement dit, c'est ensemble que nous devons traverser « l'océan de la souffrance ».

Avant de commencer un voyage, il est indispensable de réunir un certain nombre d'éléments qui nous aideront à atteindre notre destination et à faire face aux possibles obstacles qui ne manqueront pas de surgir sur la route. Il en va de même avec l'aventure spirituelle. On doit, d'une part, se débarrasser des poisons mentaux qui empêchent l'esprit d'évoluer et, d'autre part, réunir des « mérites », ou énergies positives, qui nous fourniront la force vive nécessaire au processus de maturation intérieure.

Nous avons aussi besoin de la précieuse assistance d'amis de bien et, plus particulièrement, d'un guide spirituel qualifié qui, fort de sa propre expérience et doté d'une grande bienveillance, sera en mesure d'éclairer inlassablement notre chemin.

Le meilleur cadeau que peut nous faire un maître spirituel est de nous montrer la nature de notre propre esprit et de faire en sorte que nous puissions la reconnaître. Généralement, ce que l'on appelle « esprit » ou « conscience » nous apparaît comme un foisonnement de pensées liées à nos perceptions, nos émotions, nos souvenirs, notre imaginaire. Mais derrière ce rideau de pensées, sommes-nous capables de discerner la composante fondamentale de l'esprit ? Savons-nous discerner la conscience pure du moment présent qui est sous-jacente à toute activité mentale ? Ce que disent les grands méditants dont nous citons les paroles au cours de cette anthologie nous aidera à reconnaître la nature essentielle de l'esprit et à maîtriser le processus des pensées et des émotions qui, jusqu'à présent, se sont succédé sans fin et en nous maintenant dans la confusion.

Nous verrons ensuite, toujours en nous appuyant sur les instructions de sages du passé, qu'il est indispensable de se ménager des périodes de temps où nous pourrons nous concentrer pleinement sur le processus de transformation intérieure.

Nous verrons à quelles pratiques se livrent, d'une part, l'ermite qui se retire temporairement du monde et, d'autre part, le pratiquant qui poursuit son chemin spirituel dans la vie de tous les jours ; comment tous deux s'entraînent à percevoir plus clairement le monde et à éprouver davantage d'amour et de compassion pour tous les êtres ; quelles sont la vue, la méditation et l'action qu'ils pratiquent pour accomplir leur propre bien et celui des autres.

Nous citerons enfin quelques conseils permettant d'éviter les pièges tels que la paresse, la vanité et les passions incontrôlées que le démon de l'ego ne manque pas de tendre sur notre chemin. Ces conseils, qui prennent souvent, par humilité, la forme de réprimandes adressées à soi-même, sont de précieux outils afin de progresser sans empêchements.

Nous avons fait précéder les différents chapitres de ce recueil de quelques phrases d'introduction, modestes passerelles entre le lecteur et des textes dont le vocabulaire et le style ne sont pas forcément familiers à tout le monde.

Puissent ces quelques trésors que nous ont légués les sages bouddhistes tibétains du passé nous permettre de faire le meilleur usage possible de notre propre richesse, le potentiel extraordinaire que nous offre l'existence humaine !

I

Tourner son esprit vers le chemin spirituel

1

La valeur de l'existence humaine

La première démarche de celui qui aspire à suivre la voie spirituelle est de comprendre à quel point la vie humaine est précieuse. Utilisée à bon escient, elle nous offre une occasion unique d'actualiser le potentiel d'Éveil qui se trouve en nous tous mais qu'il nous est très facile de négliger ou de dilapider. Selon le bouddhisme, parmi toutes les formes de vie que l'on peut prendre dans la ronde des existences, le fait de naître humain est éminemment rare. On le compare à un banquet dont on se délecterait après des siècles de disette.

L'une des raisons pour lesquelles cette existence est si précieuse est la possibilité qu'elle nous offre de reconnaître et de développer l'essence ou potentiel de la bouddhéité qui est la nature fondamentale de tout être conscient. Cette nature, temporairement voilée par la confusion mentale et les émotions perturbatrices, reste enfouie comme un trésor à l'intérieur de nous. La pratique de la voie bouddhiste, ou Dharma, *consiste à éliminer ces voiles. Elle ne sert pas à « construire » l'état de bouddha, mais simplement à le révéler. Car on ne peut rien ajouter ou retrancher à cette nature qui n'est autre que le fondement même de notre esprit. Les qualités acquises sur le chemin* *de l'Éveil ne sont pas fabriquées de toutes pièces, elles reflètent l'actualisation graduelle de notre nature, à l'image de l'éclat d'un joyau qui se manifeste au fur et à mesure que l'on débarrasse celui-ci de la fange qui l'enveloppait**.

SHABKAR (1781-1851)[1**]

Le marin doit traverser l'océan tant qu'il possède un bateau ; le général doit vaincre l'ennemi tant qu'il dispose d'une armée ; le pauvre doit traire la « vache d'abondance[***] » tant qu'elle est à sa portée ; le voyageur qui veut atteindre des contrées lointaines doit poursuivre sa route tant qu'il dispose d'un excellent cheval. Quant à vous, qui possédez temporairement une précieuse existence humaine et recevez les instructions d'un maître spirituel, incarnation de tous les bouddhas des trois temps[****], pensez avec joie et

* Certains exégètes du bouddhisme ont une vision légèrement différente et considèrent que le *tathagatagarbha*, ou essence de la bouddhéité, n'est pas pleinement présent en chaque être, mais se développe grâce à la pratique de la voie, comme une graine qui mûrit et finit par donner un fruit, en l'occurrence l'état de bouddha.

** Les notes et les biographies sont rassemblées en fin d'ouvrage.

*** Dans la mythologie bouddhiste, on parle d'une « vache au pis intarissable », symbole d'abondance et d'accomplissement de toute aspiration.

**** Les bouddhas du passé, du présent et de l'avenir. Selon le bouddhisme du Grand Véhicule (Mahayana), mille et un bouddhas se sont manifestés et se manifesteront durant notre ère, ou *kalpa*, lequel représente la durée d'un univers particulier. Le Bouddha Shakyamouni, né il y a environ deux mille cinq cents ans, est dit être le quatrième de ces bouddhas.

enthousiasme à parcourir la grande voie du Dharma suprême en vous rapprochant toujours plus du but ultime : l'Éveil et la libération.

SHECHEN GYALTSAP (1871-1926)[2]

Nous disposons à présent d'une précieuse existence humaine, grâce à laquelle nous avons rencontré un maître spirituel authentique, reçu de profonds enseignements et nous sommes engagés sur la voie de la libération. Toutefois, si, tel l'explorateur qui revient les mains vides d'une île couverte de trésors, nous nous contentons de jouir un certain temps de cette inestimable existence sans en ramener la gemme du sublime Dharma, notre voyage aura été inutile. Et si, absorbés par les activités de la vie quotidienne, nous négligeons les instructions libératrices, nous posséderons certes cette inappréciable existence humaine, mais sans en retirer le moindre profit.

La mise en pratique de l'enseignement du Bouddha, le Dharma, relève principalement de l'esprit. Or l'esprit s'appuie sur le corps, et la relation entre les deux est rarement parfaite. Si nous avons la chance de ne pas être affectés par les maladies du corps et de l'esprit et que nous ne sommes asservis par personne, nous jouissons alors de toute la liberté nécessaire à la pratique spirituelle ; emparons-nous sans plus tarder de cette chance afin de consacrer toute notre ardeur à la voie suprême.

Dilgo Khyentsé Rinpotché (1910-1991)[3]

Les habitants de cette planète se comptent par milliards, mais combien d'entre eux sont conscients qu'il est rarissime de jouir d'une existence humaine* ? Combien, parmi ceux-là, s'emparent de cette chance pour pratiquer les enseignements ? Et parmi ceux qui s'engagent sur la voie, combien persévèrent et parviennent à l'accomplissement ultime ? En réalité, ces derniers sont aussi rares que les étoiles de l'aube comparées à celles qui brillent par une nuit claire.

L'existence humaine est la seule dans laquelle on souffre suffisamment pour éprouver l'impérieux désir d'échapper au cycle des renaissances, sans pour autant être privé des circonstances nécessaires pour entraîner son esprit à atteindre l'Éveil. Si nous ne profitons pas de cette chance inestimable, nous n'aurons pas d'autre choix que de dévaler, comme une pierre, la pente qui mène aux mondes inférieurs du samsara.

Jamgön Kongtrul Lodrö Thayé (1813-1899)[4]

Obtenir du beurre à partir du lait n'est possible que parce que le lait contient déjà de la crème, mais personne n'a jamais fait du beurre en barattant de l'eau. L'orpailleur cherche l'or parmi les minéraux et non parmi des copeaux de bois. De même, s'efforcer d'atteindre le pur et parfait Éveil n'a de sens que parce

* L'auteur veut dire ici que, même si les êtres humains nous apparaissent innombrables, ils ne représentent qu'une infime partie des êtres qui peuplent notre monde. Une existence humaine est donc extrêmement rare par rapport aux autres formes de vie possibles.

que la nature éveillée est déjà présente en chaque être. Sans cette nature, tout effort serait futile.

SHECHEN GYALTSAP (1871-1926)[5]

On peut se demander : « Si la nature de la bouddhéité se trouve en moi, pourquoi ne puis-je pas la percevoir tout de suite ? » Parce que, à l'image de l'or enfoui dans sa gangue, elle est voilée par les tendances que nous avons accumulées depuis des temps immémoriaux, tendances qui ont elles-mêmes été induites par les poisons mentaux, puis renforcées par les actes auxquels ces perturbations ont donné lieu. On lit dans la *Louange à la dimension ultime*[6] : « L'éclat du saphir est toujours intact, prêt à se manifester, mais n'apparaît pas tant que le saphir reste enfoui dans sa gangue. Immaculée, la dimension ultime demeure cachée sous l'épais voile de la confusion mentale. Son éclat ne peut se manifester dans le samsara, le monde de la souffrance, mais se révèle dans le nirvana, l'au-delà de la souffrance. [...] »

On se demande aussi peut-être s'il est possible que tous les êtres, même les chiens ou les cochons, possèdent au plus profond de leur conscience les multiples qualités de la bouddhéité, comme par exemple les « dix forces ». Ces qualités sont effectivement présentes dans le potentiel d'Éveil de tout être vivant, la nature fondamentale de la conscience, et leurs attributs ne peuvent en être séparés, pas plus que la chaleur ne peut être dissociée du feu. Mais ces qualités ne sont pas manifestes, tout comme le tranchant du sabre qui reste invisible tant que la lame est dans son fourreau, ou le miroir qui possède le pouvoir de refléter les formes et les couleurs, mais pas avant qu'on le retire de l'obscurité.

Les qualités de l'Éveil, quant à elles, sont inhérentes à la conscience mais peuvent longtemps rester imperceptibles. La nature ultime de l'esprit, la vacuité douée de toutes les qualités suprêmes de l'Éveil, est donc toujours présente en nous, mais demeure latente aussi longtemps que nous ne l'avons pas découverte et que nous ne nous sommes pas familiarisés avec elle. Il ne suffit pas de comprendre intellectuellement la nature de l'esprit, il est indispensable de se débarrasser des voiles qui l'occultent, et la meilleure façon d'y parvenir est d'engendrer l'esprit d'Éveil, l'intention supérieure d'atteindre l'Éveil pour le bien de tous les êtres. C'est le seul et unique moyen de connaître l'authentique Éveil, ou, en d'autres termes, de devenir « bouddha ».

JIGMÉ KHYENTSÉ RINPOTCHÉ (né en 1964)[7]

Conseil à un vannier père de famille

Certains affirment n'avoir aucun but dans l'existence, pourtant ils en ont assurément au moins un, celui d'être heureux, comme tous les êtres. Nous nous voulons tous du bien. Ce sentiment élémentaire et fondamental est le signe que nous avons à l'intérieur de nous un potentiel, une richesse à exploiter. Personne, au fond de soi, ne se veut réellement du mal. Même le masochiste qui dit aimer se faire souffrir ne le fait que parce qu'il y trouve du plaisir.

Nous sentir responsables de nos proches est louable, mais nous avons la capacité d'ouvrir notre esprit suffisamment pour assumer une responsabilité bien plus grande, celle de l'infinité des êtres. Pourquoi limiter notre profond sentiment de tendresse à quelques personnes, alors que nous pouvons l'étendre à tous les êtres ? Par ailleurs, en ce qui concerne nos amis et nos proches, nous devrions leur offrir quelque chose de véritablement utile, dont nous pourrions nous féliciter au moment de notre mort. Il ne suffit pas de leur faire plaisir en les emmenant, par exemple, faire une croisière en bateau. Qu'est-ce que cela va vraiment leur apporter ? S'ils ont un problème, cela les distraira quelque temps mais, dans la plupart des cas, ils emporteront leurs préoccupations avec eux là où vous les emmènerez. S'ils ont un chagrin de cœur, si leur compagnon ou leur compagne les a quittés, ou si quelqu'un les a moralement blessés, ils ressasseront leur amertume sur le bateau et celle-ci sera toujours aussi vive une fois la croisière achevée. Nous avons beaucoup mieux à faire pour aider ceux qui nous entourent.

Réfléchissons. Qu'aimerions-nous transmettre à nos enfants ? Une belle image de nous-mêmes, de sorte qu'ils nous voient plus beaux que nous ne sommes en réalité ? À quoi bon ? Des biens matériels ? C'est leur mettre entre les mains un monceau de problèmes. Ils se disputeront nos richesses à notre mort, et même si nous partageons celles-ci de notre vivant, certains se penseront lésés et envieront ce que les autres auront reçu. Le confort matériel, ils peuvent l'obtenir par d'autres moyens, en travaillant par exemple. Notre présence ? Que nous le voulions ou pas, ils seront séparés de nous quand nous mourrons. À ce moment-là, leur chagrin ne nous ressuscitera pas et ne leur apportera rien d'utile.

Ce qu'en revanche nous pouvons leur léguer, c'est une source d'inspiration, une vision des choses qui ait un sens et qui puisse leur donner confiance à chaque instant de leur vie. Pour cela, nous devons bien sûr acquérir nous-mêmes une certaine assurance, une certitude intérieure. Or, ce sentiment ne peut à l'évidence venir que de notre esprit ; il est donc grand temps de nous occuper de celui-ci.

Depuis notre naissance, nous laissons notre esprit fonctionner comme bon lui semble, à l'image d'un gamin capricieux, et nous sommes bien obligés de voir que rien de vraiment positif n'en a résulté. Reprendre les rênes devient indispensable et mérite que nous y consacrions du temps, ne serait-ce qu'un peu chaque jour.

Mieux vaut donc nous raviser et faire preuve de bon sens. Or, si nous laissons notre esprit nous maltraiter au point que nous vivons dans la souffrance et faisons également souffrir les autres autour de nous, c'est le signe que nous manquons précisément de bon sens. On peut considérer comme « négatives » les pensées et les paroles qui proviennent de notre esprit perturbé. Si, au lieu de nous lamenter sur notre sort, nous cultivons l'altruisme et la compassion et que ces états d'esprit « positifs » améliorent notre bien-être et celui d'autrui, nous faisons preuve de bon sens.

Le désarroi dans lequel nous nous trouvons est en fait une aubaine : il témoigne de notre sensibilité. Ceux qui traversent la vie sans le moindre sentiment de détresse sont inconscients. La détresse induite par notre prise de conscience recèle un immense potentiel de transformation, un trésor d'énergie dans lequel nous pouvons puiser à pleines mains et que nous pouvons utiliser pour construire quelque chose de meilleur, ce que l'indifférence ne permet pas.

Si tu penses que le monde entier se dresse en ennemi, imagine, toi le vannier, que tu te trouves devant des tonnes d'osier. Pour faire des paniers, il te faudra tresser correctement cet osier. De même, face à toutes ces difficultés, tu dois tresser parfaitement un panier intérieur suffisamment grand pour contenir tous les aléas de l'existence sans qu'ils te submergent. Bref, il est essentiel que tu t'occupes de ton esprit avec discernement.

MINLING TERCHEN GYOURMÉ DORJÉ (1646-1714)[8]

Conseils pour soulager la douleur de la noble dame du nom de Sonam Paldrön, originaire d'Oukpa Loung.

Namo guru ratnaya !
Hommage aux Maîtres et aux Trois Joyaux !

Mon esprit étroitement uni
À celui du maître immensément bon,
Je supplie celui-ci de faire pleuvoir sur nous
L'ondée de ses bénédictions
Pour que toutes les circonstances douloureuses
Se libèrent spontanément dans la grande félicité.

L'alternance des pensées
De bonheur et de souffrance, de désir et d'aversion,
N'est rien d'autre que le jeu
De la lumineuse vacuité de l'esprit*.
Sans altérer ce qui se manifeste,
Contemples-en la nature,
Et tu le percevras comme grande félicité.

Tandis que tu disposes de cette existence humaine,
Applique-toi tout entier à pratiquer le Dharma suprême.

* Ceci se réfère au fait que, comme il sera expliqué dans d'autres textes, l'esprit n'est pas une entité douée de réalité concrète. Il n'est cependant pas un pur néant et possède une qualité « lumineuse » de connaissance.

Les mille choses à faire qui n'ont jamais de fin,
Ces distractions ineptes, dépourvues de substance,
Délaisse-les toutes complètement !

Tandis que tu as soumis un adversaire,
Mille autres restent encore à vaincre.
Écrase plutôt, dans ton esprit, les ennemis
Que sont les émotions négatives.

Parents et amis ont beau s'entendre,
Facilement surgit la discorde.
Ceux qui dans cette vie sont nos proches
Sont aussi causes de tourments.

Il se peut que tu t'enrichisses,
Mais tu auras du mal à t'en contenter ;
Savoir trancher le nœud de l'avidité,
Voilà qui est bien plus essentiel.

Lorsque te trompent ceux auxquels tu te fiais,
Que ton cœur s'en remette aux indéfectibles Trois Joyaux !

Désespérée par la perte d'un enfant adoré,
Comprends clairement la nature ultime de ton affliction,
Et demeure, l'esprit libre et ouvert,
Dans l'espace de l'indescriptible vacuité lumineuse.

Il est absurde d'entretenir l'attachement et la haine
Envers les êtres des six mondes
Auxquels nous lient de profonds liens de parenté.
Prendre conscience qu'ils sont tous égaux,
N'est-ce pas en soi une libération, une grande béatitude ?

Toutes les situations heureuses ou malheureuses
Sont, dans l'essence de l'esprit en soi, libres de fabrications
[mentales,
Semblables aux arcs-en-ciel qui n'altèrent point le ciel.
Laisse toute chose dans le vaste espace libre d'attache-
[ment !

SHECHEN GYALTSAP (1871-1926)[9]

Lorsque chaleur, fumure et humidité se trouvent réunies, on fait tout pour semer le grain. Lorsqu'on découvre un gisement d'or ou d'argent, on fait tout pour l'exploiter. Quand les moissons d'automne sont prêtes, on fait tout pour les récolter. Quand une escorte nous accompagne sur un chemin dangereux, on redouble d'énergie. Lorsqu'on dispose de main-d'œuvre et d'assistants, on mène à bien sa tâche. Aujourd'hui que vous possédez une précieuse existence humaine libre de tout empêchement et dotée de toutes les conditions favorables, efforcez-vous sans relâche à la pratique spirituelle !

Réfléchissez bien : il n'est plus temps de dormir ni même de s'arrêter pour souffler un peu, mais de faire effort sans désemparer. Quoi que nous fassions – marcher, manger, s'asseoir, etc. –, ignorons la paresse, l'indolence, l'apathie, la négligence ou la distraction. Maîtrisons les tendances qui nous rendent réfractaires à tout changement dans notre corps, nos paroles, notre esprit et jusque dans nos activités les plus insignifiantes. Une fois engagés sur la voie de libération, il serait inconvenant de se conduire comme à l'ordinaire : observons constamment notre esprit avec vigilance et lucidité. Si nous avons commis un acte malveillant, regrettons-le et promettons-nous de ne jamais le réitérer. Et si nous n'en avons commis aucun, sachons nous en réjouir.

Adonnons-nous à la pratique spirituelle, qu'elle soit formelle ou pas, avec la même ardeur que l'affamé qui se jette sur n'importe quelle nourriture. Attentifs à ne pas dédaigner les bonnes actions ordinaires, et ne perdant pas de vue la nature illusoire de toute chose, parcourons la voie de la double acquisition des mérites et de la sagesse – cette voie qui réjouit les Vainqueurs – et encourageons également les autres à s'y engager. Nous appliquant jour et nuit à pratiquer les enseignements, traçons ainsi la voie d'heureuses vies futures : voilà comment donner un vrai sens à son existence.

2

Réflexions sur l'impermanence et la mort

« La mort ne s'attarde pas à considérer ce qui est fait ou reste à faire. »

Shantidéva

Chaque instant de notre vie a une immense valeur. Pourtant, nous laissons s'écouler le temps qui nous reste comme de l'or fin entre nos doigts. Quoi de plus triste que de se retrouver les mains vides à la fin de sa vie ? Sachons reconnaître le caractère inestimable de chaque seconde de vie. Soyons assez intelligents pour décider d'en faire le meilleur usage, pour notre bien comme pour celui des autres. Avant tout, dissipons l'illusion qui consiste à croire que nous avons « toute la vie devant nous ». Cette vie passe comme un rêve qui peut s'interrompre à tout moment. Consacrons-nous donc sans plus attendre à l'essentiel pour ne pas être rongés de regret à l'heure de notre mort. Il n'est jamais trop tôt pour développer nos qualités intérieures.

La nature éphémère de toute chose se présente à nous sous deux aspects : l'impermanence grossière – le changement des saisons, l'érosion des montagnes, le vieillissement du corps, les fluctuations de nos émotions – et l'impermanence subtile, qui se manifeste au niveau de la plus petite unité de temps concevable. À chaque instant infinitésimal, tout ce qui semble exister de façon durable change inéluctablement. C'est à cause de cette impermanence subtile que le bouddhisme compare le monde à un rêve, une illusion, un flux perpétuel et insaisissable.

Si la pensée de la mort doit sans cesse habiter l'esprit du pratiquant, elle ne doit pas pour autant le rendre triste ou morbide, mais au contraire l'inciter à employer chaque minute de sa vie pour accomplir la transformation intérieure à laquelle il aspire. Nous avons tendance à nous dire : « Je vais d'abord régler mes affaires actuelles, mener à terme tous mes projets et, une fois tout cela fini, j'y verrai plus clair et pourrai me consacrer à la vie spirituelle. » Mais, en raisonnant ainsi, nous nous leurrons de la pire des manières, car non seulement notre mort surviendra infailliblement, mais le moment et les circonstances qui la provoqueront sont absolument imprévisibles. Toutes les situations de la vie ordinaire, le simple fait de marcher, manger ou dormir peuvent soudain se transformer en causes de mort. C'est ce que le pratiquant sincère doit toujours garder à l'esprit. Au Tibet, les ermites qui allument leur feu le matin s'entraînent à penser qu'ils ne seront peut-être plus là le lendemain pour en allumer un autre. Ils considèrent même qu'ils ont de la chance si, après chaque expiration, ils peuvent inspirer de nouveau. La pensée de la mort et de l'impermanence est pour eux l'aiguillon qui les encourage chaque jour à poursuivre leur pratique spirituelle.

NAGARJUNA (Ier-IIe siècle)[10]

Si cette vie que bat le vent de mille maux
Est plus fragile encore qu'une bulle sur l'eau,
Il est miraculeux, après avoir dormi,
Inspirant, expirant, de s'éveiller dispos !

PADMASAMBHAVA (VIIIe-IXe siècle)[11]

Comme le torrent se précipite vers la mer,
Comme le soleil et la lune glissent par-delà les montagnes [du couchant,
Comme les jours et les nuits, les heures et les instants [s'enfuient,
La vie humaine s'écoule inexorablement.

DILGO KHYENTSÉ RINPOTCHÉ (1910-1991)[12]

Comme l'huile de la lampe allumée qui sera bientôt consumée, toutes les choses de ce monde se rapprochent peu à peu et inexorablement de leur fin. Il est puéril de penser que l'on peut d'abord terminer toutes les tâches que l'on a entreprises pour ensuite se retirer et consacrer au Dharma le reste de sa vie. Sommes-nous donc si sûrs de vivre assez longtemps ? La mort ne frappe-t-elle pas les jeunes comme les vieux ? Quoi que vous fassiez, rappelez-vous que vous êtes mortel et gardez votre esprit concentré sur la Voie. [...] Le criminel traqué ne peut rester tranquille un seul instant ; toujours en alerte, il imagine mille façons d'échapper au châtiment qui l'attend. Vous ne le trouverez certainement pas occupé à dessiner les plans de sa future maison. Comment se reposer quand la mort menace à chaque instant ? Dès à présent, le seul secours possible est la pratique du Dharma qui fait de la mort une amie. [...]

Il y a un temps pour tout. Les paysans le savent bien, qui guettent le moment opportun pour labourer, semer ou moissonner, et qui, ce moment venu, ne manquent jamais de faire le nécessaire. À présent que vous êtes en pleine possession de vos moyens, que vous avez rencontré un maître spirituel authentique et reçu ses précieuses instructions, laisserez-vous en friche le champ de votre libération ?

Nous avons un long chemin à parcourir dans nos vies futures, et la mort n'est qu'un seuil à franchir. Un seuil que nous franchirons seuls, avec pour unique secours la foi en notre maître et notre confiance dans la pratique spirituelle. Nos parents, nos amis, notre puissance, notre richesse et tout ce sur quoi nous avions l'habitude de compter nous feront défaut.

Si vous passez votre temps à accomplir d'interminables tâches mineures, au moment de la mort vous serez envahis par l'angoisse et pleurerez de regret, comme un voleur jeté en prison se demande quel va être son sort. C'est pourquoi Jetsün Milarépa déclara au chasseur Gonpo Dordjé : « En cultivant une dévotion inébranlable envers ton maître et les Trois Joyaux, même si tu te retrouves démuni de tout, tu vivras et mourras rasséréné et le cœur plein de joie[13]. »

PADMASAMBHAVA (VIIIe-IXe siècle)[14]

La vie passe aussi vite que les nuages d'automne ;
Parents et amis sont comme les badauds d'un marché ;
Le démon de la mort rôde, furtif, comme les ombres du [crépuscule ;

L'au-delà est *[pour nous]* comme un poisson transparent
[en eau trouble ;
Le monde, comme le rêve de la nuit passée ;
Les plaisirs des sens, comme une fête illusoire ;
Et les activités ordinaires aussi futiles
Que les ondes se succédant à la surface de l'eau.

DILGO KHYENTSÉ RINPOTCHÉ (1910-1991)[15]

Au printemps, les graines germent ; en été, les pousses se transforment en tiges, en feuilles et en fleurs ; à l'automne, les récoltes ont mûri et sont moissonnées ; en hiver, on prépare la terre pour la saison prochaine. La lune monte et descend au cours du mois, le soleil se lève et décline au cours de la journée : tout change perpétuellement. Le soir, retentissent les danses et les chants de milliers d'invités ; à l'aube, tout est désert et silencieux ; et, pendant le court temps de la fête, les noceurs se sont un peu plus rapprochés du moment de la mort…

SHECHEN GYALTSAP (1871-1926)[16]

Entre les nuages de l'illusoire et de l'éphémère
Danse l'éclair de la vie.
Peux-tu affirmer que demain tu ne seras pas mort ?
Alors, pratique le Dharma !

GOUNTHANG TENPAI DRÖNMÉ (1762-1823)[17]

L'eau turquoise qui danse
Dans le constant murmure de ses vagues
Est une jeune fille criant à l'aide d'une voix étouffée
Quand l'emprisonne la glace hivernale.

Les scintillantes prairies en fleurs bourdonnantes d'abeilles,
Sitôt mordues par le gel des matins d'automne,
Se muent en plaines désertes et fantomatiques
Qui gémissent d'angoisse avant l'assaut de la grêle.

Rat blanc et rat noir – le jour et la nuit –
À tour de rôle grignotent la frêle paille de notre existence.
Et nous, à chaque instant, nous faisons un pas
De plus vers notre ennemi, la mort.

Quand les vieillards pleurent la perte de leur fils,
Le corps tremblant comme un arc ployé
Et les cheveux blancs comme une conque,
Qui soutiendra que les vieux meurent les premiers ?

TENNYI LINGPA (1480-1535)[18]

Méditation sur l'impermanence

Imaginons-nous dans un lieu inconnu, ignorant d'où nous venons et où nous allons. C'est une vallée lugubre orientée vers le nord ; le sol noir est jonché de ruines rougeâtres ; on ne voit aucune trace de présence humaine, mais on entend le fracas assourdissant d'une cascade dévalant la montagne rocailleuse et sombre ; d'instables éboulis déchirent les pentes où le vent hurle dans les herbes folles, tandis que des fauves se disputent des cadavres qu'ils déchiquettent ; le glapissement des chacals se mêle au croassement des corbeaux et au ululement des chouettes ; les cimes rocheuses hachent le ciel, le vent siffle, le soleil est sur le point de disparaître derrière les monts, et les ombres s'obscurcissent.

Égaré sans compagnon ni repère, je ne sais où aller. Je me lamente, au comble du désespoir : « Pauvre de moi, où est-ce que je suis ? Me voilà perdu. Où sont mes enfants, mes parents, mes possessions, mon pays ? C'est épouvantable ! »

Désemparé, je me mets à marcher, mais aussitôt trébuche et tombe dans un ravin. Au cours de ma chute, je parviens à saisir de la main droite une grosse touffe d'herbe qui dépasse du rocher. Suspendu dans le vide, tremblant, je m'y agrippe avec l'énergie du désespoir. En contrebas, je ne vois qu'un gouffre sans fond et, au-dessus, il n'y a que l'immense falaise, lisse comme un miroir, qui s'élance jusqu'au ciel. Le vent cingle mes oreilles. À droite de la touffe d'herbe, une souris blanche surgit d'une fissure de la paroi et sectionne un brin qu'elle emporte aussitôt. Sur la gauche apparaît une souris noire qui, elle aussi, tranche un brin d'herbe avant de disparaître. Les deux souris recommencent leur manège, chacune à son tour, et la touffe d'herbe s'amenuise peu à peu*.

Sans aucun moyen de les en empêcher, terrifié à l'idée de mourir, je me lamente : « Hélas ! Ma dernière heure est arrivée. » Il n'y a personne pour entendre mes appels au secours. « Auparavant, je ne pensais pas que je devais mourir et j'ai négligé de pratiquer l'enseignement du Dharma. Je ne m'imaginais pas rencontrer la mort aussi vite, et la voici soudain devant moi. Je ne reverrai plus mes enfants, mes amis, mes biens ni mon pays. Ne pensant qu'à amasser des richesses, je ne me suis pas soucié de cultiver le bien, et maintenant je dois tout laisser et partir seul pour une destination inconnue. C'est terrifiant ! Comment échapper à mon sort tragique ? Est-ce que j'ai la moindre chance de m'en sortir ? »

* La souris blanche et la souris noire représentent l'alternance des jours et des nuits au cours de laquelle s'épuise notre vie.

C'est alors que mon maître spirituel apparaît dans le ciel. Assis sur un lotus et un disque de lune, paré des six ornements d'os, faisant tinter sa cloche et jouant de son petit tambour*, il danse, majestueux, dans l'espace.

« Malheureux ! s'exclame-t-il. Soumis à l'impermanence de toute chose, tu vas bientôt disparaître. Les saisons passent, et tous les êtres, amis comme ennemis, vieillissent et finissent par mourir. Même la jeunesse décline, un peu plus chaque jour, un peu plus chaque mois. Il n'y a aucun moyen de repousser la mort, mais si tu crois pouvoir t'en sortir, vois d'abord dans quelle situation tu es, et sur-le-champ, sans tarder, écoute avec respect les paroles de ton maître en cultivant à son égard une fervente dévotion. »

À ces mots, je m'écrie : « Hélas ! Je suis déjà au seuil de la mort, et je regrette amèrement de ne pas avoir entraîné mon esprit. Que je meure ou que je survive, je m'en remets entièrement au maître et aux Trois Joyaux. Eux qui sont compatissants, puissent-ils me libérer de l'abîme du cercle des existences ! Ô maître, vous qui incarnez à vous seul les Trois Joyaux, je me remets entre vos mains ! »

Pendant que vous invoquez ainsi votre maître du tréfonds de vous-même et avec une intense dévotion, du cœur de celui-ci jaillit un rayon de lumière qui touche votre propre cœur au moment même où la

* Ces objets ne sont que des symboles rappelant de façon visuelle au disciple certaines qualités : le lotus (qui s'enracine dans la vase mais dont la fleur émerge au-dessus de l'eau) symbolise le fait d'être présent dans le monde ordinaire sans être affecté par les défauts de celui-ci ; le disque de lune représente la compassion ; les six ornements d'os, les six vertus transcendantes ; la cloche, la sagesse ; le petit tambour, la grande félicité.

touffe d'herbe à laquelle était suspendue votre vie finit par céder. Ce rayon vous tire du précipice et vous vous retrouvez dans le champ pur de la Grande Félicité. De votre cœur émanent d'infinis rayons de lumière qui guident vers cette même terre pure tous les êtres des trois sphères du samsara, sans en oublier aucun. Méditez ainsi en cultivant une intense compassion.

BOUDDHA SHAKYAMOUNI (Ve siècle avant J.-C.)[19]

Comme l'étoile filante, le mirage, la flamme,
L'illusion d'optique, la goutte de rosée et la bulle sur l'eau,
Le rêve, l'éclair et le nuage,
Considère ainsi toute chose composée.

VIIe DALAÏ-LAMA, KELZANG GYATSO (1708-1757)[20]

Quand vient l'heure de déposer
Le fardeau de la vie au seuil de la mort,
Nul n'emmène avec lui ses parents, ses amis,
Ses serviteurs ni ses biens.
Misérable est alors l'esprit asservi par l'attachement :
Tranche donc tous tes liens !

KOTRAKPA SONAM GYATTSEN (1170-1249)[21]

Le corps, aussi impermanent que la brume printanière ;
L'esprit, aussi immatériel que le ciel vide ;
Les pensées, aussi évanescentes que la brise qui passe :
À ces trois choses, songe continûment.

GAMPOPA (1079-1153)[22]

Au départ, il faut être poursuivi par la peur de la naissance et de la mort comme un cerf qui s'échappe d'un piège. À mi-chemin, il ne faut rien avoir à regretter, même si l'on meurt à l'instant, comme le paysan qui a travaillé la terre avec soin. À la fin, il faut être heureux comme celui qui a terminé une immense tâche. […]

Ce qu'il faut surtout savoir, c'est qu'il n'y a pas de temps à perdre, comme si une flèche avait atteint un point vital de notre corps.

JETSÜN MILARÉPA (1040-1123)[23]

Effrayé par la mort, j'allai dans les montagnes.
À force de méditer sur son heure incertaine,
J'ai conquis l'immortel bastion de l'immuable ;
À présent, ma peur de la mort est bien dépassée !

RIDZIN JIGMÉ LINGPA (1729-1798)[24]

Ceux que torturent les chaleurs de l'été
Languissent après le clair de lune automnal,
Et si la peur ne les gagne pas,
C'est qu'ils ne pensent point
Qu'alors leur vie aura été réduite de cent autres journées.

PATRUL RINPOTCHÉ (1808-1887)[25]

Malheureux que nous sommes, attachés à des illusions,
Nous prenons pour réel et durable ce monde de souffrance !
Puissions-nous, touchés par la bonté du maître inégalé,

Connaître la bénédiction de tout vivre comme un enseigne-
[ment !

À peine né, chacun se lance aussitôt sur la voie libre
Qui mène, par une porte étroite, jusqu'au Seigneur de la
[Mort.
Courroucé, déchaîné, son regard nous glaçant de terreur,
Il brandit un couperet et fait claquer son noir lasso.
Mais voilà, nous qui venons du pays des vivants,
Nous n'avons jamais songé qu'un jour nous ne serions plus.
Dans des sacs, nous conservons des graines blanches
Pour les semer en espérant une récolte ; mais nous,
Les fermiers qui ignorons quand finira notre vie,
Sommes-nous bien sûrs que nous serons présents
Pour boire le vin des moissons ?

Jeunes coqs que la pensée de la mort jamais n'effleure,
[prenez garde !
Homme ou cadavre, la différence ne tient qu'au fil ténu
[d'une respiration.
Facile est la séparation de l'âme et du corps au trépas du
[jeune homme !
On la dit pourtant lourde de peur et de chagrin.

Et vous, fraîches beautés de bijoux et de fleurs parées,
Prévoyez-vous de grisonner et de vous voir bientôt vieillir ?
Nulle cachette pour vous dérober à la furtive emprise de
[l'âge !
Qu'y pouvez-vous ? La vieillesse est parfois plus cruelle
[que la mort !

Ce corps, objet de tant de soins, n'est qu'un creuset de
[maux.
Sans prévenir, l'adversité le frappe, et les flèches acérées
De la maladie brisent le lien entre corps et esprit,
Faisant de soi une offrande au Seigneur de la Mort.
Ce cadavre si redouté, en vérité, c'est bientôt toi.

Ô maître bienveillant, avec compassion regardez
Les malheureux que nous sommes, nous qui n'avons pas

Réussi à trancher la racine de toutes les méprises,
Qui longtemps, vie après vie, nous sommes laissés duper
Dans le samsara, la ronde des existences.
Puissions-nous connaître le bonheur de délier les nœuds de [l'illusion !

La rencontre de Patrul Rinpotché et de Tcheuying Rangdrol[26]

Un jour, Patrul Rinpotché, le fameux ermite errant du XIXe siècle, accompagné de son ami Péma Dorjé, décida de se rendre au monastère de Kathok. Il longea lentement la rive du lac Noir, atteignit les glaciers du Rempart de Thromgo, puis une montagne sacrée dont l'un des versants est constitué d'une falaise abrupte appelée Reine du rocher farouche.

Sur ce versant aussi béni que solitaire résidait un grand méditant du nom de Tcheuying Rangdrol, qui avait passé la majeure partie de sa vie en retraite. Il n'avait pas fait de grandes études, mais il avait atteint le stade ultime de la voie contemplative de la Grande Perfection. Pour tout vêtement chaud, il n'avait qu'une peau de mouton éculée qu'il portait sur une simple tunique dont le col et l'ourlet étaient cousus à l'envers. Il n'avait jamais voyagé, étant resté jour et nuit assis sur sa natte, absorbé dans de profondes méditations.

Dès son arrivée, Patrul Rinpotché se prosterna trois fois devant l'ermite et lui demanda de lui dispenser les enseignements de l'*Essence de l'espace lumineux*, d'après la lignée spirituelle des patriarches du monastère de Kathok.

Le premier jour, Tcheuying Rangdrol croisa les deux mains sur son cœur, récita quelques versets de l'enseignement, puis répéta lentement et à trois reprises la première stance :

« Hélas !

Qu'il est difficile de réunir les libertés et les conditions

Propices à l'éclosion de l'Éveil. »

Des larmes roulèrent sur ses joues. Patrul Rinpotché lui aussi me mit à pleurer et Tcheuying Rangdrol demeura un moment silencieux. Tel fut l'enseignement du jour.

Le lendemain, Tcheuying Rangdrol enseigna de la même façon, sans avoir recours aux textes mais en puisant directement aux sources de sa réalisation personnelle. Voici les mots qu'il prononça :

« La vie des êtres s'écoule comme une cascade de montagne ! »

Il croisa de nouveau les mains et, tout en pleurant, poursuivit après un moment de silence :

« Ne gâche pas ces conditions favorables ni ces libertés qui te sont accordées ;

Ne laisse pas ta vie se dépenser en vain ! »

À ce moment-là, Péma Dorjé se dit en lui-même : « Comme c'est étonnant ! Voilà que Patrul Rinpotché, un maître qui connaît à la perfection tous les enseignements, reçoit des instructions aussi élémentaires ! Pourtant, à la simple mention de la rareté de l'existence humaine, maître et disciple se sont mis tous deux à pleurer. Je n'en reviens pas ! »

3

De la graine au fruit, ou la loi de cause à effet

Quand nous lançons un caillou en l'air, nous ne devons pas nous étonner qu'il nous retombe sur la tête. De même, lorsqu'on a commis un acte, quel qu'il soit, on ne peut que s'attendre à ce que, tôt ou tard, il produise un effet. Si l'on souhaite s'affranchir de la souffrance, il est donc logique qu'il faille accomplir certains actes, et en éviter d'autres. La loi de causalité des actes est le fondement même des enseignements du Bouddha, lui qui déclara :

Éviter le moindre acte nuisible,
Accomplir parfaitement le bien
Et maîtriser son esprit :
Voilà l'enseignement du Bouddha.

Tous les phénomènes résultent du concours d'une infinité de causes et de conditions en perpétuel changement. Comme l'arc-en-ciel qui surgit quand le soleil brille sur un rideau de pluie et s'évanouit dès lors que disparaît l'un des facteurs contribuant à sa formation, les phénomènes ne surviennent que par interdépendance et sont donc dénués d'existence autonome et permanente.

Si les phénomènes se conditionnent mutuellement en un vaste processus dynamique et créateur, rien ne surgit, en revanche, de façon arbitraire, et la loi de causalité opère inéluctablement.

Le karma, *qui désigne à la fois les actes et leurs effets, est un aspect particulier de cette loi de causalité. C'est lui qui détermine notre lot de bonheurs et de souffrances. Autrement dit, nous subissons les conséquences de nos comportements passés, de même que nous sommes les architectes de nos vies futures.*

Dans cette optique, notre destinée ne dépend donc pas d'une puissance extérieure, une volonté divine par exemple. Elle est le fruit de nos actes. On ne récolte que ce que l'on a semé, et rien ni personne ne contraint un individu à renaître de telle ou telle façon, si ce n'est le pouvoir de ses actes.

Par « actes » on n'entend pas seulement les comportements physiques, mais également les paroles et les pensées qui, elles aussi, peuvent être bénéfiques, neutres ou nuisibles. Bien et mal ne sont pas des valeurs absolues. Une conduite est considérée comme « bonne » ou « mauvaise » en fonction de l'intention, altruiste ou malveillante, qui la sous-tend, ainsi que de ses conséquences : le bonheur ou le malheur pour soi et pour autrui. À chaque instant de notre vie, nous récoltons les conséquences de notre passé et façonnons notre futur par des pensées, des paroles et des actes nouveaux. Ces derniers sont comme des graines qui, une fois semées, produisent le fruit bénéfique ou nuisible qui leur correspond.

Vues sous cet angle, les souffrances dont nous ne sommes apparemment pas responsables – le mal que nous font les autres, les maladies ou les désastres naturels – ne sont dues ni à une volonté divine ni à une fatalité inéluctable, pas davantage qu'à un pur hasard. Ce sont comme des flèches que nous aurions tirées un jour en l'air, puis oubliées, et qui reviendraient sur nous. Cette vision des choses peut paraître déconcertante à un Occidental, surtout si on l'applique à un être innocent qui souffre, ou à un homme foncièrement bon dont la vie n'est qu'une perpétuelle tragédie. Il faut comprendre que, selon le bouddhisme, chaque être est le résultat d'un ensemble complexe de causes et de conditions, de bonnes et de mauvaises graines semées dans le passé, et c'est cette combinaison de facteurs multiples qui se manifeste, graduellement et chacune en son temps, au cours de nos vies. Le fait d'en prendre conscience permet d'adopter une attitude plus responsable. Elle nous évite, par exemple, de blâmer les autres pour ce qui nous arrive de déplaisant.

Ne pas se révolter contre ce qui nous échoit par la nature des choses ne signifie pas être fataliste. Nous avons toujours la possibilité de tirer le meilleur parti d'une situation défavorable, quelle qu'elle soit. À nous de décider ce que nous devons faire ou ne pas faire pour construire notre bonheur futur et ne plus engendrer des causes de souffrance.

Comprenant que les actes nuisibles conduisent à tous les maux qui nous affligent – nous-mêmes et autrui –, et que les actes bénéfiques engendrent le bonheur, libre à nous d'agir avec discernement. Comme on dit : « Tant que l'on garde sa main dans le feu, il est vain d'espérer échapper à la brûlure. » Pour conclure, nous ne récoltons ni « récompense » ni « punition » : ce qui nous arrive obéit simplement à la loi de causalité.

Shantidéva (685-763)[27]

Ils disent vouloir se libérer de la souffrance :
Voyez plutôt comme ils courent à sa rencontre !
Tous pourtant aspirent au bonheur
Mais, ignorant ce qui en est la cause,
Ils le détruisent comme si c'était un ennemi.

Jetsün Mingyour Paldrön (1699-1769)[28]

Si l'on souhaite se libérer définitivement de la souffrance, il est important de bien distinguer ce qu'il faut faire de ce qu'il ne faut pas faire. Car on ne peut espérer goûter le fruit d'un acte bénéfique que l'on n'a pas accompli, ni échapper aux conséquences de ses propres méfaits. Une fois morts, nous suivrons le sillage de nos actes, les bons et les mauvais. À présent que nous avons le choix entre deux chemins qui nous conduisent l'un vers le haut et l'autre vers le bas, n'agissons pas en contradiction avec nos désirs les plus profonds. Pratiquons tous les actes bénéfiques possibles, même les plus infimes. Les gouttes, en s'ajoutant, ne finissent-elles pas par remplir une grande jarre ? Utilisons-les donc comme un remède suprême, car ils sont à l'origine de toute qualité.

Évitez de même tout acte nuisible, même le plus insignifiant. Telle l'étincelle minuscule qui, en présence de vent, peut consumer en un instant un énorme tas d'herbes sèches, un simple accès de violente colère peut détruire une montagne de mérites. Rejetez comme du poison toute conduite néfaste en comprenant qu'elle est cause de toutes nos souffrances, et transformez également les actes neutres en actes positifs*.

Enfin, si vous comprenez que même les bonnes actions sont, comme toute chose, dénuées de réalité ultime, celles-ci contribueront également à vous libérer du cycle des existences. Et de même qu'en moissonnant on obtient du grain mais aussi de la paille, vous connaîtrez, en plus de la libération ultime, le bonheur temporaire. Comment ne pas faire preuve de diligence !

Dilgo Khyentsé Rinpotché (1910-1991)[29]

Le nombre des êtres est aussi infini que l'espace, de même que le nombre de vies que nous avons vécues. Il s'ensuit que nous avons établi, au cours de ces existences, toutes sortes de liens avec chacun des êtres. Tous, en particulier, ont dû être notre mère au moins une fois. Or chacun de ces êtres, même le plus minuscule des insectes, essaie d'être libre et heureux, et aucun ne veut souffrir. Malheureusement, la majorité d'entre eux ne sait pas que le bonheur résulte des actes positifs, et la souffrance des actes négatifs. Aussi, dans leurs efforts pour trouver le bonheur, les êtres passent-ils leur temps à commettre des actes nuisibles qui leur créent toujours davantage de souffrances, c'est-à-dire le contraire même de ce qu'ils désirent. En y pensant, on ne peut que ressentir une grande compassion.

* Les actes neutres qui, en soi, ne sont ni bons ni mauvais, comme se laver, marcher, s'habiller, peuvent être transformés en actes bénéfiques si on leur adjoint une pensée positive. En nous lavant, par exemple, nous pouvons penser que nous purifions notre karma négatif en même temps que celui de tous les êtres.

En termes pratiques, que peut-on faire pour les aider ? Le simple fait d'éprouver pour eux de la compassion ne suffit pas. En revanche, vous disposez d'une existence humaine dotée des conditions favorables à la pratique spirituelle. Vous avez, en particulier, l'immense fortune d'avoir rencontré le suprême Dharma et commencé à le pratiquer. Vous avez aussi rencontré un maître spirituel authentique qui vous guide, et vous recevez de lui des enseignements qui peuvent vous permettre d'atteindre la bouddhéité dans cette vie même. Pour tirer pleinement parti de cette précieuse aubaine, il ne vous suffira pas d'écouter ces enseignements, il vous faudra aussi les pratiquer. C'est ainsi que vous pourrez traduire en actes votre sentiment de compassion jusqu'à ce que vous soyez un jour capables de conduire tous les êtres à l'Éveil. Pour l'heure, aussi fort que soit votre désir de secourir les autres, comme vous n'en êtes qu'au début de la voie, vous n'êtes pas encore capables de leur être vraiment utiles. Pour acquérir cette capacité, votre premier pas doit être de vous améliorer vous-mêmes en entraînant votre esprit et en le transformant. [...]

Le grand maître Padmasambhava disait :

> Même si ma vue est plus élevée que le ciel,
> L'attention que je porte à mes actes et à leurs effets
> est plus fine que la farine.

Quand votre réalisation de la vacuité de tous les phénomènes deviendra aussi vaste que le ciel, votre confiance dans la loi de la causalité des actes grandira dans les mêmes proportions, et vous mesurerez l'importance véritable de votre conduite. La vérité relative est en effet indissociable de la vérité absolue. Jamais la réalisation profonde de la vacuité naturelle de toute chose n'a conduit quiconque à penser que les actes positifs n'engendrent pas le bonheur et que les actes négatifs n'entraînent pas la souffrance.

XIVe DALAÏ-LAMA, TENDZIN GYATSO (né en 1935)[30]

Malléable, l'esprit est capable de changement. Apprenons donc à voir dans quelle mesure nous pouvons le transformer, identifions les moyens qui permettent d'y parvenir et mettons-les en œuvre. Le samsara, ou cercle des existences, et le nirvana, son dépassement, ne sont pas comme des lieux géographiques éloignés l'un de l'autre. Ce sont deux états de l'esprit. Le samsara est une déviation par rapport à la connaissance, une vision distordue de la réalité qui assujettit l'esprit aux émotions négatives, tandis que le nirvana est un état de liberté intérieure, affranchi de tout obstacle conceptuel et émotionnel.

Toute chose, y compris le nirvana, procède de causes et de conditions. Pour trouver le bonheur, il est indispensable d'avoir une vision juste de la nature de l'esprit et du monde. Celui qui se trompe sur cette nature ne peut pas se transformer pour atteindre la libération. Ce que l'on entend par « vision juste » ne relève pas de la foi ou de l'adhésion à un dogme particulier, mais d'une compréhension claire à laquelle on parvient grâce à un examen cohérent de la réalité. Cet examen permet de réfuter la croyance dans l'existence en soi des choses, sur laquelle s'enracine notre vision distordue du monde, et de la remplacer par la vision juste.

Acquérir la vision juste, c'est aussi reconnaître que la nature de la bouddhéité est au cœur même de notre esprit, dont elle constitue la faculté cognitive fondamentale, lumineuse* et pure de toute confusion. C'est également mettre le doigt sur ce qui nous empêche de percevoir cette nature, et ainsi pouvoir mettre en œuvre les méthodes pour y remédier.

KANGYOUR RINPOTCHÉ (1897-1975)[31]

Une pincée de sel suffit à imprégner de son goût un verre d'eau, mais ne saurait changer le goût d'un grand fleuve comme le Gange. De même, une action négative, même infime, affectera celui dont les mérites sont faibles mais aura peu d'effet sur celui qui fait souvent le bien. Efforce-toi donc de faire beaucoup de bien.

* « Lumineuse » se réfère ici à la clarté et la lucidité de la nature fondamentale de la conscience qui n'est pas obscurcie par les voiles de l'ignorance et des constructions mentales.

4

L'insatisfaction inhérente au monde conditionné par l'ignorance

Nous appelons « bonheur » ce qui n'est, le plus souvent, que source de souffrance. Nous avons soif de richesses, de pouvoir et de gloire, et nous succombons à la quête obsessionnelle des plaisirs en nous imaginant qu'ils vont nous conduire au bonheur. Dans notre vie quotidienne, les choses nous apparaissent comme « plaisantes » ou « déplaisantes » et les gens comme « bons » ou « mauvais », et nous sommes convaincus que ces qualités ou ces défauts leur sont inhérents. Quant à notre « moi », celui qui perçoit tout cela, il nous semble tout aussi réel et concret. Il y a pourtant un abîme entre la façon dont les choses nous apparaissent et ce qu'elles sont en réalité.

Nous attribuons une existence permanente à des phénomènes passagers, et une réalité solide à nos constructions mentales, mais ce qui nous apparaît comme des entités autonomes n'est en fait qu'un réseau infini d'interdépendances en perpétuel changement. Cette méprise engendre de puissants réflexes d'attachement et de rejet qui entraînent à leur tour frustrations et souffrances.

Dans son premier sermon, le Bouddha enseigna ce qu'on appelle les Quatre Nobles Vérités : la vérité de la souffrance qui imprègne inexorablement le monde conditionné par l'ignorance ; la vérité de l'origine de cette souffrance – la confusion mentale, les émotions négatives et les actes avec leurs effets inéluctables (ou karma) ; la vérité de la cessation, qui est la possibilité de mettre un terme à la souffrance ; et la vérité de la voie qui mène à cette cessation. « Souffrance » est un terme général qui inclut toutes les formes d'insatisfaction et d'expérience douloureuse telles que la naissance, la vieillesse, la maladie et la mort, le fait d'être confronté à ses ennemis, de perdre ses proches, et ainsi de suite.

Le Bouddha distingue trois sortes de souffrances : la souffrance visible, la souffrance du changement et la souffrance universelle, inhérente à tous les phénomènes composés d'éléments momentanément réunis et transitoires par nature. La souffrance visible est partout évidente : maladies, morts, guerres, catastrophes naturelles, etc. La souffrance du changement est en germe dans les différents plaisirs qui nous semblent pouvoir durer mais se transforment tôt ou tard en leur contraire. Alors que nous venons juste de manger un repas délicieux, nous sommes pris de spasmes dus à une intoxication alimentaire ; alors que notre famille est tranquillement réunie pour un pique-nique, notre enfant est soudain mordu par un serpent ; tandis que des noceurs dansent joyeusement, le chapiteau qui les abrite s'enflamme et s'effondre sur eux. Ce type de souffrance peut survenir à chaque instant de notre vie mais nous n'y pensons jamais, fascinés que nous sommes par le mirage des apparences, et oublieux que les êtres et les choses sont en perpétuel changement.

Enfin, la souffrance universelle est la plus difficile à percevoir car elle est concomitante de l'aveuglement de notre esprit et se trouve en perpétuelle formation aussi longtemps que nous sommes sous l'emprise de l'ignorance et de l'attachement à l'ego. Elle procède du fait que nous ne discernons pas ce qu'il convient de faire pour éviter de souffrir. Cette confusion et les tendances qui lui sont associées nous conduisent à perpétuer les actes qui sont à l'origine même de nos tourments. Pour dissiper cette souffrance, il est nécessaire de se réveiller du sommeil de l'ignorance et de comprendre les mécanismes du bonheur et de la souffrance.

XIVe DALAÏ-LAMA, TENDZIN GYATSO (né en 1935)[32]

On peut distinguer deux types de souffrances : les souffrances physiques causées par la maladie, la faim ou d'autres problèmes souvent indépendants de notre volonté, et les souffrances mentales comme la peur, le chagrin, etc. Dans de nombreux cas, on peut supporter, voire surmonter, la souffrance physique grâce au pouvoir de l'esprit. Mais pour ce qui est des souffrances mentales, on ne peut pas les soulager en agissant uniquement sur le corps, puisque le responsable ultime du malheur comme du bonheur est en réalité l'esprit.

Quand nous pensons continuellement « Moi ! Moi ! Moi ! » et ne parlons que de nous-mêmes, nous réduisons considérablement la dimension du monde que nous voulons nôtre, et les événements qui se produisent dans la sphère étroite de cet égoïsme nous affectent profondément et troublent à coup sûr notre paix intérieure. La situation est très différente quand nous nous sentons en premier lieu concernés par les autres, quand nous pensons que ces derniers sont si nombreux que nos préoccupations personnelles, en comparaison, sont négligeables. Si, de plus, notre désir est de résoudre leur souffrance, celle-ci, loin de nous décourager, ne fait que renforcer notre courage et notre détermination, à l'inverse de l'apitoiement sur soi qui nous déprime et sape notre courage.

ASANGA (VIe siècle)[33]

La bonne chère, la danse, le chant et les autres plaisirs sensoriels ne nous satisfont jamais totalement. Il y a plusieurs raisons à cela. D'abord, ces plaisirs ne comblent pas à la fois le corps et l'esprit. Ensuite, ils dépendent de circonstances extérieures dont nous n'avons jamais le contrôle absolu, et ne sont donc pas toujours accessibles sur-le-champ, pas plus qu'ils ne sont disponibles partout et chaque fois qu'on les désire. Ils ne sont en outre d'aucune aide pour accroître la confiance, la générosité, l'éthique, bref, ce que l'on appelle les « sept richesses suprêmes ». On ne peut pas, non plus, emporter les causes de plaisirs avec soi au moment de la mort et dans les vies futures, et les plaisirs ne représentent pas en eux-mêmes un but ultime. Par ailleurs, le processus même de la jouissance est tel que celle-ci disparaît nécessairement tôt ou tard, comme l'allumette consumée par la flamme, et la moindre circonstance adverse risque en outre d'y mettre fin. Le bien-être engendré par ces plaisirs, loin d'apporter une satisfaction totale, suscite un désir toujours plus intense. À bien y réfléchir, les plaisirs sont causes de grandes frustrations et de souffrances répétées. Ils ne peuvent qu'accroître nos tourments, comme le fait de gratter une blessure semble en soulager momentanément la démangeaison, alors qu'en réalité cela aggrave la plaie et prélude à des douleurs futures plus cuisantes encore.

En revanche, le bonheur procuré par le Dharma est tout différent. Il imprègne le corps et l'esprit à tout moment et en toute circonstance. Plus nous y goûtons, plus notre satisfaction est profonde. Aucun ennemi ni aucun événement ne peuvent nous le ravir, et ses bienfaits s'étendent jusque dans nos vies futures. En cela, il représente un but ultime à réaliser. La voie du Dharma, en dissipant toute souffrance, conduit à l'authentique bonheur et à l'entière disparition des émotions perturbatrices et de tout comportement nuisible.

DILGO KHYENTSÉ RINPOTCHÉ (1910-1991)[34]

Les plaisirs ordinaires sont agréables au commencement, mais à mesure que le temps passe, ils se transforment en sources croissantes de tourments. C'est comme si vous entouriez votre poignet de lanières de cuir humide. C'est agréable au début, mais lorsque le cuir aura séché, se sera rétréci et serrera douloureusement vos articulations, quel soulagement ce sera de vous en débarrasser d'un coup de couteau ! [...]

Quand vous reconnaîtrez la nature du samsara, vous serez envahis par une grande lassitude. [...] Vous verrez clairement à quel point les voies du monde ordinaire sont erronées et trompeuses, et vous vous en lasserez comme le vieillard se lasse des jeux d'enfants auquel on l'a forcé à prendre part. Quand vous comprendrez que passer vos jours à vous attacher à vos amis et à comploter pour défaire vos ennemis ou vos rivaux n'est que folie, ces activités ne vous fascineront plus. Quand vous serez frappés par l'inutilité de vous laisser sans cesse entraîner et conditionner par vos tendances habituelles, l'écœurement vous gagnera [....]. Il vous incitera à rechercher la libération, et si vous faites effort en ce sens, vous y parviendrez. Le cercle des existences ne disparaîtra jamais de lui-même : vous devez avoir la volonté de vous en libérer.

DILGO KHYENTSÉ RINPOTCHÉ (1910-1991)[35]

La fonction des différentes consciences sensorielles est simplement de percevoir des objets spécifiques : formes, sons, odeurs, goûts, etc., sans rien y ajouter. L'esprit, en revanche, élabore toutes sortes de concepts à partir de ces perceptions. Ce ne sont donc ni les formes extérieures, ni l'œil, ni la conscience visuelle qui sont à l'origine des fabrications mentales et du karma qui les accompagne, mais l'esprit.

Ce que l'on perçoit n'est en soi ni beau ni laid. Laideur et beauté ne sont que des projections mentales. Aucun être ou objet ne possède par lui-même la faculté de nous rendre joyeux ou triste. C'est ainsi qu'une même personne peut plaire à certains et déplaire à d'autres. À nouveau, c'est l'esprit, et lui seul, qui en est la cause.

VIIe DALAÏ-LAMA, KELZANG GYATSO (1708-1757)[36]

Si l'on connaît un moyen de se libérer de la souffrance,
Il est logique de l'appliquer à chaque instant :
Seuls les idiots souhaitent souffrir davantage.
N'est-il pas triste d'absorber consciemment du poison ?

XIVe DALAÏ-LAMA, TENDZIN GYATSO (né en 1935)[37]

Le bouddhisme se ramène essentiellement à deux choses : la vue, qui désigne la compréhension certaine de l'interdépendance de toute chose, et l'action, que l'on peut en gros définir comme la non-violence. Mais si l'on voulait résumer l'enseignement du Bouddha en un seul mot, on dirait que c'est l'interdépendance universelle, dont la non-violence n'est qu'une conséquence naturelle : puisque nous sommes tous dépendants les uns des autres et que tous les êtres désirent comme nous-mêmes être heureux et ne pas souffrir, nos bonheurs et nos malheurs personnels sont indissociablement liés à ceux des autres.

Cette non-violence n'est pas assimilable à une faiblesse ou une passivité. C'est le choix délibéré de l'altruisme dans toutes nos pensées et tous nos actes, de sorte qu'il devient inconcevable de nuire sciemment à autrui.

RIDZIN JIGMÉ LINGPA (1729-1798)[38]

Comment se perpétue la souffrance

Le pernicieux démon du désir, levant haut sa tête
Pour causer le malheur, se fond avec le poison de l'objet
En créant une prison de douleur dont jamais plus
On ne s'échappe : quelle immense tristesse !

Ceux qui aspirent au bonheur et s'acharnent à le trouver
S'appuient, par ignorance, sur le fil acéré des armes
Qui vont précisément être la cause de leur souffrance.
Ainsi œuvrent-ils avec ardeur à cela même qui leur nuit.

Comme le papillon trompé par la flamme,
Comme le cerf, l'abeille, le poisson et l'éléphant

Trompés par le son, l'odeur, le goût et le contact,
Ainsi devient-on dépendant des objets de désir.

Commentaire de Kangyour Rinpotché [39]

De même que les papillons de nuit sont attirés par la flamme de la bougie dans laquelle ils vont mourir, l'homme est attiré par la mélodie de l'éloge, l'arôme du tabac, le goût de la viande, la douceur du contact féminin ou la caresse de la soie, mais, induit en erreur par cet attachement, il ôte la vie à sa propre voie de liberté. C'est ainsi que le cerf, attiré par la musique du luth à trois cordes, tombe sous les flèches empoisonnées ; que l'abeille, séduite par le parfum de la fleur carnivore, en devient prisonnière ; que le poisson, attiré par le goût de l'appât, se fait prendre à l'hameçon ; et que l'éléphant, attiré par le contact de sa femelle, se noie dans la vase. C'est ainsi que nous sommes leurrés par chaque objet de désir et que nous devenons dépendants de lui.

VASUBANDHU écrit :

Si chacun, constamment
Obsédé par les cinq objets des sens,
En est jour et nuit la victime,
Comment sera-t-il jamais heureux ?

5

Renoncer aux causes de la souffrance

Le vrai renoncement n'est pas une contrainte mais une liberté. Il prend sa source dans le puissant désir de mettre fin à l'insatisfaction que procurent fatalement les préoccupations ordinaires de la vie. Celui qui renonce au monde pour fuir la prison de l'illusion est un peu comme l'oiseau qui s'échappe de sa cage pour voler dans le ciel. Peu importe que la cage soit en or ou en métal vil, dans les deux cas, c'est une prison. De même, peu importe qu'ils soient riches ou pauvres, célèbres ou anonymes, peu importe qu'ils connaissent le succès ou l'échec, le plaisir ou la souffrance, nombre de gens finissent toujours, à plus ou moins long terme, malheureux et frustrés. Renoncer consiste essentiellement à simplifier son esprit, ses paroles et ses actes, en s'affranchissant de ce qui fait obstacle à la liberté intérieure. Si la contrainte rend morose, le renoncement, à l'inverse, engendre une indéniable joie.

Renoncer ne veut donc pas dire se priver de ce qui est véritablement bon et utile dans l'existence, mais se débarrasser des fardeaux superflus. Lorsqu'un ermite répète dix fois le mantra magique « Je n'ai besoin de rien », il ne cherche pas à rendre sa vie insipide mais à se débarrasser des distractions sans fin qui accaparent tout l'esprit et ne laissent dans leur sillage que le goût amer du temps perdu. Il veut désencombrer son existence pour se consacrer entièrement à ce qui l'enrichira véritablement.

Les conseils qui suivent sont souvent donnés de façon directe et sans ménagement, à dessein sans doute, le désir de renoncer n'étant pas, chez la plupart d'entre nous, une pulsion naturelle !

XIVe DALAÏ-LAMA, TENDZIN GYATSO (né en 1935)[40]

Quand on enseigne qu'il faut réduire sa fascination pour les choses de cette vie, cela ne veut pas dire que l'on doit renoncer totalement à ces dernières, mais qu'il faut se garder de la tendance naturelle à passer de l'exaltation à la dépression au gré des hauts et des bas de l'existence, de sauter de joie dès que l'on réalise un gain, ou d'être prêt à se jeter par la fenêtre si l'on n'obtient pas ce que l'on veut à tout prix. Être moins préoccupé par les affaires de cette vie signifie garder un esprit vaste et stable face aux aléas de l'existence.

DILGO KHYENTSÉ RINPOTCHÉ (1910-1991)[41]

En courant toute sa vie après des buts mondains, on gaspille son temps comme le pêcheur qui jetterait ses filets dans le lit d'une rivière à sec. N'oubliez pas cela, et veillez à ce que votre existence ne s'épuise pas en vaines poursuites !

Nyoshul Khen Rinpotché (1932-1999)[42]

En quoi le Dharma est-il non seulement utile mais nécessaire ? Pour répondre à cette question, commençons par regarder autour de nous et réfléchissons à notre situation à tous, dans ce monde, sans nous voiler la face. Ne voyons-nous pas que le point commun à tous les êtres est la souffrance ?

Nous souffrons tous d'une manière ou d'une autre. Un patron a des souffrances de patron et un employé des souffrances d'employé. Quand vous voyez le premier passer dans la rue, vous pensez peut-être : « Il jouit d'une position sociale élevée, il vit dans une grande maison et conduit une belle voiture : il doit être heureux. » Mais cela correspond rarement à la réalité. Cet homme souffre, lui aussi. Il a peut-être peur de perdre sa place et de trop se surmener, il est peut-être rongé par l'ambition, il veut s'élever dans la hiérarchie sociale, devenir ministre. Il a peut-être aussi de graves soucis familiaux, et la liste de ses autres problèmes est probablement longue. Même le président d'un grand pays comme les États-Unis s'inquiète de ne pas être approuvé ou de ne pas réussir à influencer le reste du monde. Quand bien même il y réussirait, il serait encore hanté par l'urgence de garder le contrôle des événements. L'employé ordinaire, quant à lui, est obligé de courir ici et là au gré des ordres de ses supérieurs, son travail est fastidieux et mal payé.

Est-il possible de trouver une solution à ces problèmes ? Dans le monde ordinaire, la réponse est probablement non. Vous pensez peut-être qu'en donnant mille euros à un mendiant, vous le rendrez heureux. Pendant quelque temps, sans doute. Mais bientôt, au lieu de se contenter de mille et d'apprécier le fait de pouvoir enfin manger à sa faim et se vêtir, il voudra deux mille. Courir après les possessions ne rend jamais heureux, car les efforts que l'on fait pour les acquérir, les protéger et les accroître sont déjà en soi une souffrance. Richesse et pouvoir ne satisfont jamais personne. Si c'était le cas, cela se saurait.

Pensez aussi au nombre de ceux qui souffrent parce qu'ils sont invalides, malades dans un hôpital, mourant de faim ou victimes des guerres. Pensez aux familles déchirées par les querelles ou privées d'un être cher qui vient de mourir. Ce n'est peut-être pas le cas pour vous en ce moment, mais qui sait quand votre tour viendra ?

Bien que le monde moderne ait atteint un degré inimaginable de développement dans les domaines scientifique et technologique, il n'existe aucune machine ni aucune astuce pour mettre fin au mal-être et produire le bonheur.

En finir avec la souffrance – pas seulement en soignant ses symptômes mais en éradiquant sa cause première –, c'est précisément ce à quoi vise l'enseignement du Bouddha.

Alors, comment faut-il s'y prendre ? Il faut d'abord prendre conscience que la vraie cause de la souffrance ne se trouve pas à l'extérieur de soi, mais à l'intérieur. On souffre à cause de l'attachement, du désir, de la malveillance, de la haine, de l'orgueil, de la jalousie et des autres émotions négatives. Ces émotions sont de véritables toxines mentales, car elles s'appuient sur une méprise et n'aboutissent qu'à de la souffrance, comme le montre clairement l'enseignement du Bouddha mais aussi une réflexion sincère et lucide. C'est pourquoi la véritable pratique spirituelle consiste à s'occuper de son propre esprit.

L'esprit est très puissant, il peut créer le bonheur comme le malheur, le paradis comme l'enfer. Si, à l'aide du Dharma, vous parvenez à éradiquer vos poisons intérieurs, rien d'extérieur ne pourra plus vous affecter négativement, mais tant que ces poisons resteront mêlés à votre esprit, vous ne trouverez nulle part au monde le bonheur que vous désirez.

L'entraînement de l'esprit constitue le but essentiel du Dharma. C'est une vaste tâche que l'on peut résumer ainsi : le puissant attachement au « moi » et au « mien », que nous entretenons par habitude et qui se fonde sur une perception erronée des choses, engendre une multitude de concepts, d'émotions et de tendances qui sont eux-mêmes causes de méprise et de souffrance. Cet attachement « me » fait souffrir parce que je n'obtiens jamais vraiment ce que « je » veux et que je suis sans cesse confronté à que ce « je » ne veux pas.

En découvrant la nature fondamentale de l'esprit et en méditant maintes et maintes fois sur elle, on dissout peu à peu l'attachement au « moi ». Parmi toutes les méthodes qui permettent d'y parvenir, la plus profonde est la pratique de l'esprit d'Éveil, ou *bodhicitta*, caractérisé par l'amour altruiste et la compassion. Être empli d'amour pour tous les êtres et considérer autrui comme plus important que soi-même constitue le fondement même de la voie.

XIVe DALAÏ-LAMA, TENDZIN GYATSO (né en 1935)[43]

Signification du renoncement authentique

Si l'on a une compréhension profonde et complète des Quatre Nobles Vérités et que cette compréhension est elle-même fondée sur la connaissance de la vacuité, on comprend aussi la nature du cycle de la souffrance en général, et sa propre condition en particulier. On aspire alors sincèrement et de façon réfléchie à la libération. C'est cela, le renoncement véritable.

Si, en revanche, on a essayé par tous les moyens de se faire une place dans la société et qu'après avoir échoué on se dit, par dépit ou désespoir : « Je renonce à tout ! » parce qu'on ne trouve rien de mieux à faire, on ne renonce pas réellement, on est simplement défaitiste. Le vrai pratiquant du Dharma renonce avec courage et en parfaite connaissance de cause.

Dans le mantra du Bouddha « *om moûni moûni mahamoûnayé swaha* », *moûni* signifie « celui qui est capable et a confiance en ses moyens ». C'est avec une telle attitude qu'on doit renoncer au cycle de la souffrance, et non par découragement, comme lorsqu'on pousse de longs soupirs plaintifs en disant : « Que je suis fatigué ! »

Le renoncement authentique implique la détermination de vaincre l'ignorance, notre véritable ennemi. Cette détermination commence à se manifester lorsque nous comprenons que nous sommes esclaves de la confusion mentale et que le vrai bonheur tient peu de place dans notre vie. Quand ce sentiment devient insupportable, nous n'avons plus qu'une hâte, celle de nous libérer.

Il est important de partager ensuite ce sentiment avec l'infinité des êtres, aussi loin que s'étend l'espace, en prenant pleinement conscience du fait que ces derniers aspirent tout autant que nous à être heureux et à ne plus souffrir. Jaillissent alors l'amour altruiste et la compassion – définie comme le désir profond de libérer les autres de la souffrance – qui culminent dans le souhait d'atteindre l'Éveil pour libérer tous les êtres de l'ignorance et des souffrances dont elle est la cause.

SHABKAR (1781-1851)[44]

Si l'on remonte jusqu'à la source des souffrances du samsara, on ne peut que trouver l'ignorance. Ignorance de quoi ? Du fait que les êtres et les choses sont dénués de véritable réalité, dans le sens qu'ils n'existent pas en soi et par soi.

Comment l'ignorance se manifeste-t-elle ? Si un soir nous passons devant une corde enroulée par terre dans la pénombre, nous la prendrons peut-être pour un serpent lové sur lui-même, et nous serons tellement saisis par la peur que notre cœur se mettra à battre la chamade. De même, tant que nous sommes plongés dans les ténèbres de l'ignorance, nous nous méprenons sur la réunion temporaire de notre corps et de notre conscience. Incapables de discerner clairement sa nature véritable, nous y voyons un « moi » qui n'a en fait aucune réalité.

Dès lors, nous créons une distinction entre « moi » et les autres, et nous nous attachons à ce qui concerne le premier tout en rejetant ce qui concerne les seconds. Sur la base de ce double mouvement d'attirance et de répulsion, tous les autres poisons mentaux se manifestent et, sous leur empire, nous prenons naissance dans les différents mondes, inférieurs et supérieurs, du samsara où nous accomplissons un mélange d'actes bénéfiques et d'actes nuisibles aux conséquences malheureuses.

JETSÜN MILARÉPA (1040-1123)[45]

Le son du tonnerre, bien qu'assourdissant, est inoffensif ;
L'arc-en-ciel, malgré ses couleurs chatoyantes, ne dure pas ;
Ce monde, même s'il apparaît plaisant, est semblable à un
[rêve ;
Les plaisirs des sens, bien qu'agréables, n'apportent au bout
[du compte que désillusions.

DRIGOUNG KYOPA JIGTEN GONPO (1143-1217)[46]

Au regard de la mort et de l'impermanence de toute chose,
Nos projets ordinaires ne sont que duperies.
Comment se fier aux huit préoccupations mondaines
Aussi évanescentes que les couleurs de l'arc-en-ciel ?

JAMGÖN KONGTRUL LODRÖ THAYÉ (1813-1899)[47]

Les paroles qui suivent furent prononcées sous la forme d'une prière d'aspiration dans la solitude des montagnes par l'aspirant ermite Yonten Gyatso, dans le but de se conseiller lui-même et d'invoquer la compassion des déités de sagesse.

Maîtres de la Tradition orale, victorieux bouddhas et
[bodhisattvas,
Puissant Avalokiteshvara et précieuse Tara*, embrassez de
[votre compassion

* Avalokiteshvara est le bodhisattva qui personnifie l'amour altruiste et la compassion. Tara est généralement considérée comme la manifestation féminine de ce dernier. Elle fit le vœu de constamment se réincarner en femme jusqu'à ce qu'elle atteigne l'Éveil. Elle représente l'*activité compatissante* de tous les bouddhas.

Celui qui, oublieux de la mort, ne pense qu'aux affaires de
[cette vie
En gaspillant les libertés et les conditions favorables dont
[il dispose !

Cette vie humaine est aussi fugace qu'un rêve ;
Peu importe qu'elle soit heureuse ou malheureuse,
Puissé-je, sans me soucier des joies et des peines,
Sincèrement pratiquer le Dharma suprême !

Cette vie humaine est comme une flamme exposée au vent ;
Qu'elle soit longue ou brève, puissé-je,
Sans laisser mon ego resserrer son emprise,
Sincèrement pratiquer le Dharma suprême !

Les raisonnements de l'intellect sont de trompeuses illu-
[sions :
Qu'ils soient justes ou faux, puissé-je, en dédaignant
Comme des vétilles les huit préoccupations mondaines,
Sincèrement pratiquer le Dharma suprême !

Les êtres autour de soi sont comme une volée d'oiseaux
Perchés sur un arbre. Qu'ils soient réunis ou dispersés,
Puissé-je, en prenant en main les rênes de mon destin,
Sincèrement pratiquer le Dharma suprême !
Ce corps illusoire est semblable à une vieille ruine.
Qu'il soit robuste ou décrépit, puissé-je,
Sans m'entraver par la recherche de vêtements, de nourri-
[tures et de remèdes,
Sincèrement pratiquer le Dharma suprême ! [...]

Ce qui, au temps du besoin, s'avère aussi superflu
Que la ramure d'un cerf, peu importe que je le connaisse
[ou pas.
Puissé-je, sans placer ma confiance dans les sciences ordi-
[naires,
Sincèrement pratiquer le Dharma suprême ! [...]

Cette image de lama me donne l'apparence
D'une crotte de chien couverte de brocarts.

Que ce soit la mienne ou pas, puissé-je,
En percevant la pourriture de ma propre tête,
Sincèrement pratiquer le Dharma suprême !

Amis et proches sont comme les visiteurs d'un marché.
Qu'ils me soient amicaux ou hostiles, puissé-je,
En tranchant du fond du cœur les amarres de l'attachement,
Sincèrement pratiquer le Dharma suprême !

Ces biens matériels sont comme un trésor découvert en rêve.
Que j'en sois pourvu ou démuni, puissé-je,
Sans berner ceux qui m'entourent par des flagorneries inté-
[ressées,
Sincèrement pratiquer le Dharma suprême !

Ce rang social est comme la pointe de l'arbre où l'oisillon
[se pose.
Qu'il soit modeste ou élevé, puissé-je,
Sans désirer les causes de mes propres tourments,
Sincèrement pratiquer le Dharma suprême ! [...]

Cette promptitude à l'analyse évoque le groin d'un cochon.
Qu'elle soit aiguë ou émoussée, puissé-je,
Sans soulever vainement l'écume de la colère ou de
[l'engouement,
Sincèrement pratiquer le Dharma suprême !

Ces expériences méditatives fluctuantes comme un torrent
[d'été,
Peu importe qu'elles augmentent ou diminuent.
Puissé-je, sans faire l'enfant qui court après un arc-en-ciel,
Sincèrement pratiquer le Dharma suprême ! [...]

Ces libertés et conditions favorables sont pareilles à la
[gemme des souhaits :
Sans elles, je serais incapable d'appliquer les instructions.
Puissé-je, sans les gaspiller tant que j'en dispose,
Sincèrement pratiquer le Dharma suprême !

Le glorieux maître qui illumine la voie de libération,
Sans l'avoir rencontré je n'aurais nul moyen

D'appréhender la nature ultime des choses.
Pendant que je sais où je vais, puissé-je, sans sauter dans
[le précipice,
Sincèrement pratiquer le Dharma suprême !

Cet enseignement suprême est comme une panacée :
Sans l'entendre, nul moyen de savoir ce qu'il faut faire ou
[ne pas faire.
Maintenant que je sais distinguer le bénéfique du nuisible,
[puissé-je,
Sans avaler de poison violent, sincèrement pratiquer le
[Dharma suprême !

Cette alternance de joies et de souffrances est semblable au
[cycle des saisons.
Sans en être conscient, comment pourrais-je me lasser du
[devenir ?
Puissé-je, avec la certitude que la souffrance sera de nou-
[veau mon lot,
Sincèrement pratiquer le Dharma suprême !

Au fond du samsara l'on sombre comme une pierre dans
[l'eau.
Si maintenant je ne saisis pas la corde de la compassion
Que me tendent les Trois Joyaux, plus tard ce sera impos-
[sible.
Puissé-je sincèrement pratiquer le Dharma suprême !

Ces qualités de la libération sont aussi précieuses qu'une
[île aux joyaux.
Sans les connaître, nul moyen de mobiliser son courage.
Reconnaissant les gains inaltérables des Vainqueurs,
Puissé-je sincèrement pratiquer le Dharma suprême !

Cette vie des êtres éveillés semblable à l'ambroisie,
Sans la lire on ne peut susciter sa foi.
Sachant où se situent victoires et défaites, puissé-je,
En cessant d'acheter ma propre souffrance,
Sincèrement pratiquer le Dharma suprême !

Cette aspiration altruiste à l'Éveil est comme un champ
[fertile :
Sans l'avoir engendrée, nul moyen d'atteindre la boud-
[dhéité.
Puissé-je, sans laisser dans l'indifférence l'accomplisse-
[ment du noble but,
Sincèrement pratiquer le Dharma suprême !

Cet esprit qui ressemble à un singe turbulent,
Sans le dompter, nul moyen de corriger les émotions néga-
[tives !
Puissé-je, en cessant de me livrer à d'imbéciles panto-
[mimes,
Sincèrement pratiquer le Dharma suprême !

Cette croyance au « moi » qui m'accompagne comme une
[ombre,
Sans m'en défaire, nul moyen de parvenir à la terre de
[félicité.
Puissé-je, sans fraterniser avec cet ennemi une fois capturé,
Sincèrement pratiquer le Dharma suprême !

Ces cinq poisons mentaux sont pareils au feu couvant sous
[la cendre.
Sans les éteindre, on ne peut rester dans la nature inaltérée
[de l'esprit.
Puissé-je, en cessant d'abriter dans mon sein des serpents
[venimeux,
Sincèrement pratiquer le Dharma suprême !

Ce caractère rigide comme le vieux cuir d'une poche à
[beurre,
Sans le dompter, je ne peux mêler mon esprit au Dharma.
Ne laissant pas l'enfant issu de moi en faire à sa guise,
Puissé-je sincèrement pratiquer le Dharma suprême !

Ces mauvaises tendances invétérées sont comme le flot
[d'une rivière.
Sans les interrompre, je pratiquerai toujours ce qui s'oppose
[au Dharma.

Puissé-je, en cessant de fournir des armes à mes ennemis,
Sincèrement pratiquer le Dharma suprême !

Ces distractions perpétuelles sont comme les rides sans fin
[à la surface de l'eau.
Sans y renoncer, je ne peux stabiliser mon esprit.
Pendant que je suis libre de mes choix, puissé-je, en cessant
[d'enfanter
Le samsara, sincèrement pratiquer le Dharma suprême !

Les bénédictions du maître sont comme la chaleur qui
[réchauffe la terre et l'eau.
Sans qu'elles pénètrent en moi, il m'est impossible de
[reconnaître ma propre nature.
Alors que se présente un raccourci, puissé-je, en ne faisant
[plus mille détours,
Sincèrement pratiquer le Dharma suprême !

Ce lieu solitaire ressemble à une vallée d'herbes médici-
[nales en été.
Sans y demeurer, je ne peux engendrer de qualités spiri-
[tuelles.
Pendant que je suis dans les montagnes, puissé-je, sans
[rôder
Dans les funestes villages, sincèrement pratiquer le Dharma
[suprême !

Ce désir de confort est comme le démon de la misère ins-
[tallé dans mon propre foyer.
Sans m'en séparer, je m'ingénierai sans cesse à créer de la
[souffrance.
Puissé-je, en évitant de faire offrande à un diable affamé
Comme s'il était un dieu, sincèrement pratiquer le Dharma
[suprême !

Attention et vigilance sont comme les verrous d'une forte-
[resse.
Sans elles, le va-et-vient des illusions ne peut jamais s'inter-
[rompre.
Ne laissant pas le loquet ballant en présence de voleurs,

Puissé-je sincèrement pratiquer le Dharma suprême !

Cet état naturel de l'esprit est comme l'espace immuable.
Sans le rencontrer, l'effort d'appliquer des antidotes ne
[prendra jamais fin.
Puissé-je, sans me passer moi-même les fers aux pieds,
Sincèrement pratiquer le Dharma suprême !

Cette nature de la conscience pure est comme un cristal
[immaculé.
Sans la comprendre, on n'acquiert pas la certitude qu'elle
[n'a ni racine ni fondement.
Puissé-je, en évitant de la chercher ailleurs alors qu'elle est
[toujours en moi,
Sincèrement pratiquer le Dharma suprême !

Cette simplicité naturelle de l'esprit, tel un ami de toujours,
Si son visage ne m'est pas familier
Toute pratique n'est qu'illusion trompeuse.
N'avançant plus les yeux fermés en tâtonnant,
Puissé-je sincèrement pratiquer le Dharma suprême !

Que surgisse en mon esprit les deux aspects de l'esprit
[d'Éveil
Grâce aux instructions essentielles du Bouddha transmises
[par Atisha
Et pratiquées par les détenteurs de la lignée orale,
Et que tous mes actes soient en harmonie avec le Dharma
[suprême ! [...]

Nos actes ordinaires sont tous aussi vains que le fait
[d'arpenter un désert,
Nos efforts n'aboutissent tous qu'au raidissement de notre
[esprit,
Nos pensées ne font toutes que renforcer notre méprise,
Et tout ce que les gens ordinaires prétendent être Dharma
[est cause d'enchaînement.

Des multitudes d'activités qui jamais n'aboutissent,
Des foules de pensées sans le moindre but,
Des besoins par milliers sans le temps d'y pourvoir :

Puissé-je laisser toute cette agitation et pratiquer les ins-
[tructions orales !
Si je veux agir, je prendrai à témoin les paroles du Vain-
[queur ;
Si je fais quelque chose, je mêlerai mon esprit au Dharma ;
Si je veux pratiquer, je lirai la vie des maîtres de la Lignée
[orale :
Que faire d'autre avec vous, mes funestes penchants ?

Prenant la place la plus humble, et riche en contentement,
Affranchi des chaînes des huit préoccupations ordinaires et
[m'adonnant avec courage à la pratique,
Recevant les bénédictions du maître et atteignant une réa-
[lisation aussi vaste que l'espace,
Puissé-je de l'immense Tradition orale embrasser la lignée !

PÉMA LINGPA (1450-1521)[48]

Péma Lingpa s'était retiré dans un ermitage de montagne, au lieu-dit Les Hauts de la Vallée d'Or, où il vécut longtemps seul dans une hutte de bambou. À contempler d'en haut les gens de la vallée qui s'affairaient du matin au soir, une profonde tristesse s'empara de lui. « Eh bien, on dirait que je suis aussi distrait par les affaires de ce monde que ces villageois en bas ! » se dit-il. Et il composa les conseils suivants destinés à s'encourager lui-même :

Namo guru swasti siddham !
Hommage au maître. Que l'accomplissement spirituel
[triomphe !

Ô maître Né-du-Lotus, je vous prie :
Puissent les enseignements du Bouddha
Par votre bénédiction se répandre !

Péma Lingpa, toi le clochard de cette sinistre époque,
Depuis que ta mère t'a mis au monde

Tu as oublié de penser à la mort,
Et les distractions t'ont fait perdre la tête.
Tous les êtres des six modes d'existence
Errent dans le samsara, pris par le désir et l'attachement,
Désirant ceci et rejetant cela.
Vois toute chose comme une bulle sur l'eau
Ou comme un mirage en plein ciel !
Pense au fait que rien ne dure, Péma Lingpa !

Il est certain que les êtres qui sont nés
Sur les quatre continents finiront par mourir.
Dans toutes les générations passées,
On ne compte aucun homme qui ne soit pas mort.
Tel sera le sort des hommes du présent,
Et tel sera celui de ceux qui nous succéderont.
Troublé par l'incertitude de l'heure fatale,
Pense à la mort, Péma Lingpa !

Tu es né dans la fange du samsara, ta patrie,
Et jusqu'à l'âge de neuf ans tes parents ont pris soin de toi.
Tu as ensuite erré dans la société des hommes
Et, sans qu'on te l'ait appris, tu as été un assez bon orfèvre.
Mais tu n'es en fait qu'un vaurien servile,
Un vulgaire colporteur du sacré.
Bien que dépositaire de la parole d'Oddiyana*,
Tu es distrait par les leurres de l'attachement et de l'aversion.
Élimine tout égarement, Péma Lingpa !

À l'aube de l'année du Singe, la trente-septième de ta vie,
Tu découvris de profonds trésors comme Oddiyana l'avait
[prophétisé.

* Oddiyana, Orgyen (*o rgyan*) en tibétain, désigne ici Padmasambhava, dont il est dit qu'il naquit dans un lotus au milieu du lac Danakosha, en Oddiyana, ancien pays du nord-ouest de l'Inde, correspondant probablement à la vallée de la Swât au Pakistan, d'où sont originaires de nombreux autres grands maîtres bouddhistes, notamment Garab Dorjé, le premier maître humain de la tradition Dzogchen.

Devenu dépositaire de nombreuses et profondes instruc-
[tions,
Tu les as laissées dans la paresse et l'indifférence
Sans les mettre en pratique intégralement.
Comme l'eau qui sourd en dessous d'une grotte,
Les émotions négatives rôdaient sans que tu en fusses
[conscient.
Transforme donc ton esprit, Péma Lingpa !

N'ayant pas renoncé à la soif de nourritures et de richesses,
Tu t'es glissé dans le carcan de l'avarice et de l'attachement
[au moi.
Englué dans l'ego, dévoré de désirs, tu te bernes toi-même.
Te répandant en louanges pour tes amis et proches
Qui te leurrent avec leurs biens et leurs victuailles,
Tu n'es qu'un idiot, incapable d'accumuler mérites et
[sagesse.
Tranche l'attachement à l'ego, Péma Lingpa !

Tu bichonnes et pares d'ornements ton corps,
Cette illusion empruntée aux quatre éléments,
Et les objets des six champs de perception
Que perçoivent tes sens se jouent de ton esprit.

Ton corps illusoire que tourmentent, imprévisibles,
La naissance, la maladie, la vieillesse et la mort, tu l'espères
[éternel,
Mais il disparaîtra : cesse de le chérir, Péma Lingpa !

Tu es mesquin avec les gens ordinaires,
Bien qu'à eux de nombreux liens karmiques t'unissent.
Envers les pratiquants de la voie, tu manques de vision
[pure,
Et, avec les maîtres qui t'enseignent, tu ne respectes pas
[les liens sacrés.
Tu n'as aucun respect envers les êtres sages
Ni aucune gratitude envers ceux qui te font du bien.
Quant au cercle vicieux du samsara, il ne t'attriste point.
Finis-en donc avec tout cela, Péma Lingpa !

Ils sont fermement établis dans le Grand Véhicule,
Ils ont dompté leur esprit par l'étude, la réflexion et la
[méditation,
Ils ont acquis une parfaite assurance dans les phases de
[création et de complétude
Et sont experts dans les trois voies graduelles*,
Mais toi, de ces sages tu ne vois que les défauts,
Et tu méprises autrui :
Tu es comme l'insensé qui marche
Vers un précipice les yeux grands ouverts.
Cultive la vision pure, Péma Lingpa !

Ton pays natal est la geôle de Mara**, le fauteur d'obstacle.
Tes amis et tes proches sont ses rabatteurs,
Nourritures et richesses sont ses truands,
Le samsara, le piquet auquel il t'amarre,
Sa corde, ta paresse,
Et sa source, ton attachement au moi.
Toi qui ignores ta propre nature et ne cesses de temporiser,
Abandonne donc les huit préoccupations mondaines, Péma
[Lingpa !

Tu n'as d'égards que pour les désirs immédiats,
Et tandis que ta vie s'épuise, jour après jour, nuit après nuit,
Et que ton corps vieillit au fil des mois et des années,
Ton esprit s'enfonce dans la boue de l'ignorance
Et tu remets à plus tard ta pratique !
N'ayant jamais compris où se trouvait ton propre bien,
Rigide et sans Dharma, tu te dupes toi-même.
Réfléchis-y, Péma Lingpa !

Tu te donnes l'apparence d'un renonçant,
Mais sans la moindre compréhension du non-né,
Tu ne seras pas bouddha en feignant simplement de l'être !
Consacre-toi au sens avec diligence

* Ces voies correspondent sans doute aux différents Véhicules (voir glossaire).

** Voir glossaire.

Car le comprendre simplement ne suffit pas à le réaliser.
Faute d'élucider l'esprit dans toute sa profondeur,
Tu ne mettras pas fin au voile des concepts.
Va jusqu'au fond des choses, Péma Lingpa !

Délaisse les vaines activités du monde
Et, loin de tout, libre d'affairements,
En un lieu calme perdu dans les montagnes,
À l'abri d'une grotte spacieuse et ouverte,
Seul, abandonne ton corps et ton esprit.
Adopte la posture en sept points de Vairocana*
Et, avec l'intention d'aider tous les êtres,
Unis ton esprit à celui de ton maître. Visualise-le
Continuellement au-dessus de ta tête, Péma Lingpa !

L'incomposé est l'esprit originel ;
L'absence de nature propre, l'esprit fondamental ;
L'omniprésence, l'esprit manifesté ;
Ce qui saisit les six objets, l'esprit des six champs de per-
[ception ;
Ce qui est mû par le karma, l'esprit des six classes d'être ;
Ce qui s'attache au moi, l'esprit égaré,
Et ce qui est libre d'impuretés, l'esprit en soi :
Sois-en parfaitement convaincu, Péma Lingpa !
Quand tu cultives le calme intérieur,
Quelles que soient les pensées qui te viennent,
Reconnais-les avec une grande acuité,
Scrute-les et libère-les dans leur nudité,

* La posture en sept points de Vairocana : 1) Les jambes sont croisées dans la position du *vajra*, communément appelée « position du lotus » ; 2) les mains reposent sur le giron, dans le geste de l'équanimité, la main droite sur la main gauche, l'extrémité des pouces se touchant ; 3) les épaules sont ouvertes et les avant-bras légèrement écartés du tronc ; 4) la colonne vertébrale est bien droite ; 5) le menton est légèrement rentré contre la gorge ; 6) la pointe de la langue touche le haut du palais ; 7) le regard est dirigé droit devant soi ou légèrement vers le bas, dans le prolongement du nez, les yeux sont grands ouverts ou mi-clos.

Et pose-toi alors dans cet état.
En alternant méditations formelles et postméditations,
À la paix intérieure s'ajouteront joie et félicité,
Et tu goûteras à la saveur ultime de la vision pénétrante.
Maintiens la continuité de ta méditation, Péma Lingpa ! [...]

Envahi par la lassitude et le renoncement,
Moi, Péma Lingpa, moine du Bhoutan,
J'ai entonné ce petit chant de seize conseils
Qui a surgi dans mon esprit.
Puisse-t-il être utile aux êtres
Et ne pas mériter le blâme des érudits !

PATRUL RINPOTCHÉ (1808-1887) et le voleur[49]

C'était près du monastère de Dzamthang. Patrul Rinpotché, assis sur un monticule herbeux, et non sur un trône dans un temple, venait d'enseigner en détail *L'Entrée dans la pratique des bodhisattvas* à plusieurs milliers de personnes, lorsqu'un des auditeurs voulut lui offrir un lingot d'argent en forme de fer à cheval. Comme à son habitude, Patrul Rinpotché refusa l'offrande, mais l'homme déposa néanmoins le lingot à ses pieds et s'éloigna prestement.

Peu après, Patrul Rinpotché se leva et reprit sa route en laissant sur le tertre tout ce qu'on venait de lui offrir. Un voleur, sachant que le maître avait reçu un lingot d'argent, le suivit dans l'intention de le lui dérober.

Patrul Rinpotché se déplaçait seul, souvent sans destination précise, et passait les nuits à la belle étoile. Ce soir-là, pendant qu'il dormait, le brigand s'approcha furtivement de lui à la faveur de l'obscurité. Près de Patrul Rinpotché se trouvaient un petit sac en tissu et un pot de terre cuite pour faire du thé. N'y trouvant pas ce qu'il cherchait, le voleur se mit à fouiller avec précaution le vêtement du maître, lorsque soudain, réveillé par la main du voleur, celui-ci s'écria :

— *Ka-ho !* Que fais-tu à fourrager ainsi dans mes habits ?

L'homme, apeuré, répondit tout à trac :

— Quelqu'un vous a offert un lingot d'argent. Il me le faut, donnez-le-moi !

— *Ka-ho !* s'exclama de nouveau le maître, regarde quelle vie difficile tu mènes à courir à droite et à gauche comme un insensé ! Tu as fait tout ce chemin juste pour un morceau d'argent ? Pauvre de toi ! Maintenant, écoute ! Reviens vite sur tes pas et, à l'aube, tu arriveras devant le talus où j'étais assis. L'argent s'y trouve encore.

Le voleur était sceptique, mais il avait suffisamment fouillé les affaires du maître pour savoir que celui-ci n'était plus en possession du lingot. Il lui paraissait de même peu probable que l'offrande convoitée se trouvât à l'endroit indiqué, mais il revint malgré tout sur ses pas. En fouillant autour du tertre, il finit par trouver le morceau d'argent que Patrul avait tout simplement laissé là.

Le brigand, qui n'était plus tout jeune, se lamenta :

— *A-dzi !* Ce Patrul est pour sûr un vrai maître libéré de tout attachement. En essayant de le voler, je viens de me créer un très mauvais karma !

Tourmenté par le remords, il retourna sur ses pas à la recherche de Patrul Rinpotché. Lorsqu'il le trouva enfin, celui-ci s'écria :

— *Ka-ho !* Te revoilà, toujours à courir par monts et par vaux ! Que veux-tu, cette fois-ci ?

Bouleversé, le malfaiteur éclata en sanglots :

— Je ne reviens pas pour vous voler quoi que ce

soit. J'ai trouvé le lingot, et je m'en veux d'avoir si mal agi envers un vrai maître spirituel comme vous. Dire que j'étais prêt à vous prendre le peu que vous possédez ! Je vous demande pardon. Bénissez-moi et acceptez-moi comme disciple !

Patrul Rinpotché le rassura :

— Ce n'est pas la peine de te confesser ni de me demander pardon. Dorénavant, pratique la générosité et invoque les Trois Joyaux. Voilà qui suffira.

Quelque temps plus tard, des gens eurent vent de l'histoire et malmenèrent le voleur. Quand Patrul Rinpotché l'apprit, il les réprimanda vertement :

— Si vous faites du mal à cet homme, c'est comme si vous vous en preniez à moi. Laissez-le donc tranquille !

JETSÜN MILARÉPA (1040-1123)

Milarépa et le chasseur

Un jour, le célèbre ermite-poète Milarépa, après avoir installé ses disciples en retraite, s'en alla lui-même dans une grotte pour s'adonner à la méditation en toute tranquillité. Le lieu choisi lui avait paru idéal par son environnement. La beauté du paysage, la solitude, le soutien des déités locales, le chant des oiseaux et celui d'un clair ruisseau concouraient à une harmonie parfaite.

Ce fut donc un choc lorsqu'un aboiement féroce perturba le calme de cet endroit. L'ermite s'en fut aussitôt observer d'un promontoire quel obstacle survenait. Il vit accourir un cerf noir à bout de souffle et terrorisé.

Une immense compassion s'éleva dans son cœur. Il

fit le souhait d'enseigner le Dharma à cet animal afin qu'il soit libéré de son triste sort, et lui adressa ce chant :

« Je me prosterne aux pieds de Marpa de Lhodrak* !
Écoute, toi, le cerf à là tête surmontée de belles ramures,
Tant que tu chercheras à fuir quoi que ce soit du monde
[extérieur,
Jamais tu ne te libéreras des hallucinations de l'ignorance.
Le temps est venu pour toi
De renoncer à toute cette méprise.
La maturation du karma est trop rapide pour toi :
Comment pourrais-tu lui échapper dans un corps illusoire ?
Si c'est t'enfuir que tu veux, enfuis-toi plutôt dans l'essence
[de l'esprit !
Cours vers le lieu même de l'Éveil :
C'est pure méprise que de vouloir te libérer en te sauvant
[ailleurs.
Mets donc fin à ta confusion et reste avec moi !
Envahi tout entier par la peur de la mort,
Tu espères être en sécurité sur l'autre flanc de la colline
Tout en craignant d'être rattrapé de ce côté-ci.
Mais ce sont l'espoir et la crainte qui te font errer dans le
[samsara !
Je t'enseignerai les six yogas de Naropa**
Et te montrerai comment méditer sur le Grand Symbole. »

* Le grand traducteur Marpa (*mar pa chos kyi blo gros*, 1012-1097) était le maître spirituel de Milarépa qui vivait dans la province de Lhodrak, au Tibet méridional. La façon dont Marpa soumit Milarépa à diverses épreuves avant d'accepter de lui conférer des enseignements est célèbre dans l'histoire du Tibet. Voir *Milarépa, ses méfaits, ses épreuves, son illumination*, traduit par Jacques Bacot, Fayard, 1971 ; Milérapa, *Œuvres complètes* : *La Vie ; Les Cent Mille Chants*, Marie-José Lamothe, Fayard, 2006.

** Naropa était le maître indien de Marpa. Il lui transmit notamment les enseignements de la pratique des six yogas : les yogas de la chaleur intérieure, du corps illusoire, du rêve, de la claire lumière, du *bardo* (l'« état intermédiaire » entre la mort et la renaissance) et du transfert de la conscience.

Il chantait d'une voix aussi mélodieuse que celle de Brahmâ. Quiconque l'aurait entendu aurait subi son charme. Le cerf tout attendri s'allongea à ses pieds.

L'ermite s'interrogeait sur les aboiements qu'il avait entendus lorsque surgit une chienne au poil roux, poussant des aboiements furieux. Milarépa, attristé, la prit à son tour dans sa compassion et lui adressa ce chant :

« Je me prosterne aux pieds de Marpa de Lhodrak !
Qu'il me bénisse pour que je calme la haine des êtres !
Toi, la chienne à face de loup,
Écoute le chant de Milarépa !
Tu prends tout ce que tu vois pour ennemi
Et ton cœur est rempli de haine.
Re-née comme une bête cruelle,
Tu vis dans la faim et la souffrance
Sans jamais que s'apaisent les poisons qui te torturent.
Si tu ne prends pas possession de ton propre esprit,
Que gagneras-tu en t'emparant de proies extérieures ?
C'est ton esprit qu'il est temps de conquérir !
Abandonne ta haine et reste avec moi !
En ce moment, sous l'emprise de ton insupportable hargne,
Tu crains de perdre le cerf sur l'autre flanc de la montagne
Tout en espérant l'attraper de ce côté-ci.
Mais ce sont l'espoir et la crainte qui te font errer dans le [samsara.
Je t'enseignerai les six yogas de Naropa
Et te montrerai comment méditer sur le Grand Symbole. »

Émue par l'immense compassion de l'ermite, la chienne, sa haine apaisée, se coucha près du cerf.

Milarépa se dit alors qu'un sinistre personnage était sûrement en train d'arriver à la suite des deux animaux. Et de fait, celui-ci apparut, en sueur et roulant les yeux. C'était un chasseur nommé Kirawa Gonpo

Dorjé. Écumant de rage à la vue de la chienne et du cerf paisiblement allongés près de Milarépa, il invectiva brutalement l'ermite et lui décocha une flèche qui rata sa cible.

Milarépa, pensant qu'un être humain serait au moins aussi capable de le comprendre que des animaux, lui conseilla d'écouter son chant avant de tirer d'autres flèches.

Je prie tous les grands êtres accomplis !
Qu'ils nous bénissent pour que nous soyons libres des [poisons mentaux !
Toi, l'homme à la face d'ogre, écoute le chant de Mila !
On enseigne que le corps humain est un joyau rare,
Mais en te regardant, je ne vois rien de précieux !
Toi, l'homme malfaisant à l'allure de démon,
Tu cours après les plaisirs de cette vie,
Mais en agissant de la sorte, tu vas droit à l'échec.
Si, en revanche, tu triomphes de ton désir intérieur,
Tu parviendras à de véritables accomplissements.
Jamais tu n'auras le contrôle des phénomènes extérieurs :
C'est ton esprit qu'il est grand temps pour toi de maîtriser !
Tu n'assouviras pas tes désirs en tuant ce cerf ;
Par contre, si tu viens à bout des cinq poisons intérieurs,
Tu exauceras tous tes souhaits.
Plus tu essaieras de vaincre tes ennemis extérieurs,
Et plus ils surgiront en grand nombre,
Alors qu'en maîtrisant ton seul esprit
Tu mettras fin à toute adversité.
Au lieu de passer ta vie en actes nuisibles,
Tu ferais mieux de pratiquer le suprême Dharma !
Je t'enseignerai les six yogas de Naropa
Et te montrerai comment méditer sur le Grand Symbole.

Encore méfiant mais frappé par le comportement des animaux et le pouvoir inhabituel de ce lama, le chasseur inspecta la grotte pour voir s'il n'avait pas affaire à un charlatan, mais, n'y trouvant qu'une poignée de racines et de feuilles, il ressentit une foi si vive que, aussitôt, il offrit à Milarépa tout ce qu'il possédait, y compris la vie du cerf, et lui proposa de le servir. Milarépa se réjouit fort de la repentance du chasseur et l'accepta comme disciple.

Le chasseur, ému par la rectitude et la bienveillance de l'ermite, fondit en larmes et adressa lui-même un chant à Milarépa, dans lequel il le priait de le guider. Mais, alors qu'il décidait de retourner dans sa famille pour régler ses affaires et revenir au plus tôt, Milarépa l'en dissuada en lui chantant les conseils suivants :

Toi, le chasseur, écoute-moi bien !
L'orage fait gronder le tonnerre, mais ce n'est qu'un son [vide.
L'arc-en-ciel a de belles couleurs,
Mais il s'évanouit rapidement.
Les choses du monde, même agréables, ne sont qu'un rêve.
Les objets désirables procurent de grands plaisirs,
Mais ils sont cause d'actes nuisibles.
Les composés ont l'air de toujours durer,
Mais très vite ils se détruisent.
Ce que hier nous avions aujourd'hui nous manque.
Tel qui l'an dernier était vivant cette année ne l'est plus.
Tel mets que l'on mange pour son bien se change en poison.
Tel qui était un bon compagnon est devenu un ennemi
Et tel qui nous protégeait avec bienveillance nous abreuve [à présent d'insultes.
Le mal que tu as fait, c'est à toi qu'il nuira.
Parmi cent têtes, c'est la tienne qui t'est la plus chère.
De tes dix doigts, coupe n'importe lequel, et c'est toi qui [souffres.
De toutes les femmes, c'est à la tienne que tu tiens le plus.
Il est donc temps, dorénavant, de t'aider toi-même !
La vie est éphémère, et bientôt la mort frappera à ta porte.

Remettre à plus tard ta pratique spirituelle n'est pas raison-[nable.
Tes proches bien-aimés te poussent en fait dans le samsara.
Il est temps pour toi de suivre un maître spirituel :
Tu trouveras le bonheur dans cette vie,
Et le bonheur encore dans les vies suivantes.
Le temps est venu de pratiquer le Dharma !

En entendant ce chant, Gonpo Dorjé fut pleinement converti au Dharma et abandonna toute idée de retourner chez lui. Lorsqu'il eut reçu de Milarépa tous les enseignements nécessaires, il en fit l'expérience intérieure par la méditation et parvint à la réalisation ultime.

C'est ainsi qu'il devint l'un des disciples de cœur de Milarépa, tandis que la chienne et le cerf étaient libérés de leurs renaissances inférieures. Devenu célèbre sous le nom de Kira Répa, on peut encore voir son arc et ses flèches dans la grotte de Milarépa.

II

Les fondements de la pratique

1

La prise de refuge

Toute notre vie, nous essayons de nous protéger quand notre bien-être, nos possessions, les êtres qui nous sont chers ou notre existence même se trouvent menacés. Nous cherchons des lieux sûrs où nous réfugier et demandons de l'aide à ceux qui sont capables de nous défendre.

Or, nous passons aussi toute notre vie à souffrir de notre ignorance et des poisons mentaux qu'elle engendre, surtout la haine et le désir, et ces malheurs sont bien plus cruels et durables que les aléas de notre existence. Pour nous protéger de ce genre de maux, nous devons remonter à leur source, à savoir l'ignorance. Mais comment l'ignorant peut-il remédier à sa propre ignorance ? En s'appuyant sur les êtres qui y sont déjà parvenus, et en s'engageant sur la voie qu'ils ont suivie. D'où le rôle des Trois Joyaux dans le bouddhisme : le Bouddha, ou l'Éveillé qui montre comment se libérer de la souffrance ; le Dharma, ou la voie enseignée par le Bouddha ; et la Sangha, ou la communauté de ceux qui se sont engagés sur cette voie.

En d'autres termes, le Bouddha est le guide, le Dharma est le chemin, et la Sangha les compagnons de voyage. Dans le Vajrayana, le véhicule ésotérique du bouddhisme indien et tibétain, le maître spirituel représente à lui seul l'essence des Trois Joyaux : son esprit est l'Éveil, ou Bouddha, sa parole est l'enseignement, ou Dharma, et son corps est la communauté, ou Sangha.

Selon le bouddhisme, prendre refuge dans la sagesse de l'Éveil constitue la première et indispensable étape vers la libération de la souffrance. C'est le point de départ de la voie.

Le refuge ultime, ou intérieur, n'est autre que notre propre esprit. En reconnaissant son essence, la lumineuse conscience éveillée qui brille continuellement derrière les nuages de la confusion mentale, on est naturellement protégé des causes mêmes de la souffrance. En préservant le continuum de cette conscience, on n'a plus à redouter les voiles cognitifs ou émotionnels, car ils n'affectent plus la connaissance. La fonction du refuge extérieur est de conduire peu à peu à la compréhension, puis à la réalisation du refuge intérieur.

XIVe DALAÏ-LAMA, TENDZIN GYATSO (né en 1935)[1]

Par l'étude et la réflexion, on comprend l'origine de la souffrance et la façon dont elle se déploie et se perpétue, puis on apprend comment inverser ce processus, et l'on acquiert alors la conviction qu'il est possible de s'en libérer. On comprend également à quel point il est important, pour s'en libérer, d'avoir une vision juste de la nature des choses, autrement dit de leur vacuité, leur absence d'existence propre.

Quand on assimile le sens des quatre nobles vérités, en particulier la possibilité de la cessation de la souffrance et de la voie qui y conduit, on acquiert une confiance inébranlable dans l'enseignement, le Dharma, qui est le véritable refuge ; puis dans la Sangha, la communauté des pratiquants du Dharma, notamment les adeptes du Grand Véhicule qui sont inspirés par l'amour altruiste et ont engendré l'esprit d'Éveil – ou bodhicitta ; et enfin dans le Bouddha, ou l'Éveil, qui représente l'ultime accomplissement de la voie de libération. Cette confiance n'est pas une foi aveugle, elle s'appuie sur une réelle compréhension.

PADMASAMBHAVA (VIIe-IXe siècle, répondant aux questions de Yéshé Tsogyal, sa principale disciple)[2]

De quelle façon est-on protégé lorsqu'on se décide à prendre refuge ? Peut-on s'attendre à ce que le Bouddha vienne en personne chercher les êtres pour les emmener avec lui ? En vérité, les Éveillés ne peuvent pas prendre les êtres par la main pour les extraire du cycle de la souffrance. Si une telle chose était possible, compte tenu de leur immense compassion et de leur connaissance parfaite des méthodes appropriées, ils auraient déjà depuis longtemps libéré tous ceux qui souffrent.

Alors, de quelle façon ceux qui ont pris refuge sont-ils protégés ? Par la mise en pratique des enseignements.

2

Amour altruiste et compassion

L'amour altruiste et la compassion constituent le cœur de la pratique du bouddhisme. Ils sont considérés comme l'« essence du Grand Véhicule », la « voie parcourue par tous les bouddhas du passé et du présent, et celle que parcourront tous ceux du futur », la méthode « qui à elle seule suffit, et sans laquelle rien ne peut s'accomplir ». Au sens bouddhiste, l'amour altruiste est défini comme « le souhait que tous les êtres puissent trouver le bonheur et les causes du bonheur », et la compassion comme « le souhait que tous les êtres soient libérés de la souffrance et des causes de la souffrance ».

Ces deux sentiments peuvent se résumer à une bienveillance inconditionnelle envers tous les êtres en général, mais prête à se manifester à tout moment à l'endroit de chacun en particulier. C'est une véritable manière d'être au monde et aux autres que l'on cultive jusqu'à ce qu'elle imprègne son être tout entier. L'intention n'est pas de réaliser inconsidérément tous les désirs ou les caprices d'autrui, encore moins de souhaiter le succès de ceux qui poursuivent des buts nuisibles. Il faut au contraire prendre en compte les différents éléments de chaque situation et se demander, par exemple, quelles seront les conséquences, à court et à long terme, de ce que l'on va faire pour le bien de telle ou telle personne, ou si cette action affectera seulement un petit nombre d'êtres ou un grand nombre d'entre eux.

Amour et compassion doivent être éclairés par la sagesse. Celle-ci est fondée sur la compréhension des causes immédiates et ultimes de la souffrance. Par souffrance, on n'entend pas simplement les souffrances visibles dont nous sommes si souvent témoins ou victimes : maladies, guerres, famines, injustice, pauvreté, mais aussi leurs causes, à savoir les poisons mentaux. Aussi longtemps que notre esprit reste obscurci par la confusion, la haine, l'attachement, la jalousie et l'arrogance, la souffrance, sous toutes ses formes, est prête à se manifester.

Le bouddhisme enseigne que la source de ces poisons mentaux est l'ignorance de la nature des êtres et des choses, qui creuse un fossé entre nos perceptions et la réalité : nous prenons pour permanent ce qui est éphémère et pour bonheur ce qui n'est le plus souvent que cause de souffrance – la soif de richesses, de pouvoir, de renommée et de plaisirs éphémères. Les choses nous apparaissent comme intrinsèquement « plaisantes » ou « déplaisantes » et les êtres comme intrinsèquement « bons » ou « mauvais ». Le « moi » qui les perçoit nous semble tout aussi réel et concret. Cette méprise engendre de puissants réflexes d'attachement et d'aversion qui mènent généralement à la souffrance.

L'amour et la compassion sont décuplés lorsqu'on comprend que la souffrance n'est pas un phénomène inéluctable et qu'il est possible de mettre un terme au malheur des êtres. Lors de son premier enseignement, au parc des Biches de Bénarès, le Bouddha exposa les Quatre Nobles Vérités *(voir pp. 58-59).*

Lorsqu'ils sont associés à la joie devant les qualités et les succès d'autrui et à l'impartialité envers tous les êtres, l'amour et la compassion forment la base de l'esprit d'Éveil, ou bodhicitta, défini comme le souhait d'atteindre l'état de bouddha pour pouvoir libérer tous les êtres de la souffrance et de ses causes. Ce souhait doit s'accompagner de la détermination de faire tout ce qui est en son pouvoir pour remédier à cette souffrance et cela, non pas pour une durée limitée, mais tant qu'il y aura des êtres et tant que ces êtres souffriront.

Comment cultiver l'amour et la compassion ? Le premier pas est de prendre conscience qu'au plus profond de soi on aspire au bonheur et on redoute de souffrir, et qu'il en est de même pour tous les êtres, y compris les animaux. Ce droit de ne pas souffrir, si souvent bafoué, est sans doute le plus fondamental de tous.

La compassion bouddhiste vise idéalement à mettre un terme à toute souffrance, quelle qu'elle soit et quels que soient les êtres qu'elle affecte. Elle ne s'appuie sur aucun jugement moral et ne dépend pas de la manière dont les autres se comportent. Elle embrasse donc tous les êtres sans exception, qu'ils soient amis, ennemis ou étrangers, sans se limiter à nos proches ou à ceux qui nous traitent favorablement.

YONGEY MINGYOUR RINPOTCHÉ[3] (né en 1975)

L'amour altruiste est le sentiment spontané d'être relié à tous les autres êtres. Ce que vous ressentez, je le ressens. Ce que je ressens, vous le ressentez. Il n'y a pas de différence entre nous. […] Lorsque j'ai commencé à pratiquer la méditation de la compassion, j'ai observé que ma sensation d'isolement commençait à s'atténuer, tandis que je ressentais de plus en plus une impression de force. Là où, auparavant, je ne voyais que des problèmes, je me mis à ne voir que des solutions. Alors que je considérais mon bonheur comme plus important que celui des autres, je commençais à percevoir le bien-être des autres comme le fondement même de ma paix intérieure.

SHANTIDÉVA (685-763)[4]

Tous les bonheurs du monde viennent
De la recherche du bonheur d'autrui ;
Toutes les souffrances du monde viennent
De la recherche de son propre bonheur.

À quoi bon en dire davantage ?
Comparez seulement l'être puéril
Qui agit dans son propre intérêt
Et le sage qui œuvre au bien des autres ! […]

Si l'on satisfait les êtres, l'on satisfait les bouddhas,
Si l'on offense les êtres, ce sont les bouddhas que l'on
[offense.

XIVe DALAÏ-LAMA, TENDZIN GYATSO (né en 1935)[5]

La compassion et la générosité doivent s'accompagner de détachement. Attendre de ces deux attitudes quelque chose en retour s'apparente à du commerce. Si le propriétaire d'un restaurant est tout sourire avec ses clients, ce n'est pas parce qu'il les aime véritablement mais parce qu'il veut augmenter son chiffre d'affaires. On ne doit pas non plus aimer les êtres et les aider parce que l'on trouve tel ou tel d'entre eux sympathique, mais parce qu'on voit que tous les êtres, peu importe que nous les considérions comme amis ou ennemis, désirent le bonheur et ont le droit de le trouver.

NYOSHUL KHEN RINPOTCHÉ (1932-1999)[6]

Pourquoi l'esprit d'Éveil, ou bodhicitta, est-il si important ? Parce qu'il est l'antidote immédiat de l'attachement au moi, et que ce dernier est à l'origine du samsara, le cercle vicieux de la souffrance. La croyance infondée en un moi illusoire nous pousse à nous choyer nous-mêmes et à rejeter les autres, ce qui se retourne finalement contre nous et constitue la cause principale de nos malheurs dans le samsara. Il est donc essentiel de méditer sans relâche sur l'amour et la compassion jusqu'à ce que l'on aime autrui plus que soi-même. Voilà ce qui constitue la force vitale de notre pratique spirituelle, et qui doit toujours le demeurer.

SHABKAR (1781-1851)[7]

Voici un conseil venu droit de mon cœur :

De même que le soleil est nécessaire pour illuminer le ciel, un enfant pour mettre en joie le cœur d'une mère, ou deux ailes à un oiseau pour qu'il puisse voler, la connaissance de la vacuité à elle seule ne suffit pas et doit s'accompagner d'une grande compassion pour tous ceux qui n'ont pas cette expérience de la vacuité, peu importe qu'il s'agisse d'ennemis, d'amis ou d'êtres qui nous sont indifférents. Ancre bien en toi cette compassion qui élimine toute discrimination entre « bons » et « mauvais ».

Comprends aussi que cette compassion est le fruit d'un entraînement : tu ne peux t'attendre à ce qu'elle surgisse un beau jour de la vacuité, spontanément.

Exerce-toi maintenant à la compassion jour et nuit, pendant autant d'années qu'il t'a fallu pour comprendre la vacuité. Que ta compassion soit cent fois plus forte que celle d'une mère pour son enfant brûlé vif, d'une intensité presque insoutenable à la pensée de la souffrance de n'importe quel être.

Lorsque tu y seras parvenu, pratique en pensant intensément : « Jusqu'à l'Éveil, je ferai tout ce qui est en mon pouvoir pour aider tous les êtres, sans la moindre exception, quelle que soit la façon dont ils se comportent et en dépit de toutes les difficultés que je rencontrerai ! »

Qui est vraiment compatissant est un éveillé ;
Qui est sans compassion est le démon de la mort.

Avec la compassion, la racine du Dharma est solidement
[plantée ;
Sans compassion, elle pourrit.

Qui a la compassion reste bienveillant, même en colère ;
Qui ne l'a pas peut tuer avec le sourire aux lèvres.

Pour le compatissant, même un ennemi devient ami ;
Pour celui qui ne l'est pas, même un ami devient ennemi.

Qui éprouve de la compassion détient tous les enseigne-
[ments ;
Qui n'en éprouve pas n'en possède aucun.

Qui abrite en son cœur la compassion est un vrai boud-
[dhiste ;

Qui n'en a pas est pire que les impies.

Celui qui contemple la vacuité ne peut se dispenser de la [compassion,
Car de cette vacuité elle est le cœur :
Qui avance sur la voie doit être magnanime.

La compassion est la marque du disciple authentique ;
C'est l'essence de tous les enseignements.

La grande compassion est la gemme des souhaits :
Elle comble tous les espoirs, ceux de soi-même comme [ceux des autres.

Alors, vous tous, religieux et laïcs,
Cultivez la compassion et vous parviendrez à l'Éveil !

Puissent les hommes et femmes qui entendront ce chant
Être animés d'un grand amour pour tous les êtres
Et œuvrer à leur épanouissement !

RIDZIN JIGMÉ LINGPA (1729-1798)[8]

L'amour consiste à vouloir le bonheur d'autrui :
À l'instar d'une mère qui aime son enfant,
Nous devrions tout consacrer, notre corps, nos biens et nos [mérites,
À aider les autres en apprenant à supporter le mal qu'ils [peuvent nous faire.

La compassion est la force intérieure
Qui conduit à ne pas supporter que les autres souffrent,
Et à pleurer au spectacle des êtres des six mondes
Qui se trouvent prisonniers de la souffrance et de ses causes.

La joie est le plaisir sincère qu'on éprouve à la vue
Des perfections d'autrui, accompagné de vœux pour le bon-[heur de tous.
Elle consiste à se réjouir de ce que chacun a obtenu par [lui-même

Et à souhaiter qu'il n'en soit plus jamais privé.

L'impartialité est l'absence d'amour et de haine exclusifs
Dans laquelle penchants et partis pris se trouvent égalisés,
Ainsi qu'un même comportement altruiste
Envers amis, ennemis et gens neutres, indifféremment.

SHECHEN GYALTSAP (1871-1926)[9]

Qu'y a-t-il de plus méprisable que d'abandonner
Dans l'océan de souffrance du samsara
Toutes ces mères qui, depuis des temps immémoriaux,
Ont tendrement pris soin de nous, et de s'efforcer
D'atteindre la paix du nirvana pour soi tout seul !

Avec à l'esprit l'Éveil pour tous, vous prenez la voie juste.
Tout ce que vous accomplirez, même les actes neutres,
Se transformera en vertu, et jamais
Vous ne dévierez de la voie de la libération.

DILGO KHYENTSÉ RINPOTCHÉ (1910-1991)[10]

Dans chacune des innombrables vies que nous avons vécues au sein du samsara sans commencement, nous avons nécessairement eu des parents. En fait, nous avons pris naissance tant de fois que chaque être de ce monde a été notre mère ou notre père à un moment ou à un autre. Quand nous pensons à tous ces êtres, nos parents présents ou passés qui errent depuis si longtemps, semblables à des aveugles égarés sur une immense plaine, nous ne pouvons qu'éprouver pour eux une infinie compassion. Mais la compassion seule ne suffit pas. Tant que notre esprit est limité par l'attachement, nous pouvons leur donner de la nourriture, des vêtements, de l'argent, ou simplement de l'affection, mais cela ne leur apportera, dans le meilleur des cas, qu'un bonheur temporaire et limité. Ce dont ils ont vraiment besoin, c'est d'être libérés définitivement de la souffrance, et nous ne pourrons les y aider qu'en mettant en pratique les enseignements du Dharma. [...]

La vraie compassion s'adresse à tous les êtres, sans distinction entre amis et ennemis. Dédions donc au bien de tous les êtres chaque acte bénéfique que nous accomplissons, ne serait-ce que l'offrande d'une fleur ou la récitation d'un mantra. [...]

Pour les grands maîtres du passé, l'enseignement le plus précieux était celui qui porte sur l'union de la vacuité et de la compassion. Ils cultivaient sans relâche les quatre pensées incommensurables – bonté, compassion, joie et impartialité – qui permettent d'aider spontanément les autres. Ils commençaient par l'étude approfondie des enseignements, puis ils faisaient l'expérience intérieure, au moyen de la méditation, de ce qu'ils avaient appris. C'est l'authenticité de leur pratique qui les rendit célèbres, et le chemin qu'ils prirent est celui qui conduit tout droit à la grande félicité de l'Éveil. [...]

Il est dit : « Le souhait de rendre heureux les autres, même ceux qui nous font du mal, est la source du bonheur ultime. » Celui qui en est capable éprouve une compassion spontanée pour tous les êtres. [...]

Il est essentiel de méditer du plus profond de soi sur la pensée de l'Éveil jusqu'à ce que les activités de ce monde révèlent clairement leur caractère frustrant et dérisoire. C'est alors que l'on est profondément attristé par la douloureuse condition des êtres de cet âge sombre, et que grandit en soi la détermination de les libérer du samsara. Sans cette prise de conscience et cette authentique résolution, notre pratique resterait fragile, ses progrès incertains, et nous ne pourrions accomplir le but du Grand Véhicule. […]

Tous les êtres sont identiques dans leur désir d'être heureux et de ne pas souffrir. Ils ne diffèrent de moi que par leur nombre : je suis un, alors qu'eux sont innombrables. Mes joies et mes peines sont donc insignifiantes face aux bonheurs et aux malheurs des autres. Cette pensée est la base de l'esprit d'Éveil. Nous devrions souhaiter le bonheur d'autrui plus que le nôtre, en songeant particulièrement à nos ennemis et à ceux qui nous maltraitent. Sinon, à quoi servirait la compassion ?

VIIe DALAÏ-LAMA, KELZANG GYATSO (1708-1757)[11]

L'aigle, bien que roi des oiseaux,
Ne peut voler s'il lui manque une aile.
De même, certains comprennent la vacuité,
Mais seuls ceux qui cultivent la détermination altruiste
D'atteindre l'Éveil pour le bien de tous
Possèdent les deux ailes pour s'envoler vers l'omniscience.

SHANTIDÉVA (685-763)[12]

Puissé-je être un protecteur pour les abandonnés, un guide
[pour ceux qui cheminent,
Un vaisseau, une barque, un pont pour ceux qui veulent se
[rendre sur l'autre rive.
Puissé-je être une île pour ceux qui ont besoin de faire
[escale,
Une lampe pour ceux qui ont besoin de lumière,
Un lit pour ceux qui veulent se reposer,
Un serviteur pour ceux qui ont besoin d'être servis,

Puissé-je être la pierre miraculeuse, le vase au grand trésor,
La formule magique, le remède universel,
L'arbre qui comble les souhaits, la vache au pis intaris-
[sable !
Comme la terre et les autres éléments qui servent aux mille
[usages
Des êtres innombrables, dans tout l'espace infini,
Puissé-je, de mille façons, être utile aux êtres qui peuplent
[cet espace,
Aussi longtemps qu'ils ne seront pas tous libérés de la
[souffrance !

KANGYOUR RINPOTCHÉ (1897-1975)[13]

Prends pour objet de méditation l'ensemble des êtres et applique-toi à mettre en œuvre les quatre attitudes immensurables : l'amour, ou le désir que tous les êtres soient heureux ; la compassion, ou le désir qu'ils soient affranchis de la souffrance ; la joie devant le bonheur d'autrui ; et l'impartialité qui consiste à traiter tous les êtres de manière égale, sans attachement ni rejet.

Le terme « immensurable » s'explique par le fait que l'on prend pour objet tous les êtres dont le nombre est incalculable, et que les mérites engendrés par les quatre attitudes sont, de ce fait, eux aussi sans limites.

La compassion est de trois sortes, selon qu'elle se réfère aux êtres animés, aux phénomènes, ou qu'elle est libre de toute référence conceptuelle. Et il en est de même pour les trois autres attitudes.

La première sorte de compassion est celle des pratiquants ordinaires. Elle correspond, comme nous l'avons dit, au souhait que tous les êtres animés soient libérés de la souffrance. La deuxième est celle des pratiquants du véhicule des auditeurs et des bouddhas-par-soi, lesquels ont compris que les êtres sont dépourvus d'un moi réel, et les perçoivent comme des ensembles de phénomènes interdépendants. La troisième, qui est la compassion des êtres sublimes du Grand Véhicule, transcende tout concept ordinaire. Elle est possible lorsque l'on a compris que les êtres et les choses sont dépourvus d'existence propre, et elle se caractérise par le souhait que tous les êtres soient libérés de la souffrance, associé à la vacuité, autrement dit, à la conscience du fait que l'existence de ces êtres est semblable à une illusion. [...]

Comment faut-il méditer sur ces attitudes immensurables ? Divisez d'abord les êtres en trois groupes : les amis, les ennemis et ceux qui vous sont indifférents. Commencez par le premier groupe, qui inclut vos parents, les membres de votre famille et tous ceux qui vous sont proches et dont vous désirez le bonheur. Puis songez à ceux qui ne sont pour vous ni des amis ni des ennemis. Et enfin, considérez ceux pour qui vous éprouvez de l'aversion. Cet exercice sera véritablement parfait lorsque vous éprouverez la même compassion pour les êtres que vous détestez que pour ceux qui vous sont chers.

ATISHA (982-1054)[14]

Fils,
La nature originellement pure de l'esprit
Est empreinte d'une irrésistible compassion pour tous les [êtres.
Cette compassion jaillit elle-même de la vacuité
Et c'est à la vacuité qu'à nouveau elle retourne.

Fils,
Toute chose du samsara comme du nirvana provient de [l'esprit-en-soi,
Dans lequel personne n'a jamais vu la moindre cause ou [condition.
À l'examen, l'esprit se révèle semblable à l'arc-en-ciel dans [l'espace.
Sache que vacuité et compassion sont comme le ciel et [l'arc-en-ciel.

Fils,
Vois tout comme le mouvement des vagues
Qui se meuvent au-dessus du profond océan :
C'est de l'océan même qu'elles surgissent,
Et c'est encore dans l'océan qu'elles se dissolvent.

Personne n'a jamais perçu la moindre démarcation
Entre les vagues qui s'agitent et l'océan profond.
Ainsi de la compassion qui s'élève de la vacuité
Spontanément, pour les êtres plongés dans l'illusion.

C'est de la vacuité qu'elle jaillit
Et à la vacuité qu'elle retourne.

XIVe DALAÏ-LAMA, TENDZIN GYATSO (né en 1935) [15]

Cultiver la compassion

Avant de cultiver l'amour et la compassion, il importe de bien comprendre ce que recouvrent ces deux termes. Dans la tradition bouddhiste, on les considère comme deux aspects d'un même sentiment de bienveillance : l'amour est le désir que tous les êtres soient heureux, et la compassion, le souhait qu'ils soient libérés de la souffrance.

Ensuite, il faut se demander s'il est possible de cultiver l'amour et la compassion tout en ayant de moins en moins de colère, de haine et de jalousie. À cela je réponds « oui » sans hésiter. Même si, pour le moment, vous n'êtes pas de mon avis, je vous demande de rester ouverts à cette possibilité. Livrons-nous ensemble à quelques réflexions : peut-être trouverons-nous des réponses.

Tous les bonheurs et toutes les souffrances peuvent se ramener à deux catégories : celle de l'esprit ou celle du corps. Pour la plupart d'entre nous, c'est l'esprit qui joue le rôle le plus déterminant dans les sensations de bien-être et de mal-être. En comparaison, le rôle que joue la condition physique est secondaire, sauf si nous sommes gravement malades ou dans le dénuement total. En revanche, l'esprit peut être affecté par les événements les plus insignifiants. Il est donc normal de faire davantage d'efforts pour apaiser son esprit que pour s'assurer le confort physique.

Il est possible de changer son esprit

Malgré mon expérience limitée, je suis convaincu qu'avec un entraînement régulier il est tout à fait possible de transformer son esprit dans un sens positif, en cultivant les pensées, les attitudes et les tendances qui sont bénéfiques à nous-mêmes et aux autres, et en réduisant celles qui sont nuisibles.

Ce qu'on appelle « esprit » est un phénomène très curieux. Parfois rigide et réfractaire à tout changement, il peut aussi devenir très souple pourvu qu'on fasse de constants efforts pour le transformer et que l'on se convainque, par la réflexion, que ce changement est non seulement possible mais indispensable. Il ne suffit pas, pour cela, de faire des vœux ou des prières. Il faut que la raison intervienne en s'appuyant sur l'expérience. On ne doit pas non plus s'attendre à ce que cette transformation s'opère du jour au lendemain, car nos vieilles habitudes résistent à toute solution rapide.

Comment cultiver la compassion

L'égocentrisme, qui nous touche tous à différents degrés, nous empêche d'éprouver envers les autres de l'amour et de la compassion. Or, pour être vraiment heureux, il faut avoir l'esprit pacifié, et la paix de l'esprit ne s'installe en soi que par le biais de l'amour altruiste. Bien sûr, pour cultiver la compassion il ne suffit pas de croire à ses bienfaits ni de s'extasier sur la beauté de ce sentiment. Il faut faire des efforts et profiter de toutes les circonstances quotidiennes pour modifier nos pensées et notre comportement.

Il faut aussi savoir précisément ce que ces mots veulent vraiment dire. D'ordinaire, l'amour et la compassion sont mêlés de désir et d'attachement. L'amour que les parents portent à leurs enfants, par exemple, est partial et limité par rapport à l'amour inconditionnel dont parle le Bouddha.

De même, le sentiment amoureux correspond généralement plus à de l'attachement fondé sur des projections mentales et des fantasmes qu'au véritable amour altruiste. La meilleure preuve en est que dès que ces projections changent, ce sentiment disparaît et se transforme parfois en son contraire. Le désir peut être si fort que l'être auquel nous sommes attachés nous apparaît dépourvu de tout défaut, même s'il en a en vérité beaucoup, et nous pousse aussi à exagérer ses qualités. De telles distorsions de la réalité sont autant de signes que notre amour est davantage motivé par des besoins personnels que par un réel souci de l'autre.

Il est possible d'éprouver un amour dépourvu de partialité. Celui-ci ne doit pas naître d'une simple réaction émotionnelle, il doit s'appuyer sur une réflexion et aboutir à un engagement ferme. Il ne dépend pas non plus de la façon dont les autres nous traitent. L'objectif du pratiquant bouddhiste est de cultiver cet amour en souhaitant sincèrement le bonheur de tous les êtres de l'univers. Ce n'est évidemment pas facile.

Raisonnons donc ainsi. Que les autres soient beaux ou laids, bienveillants ou cruels, ce sont tous des êtres sensibles comme nous. Et, comme nous, ils veulent être heureux et ne pas souffrir, ce à quoi ils ont droit au même titre que nous. En reconnaissant que tous les êtres sont égaux dans leur aspiration et leur droit au bonheur, on éprouve à leur égard un sentiment d'empathie qui nous rapproche d'eux. En s'accoutumant à cet altruisme impartial, on finit par éprouver un sentiment de responsabilité universelle.

Je sais que certains se disent : « Souhaiter que tous les êtres sensibles soient heureux est irréaliste. » Ils pensent qu'il est plus efficace de commencer par les êtres avec lesquels on a un lien direct, puis d'élargir peu à peu ce cercle, et qu'il est vain de penser à la totalité des êtres puisque leur nombre est illimité.

Dans d'autres contextes, cette objection aurait une certaine pertinence, mais comme notre but est d'étendre notre bienveillance à toutes les formes de vie qui ressentent le bien-être et la souffrance, cet amour universel est déjà très puissant en soi, et il n'est pas nécessaire de s'identifier à chacun des êtres en particulier pour le rendre efficace.

Avec du temps et de la patience, nous pouvons devenir capables d'éprouver un tel amour universel. Évidemment, notre égocentrisme et, plus profondément, notre croyance en un moi existant comme une entité autonome, feront tout pour nous en dissuader. L'amour inconditionnel n'est de fait possible que lorsque ce concept d'un moi indépendant s'est évanoui. Cela ne nous empêche pas de commencer tout de suite, à notre niveau, et peu à peu de progresser.

Par où commencer ?

Il faut commencer par s'attaquer à la colère et à la haine, qui sont les plus grands obstacles à l'amour altruiste. Comme nous le savons tous, ces émotions extrêmement puissantes peuvent mettre notre esprit sens dessus dessous. Si nous ne les maîtrisons pas, elles empoisonnent toute notre existence et nous empêchent de goûter au bonheur d'aimer tous les autres.

Si vous êtes de ceux qui ne considèrent pas la colère comme une émotion négative et que, dans certaines situations qui vous exaspèrent, un accès de colère semble vous procurer un regain d'assurance et d'énergie, examinez attentivement dans quel état se trouve votre esprit dans ces moments-là. L'énergie que vous apporte la colère est une énergie aveugle. Vous ne pouvez pas savoir avec certitude quels effets, positifs ou négatifs, elle produira en fin de compte. Lorsqu'on s'emporte, on se ferme l'accès à la part rationnelle du cerveau. L'énergie de la colère est donc rarement fiable et peut nous conduire à des comportements néfastes qui sont parfois extrêmement destructeurs. Lorsqu'elle atteint une certaine intensité, elle nous fait perdre toute raison et nous pouvons alors faire du mal non seulement aux autres mais à nous-mêmes.

Pour gérer les situations difficiles, nous disposons heureusement d'une énergie aussi puissante que celle de la colère, mais cette fois contrôlable, car elle prend sa source dans ses antidotes les plus efficaces : la bienveillance, la raison et la patience. On interprète souvent la modération que ces qualités engendrent comme une preuve de faiblesse. Pour ma part, je crois qu'il s'agit, au contraire, d'une véritable force intérieure. La compassion est certes bienveillante et pacifique par nature, mais elle procure un grand pouvoir, alors que ceux qui perdent facilement patience sont instables et ne sont pas sûrs d'eux. Je pense que c'est le fait de donner libre cours à la colère qui est une marque évidente de faiblesse.

Quand un conflit surgit, essayez de rester humbles et de chercher sincèrement une solution équitable. Certains chercheront à profiter de vous, ou votre détachement provoquera peut-être une réaction d'agressivité. Adoptez alors une attitude ferme, sans toutefois vous départir de la compassion, et si, pour faire valoir votre position, vous devez prendre des mesures fortes, faites-le sans colère ni malveillance.

Comprenez en fait que, même si vos adversaires semblent vous causer du tort, au bout du compte ils se font surtout du mal à eux-mêmes. Pour contrôler le réflexe égoïste et instinctif qui consiste à riposter, rappelez-vous que vous essayez de pratiquer la compassion et d'aider les autres à ne pas souffrir des conséquences de leurs actes. Si les mesures que vous adoptez ont été choisies avec calme, elles n'en seront que plus efficaces, puissantes et adaptées à la situation.

Amis et ennemis

Ceux qui nous créent ces difficultés, ce ne sont en général pas nos amis, mais nos ennemis. Si nous voulons vraiment apprendre quelque chose, nous devons donc considérer nos ennemis comme les meilleurs maîtres qu'il nous soit possible de trouver. La pratique de la patience est en effet essentielle pour cultiver l'amour et la compassion. Or, on ne peut effectuer cette pratique si l'on n'a pas d'ennemis. Ces derniers méritent donc notre reconnaissance, puisque ce sont eux qui, en fin de compte, contribuent le plus à la paix de notre esprit. Ajoutons qu'il est fréquent de voir, dans notre vie personnelle et autour de nous, des ennemis devenir des amis au gré des circonstances.

Il est bien sûr naturel de vouloir s'entourer d'amis, mais il ne me semble pas que l'amitié naisse de l'agressivité, de la colère, de la jalousie ou de la compétition effrénée. La meilleure manière de se faire des amis, c'est d'être bienveillant à l'égard des autres. Prenez donc véritablement soin des autres, préoccupez-vous de leur bien-être, aidez-les, servez-les, faites-vous ainsi plus d'amis et suscitez plus de sourires. Que vous rapportera cette attitude ? Beaucoup de soutien lorsque vous en aurez besoin. En revanche, si vous négligez le bonheur d'autrui, à long terme c'est vous qui serez les perdants.

J'adore le rire, mais il y a différentes sortes de rires. Il y a les rires artificiels, sarcastiques, diplomatiques, hypocrites. Ceux-là provoquent la suspicion, et même la peur, n'est-ce pas ? Le rire sincère, au contraire, engendre une impression de fraîcheur qui, selon moi, est le propre des êtres humains.

Vaincre l'ennemi intérieur

La colère et la haine sont nos véritables et constantes ennemies. Ce sont elles, et non pas nos adversaires occasionnels, que nous devons combattre et vaincre. Tant que nous n'aurons pas entraîné notre esprit à affaiblir leur pouvoir nuisible, ces émotions continueront à nous perturber et à réduire à néant tous nos efforts de paix intérieure.

Pour éliminer le potentiel destructeur de la colère et de la haine, il faut comprendre que celles-ci prennent leur source dans la recherche du bien-être personnel au détriment de celui d'autrui. Cet égocentrisme n'est pas seulement à l'origine de la colère, il est aussi la cause profonde de tous nos tourments. Comme il s'appuie sur une perception trompeuse qui ne nous permet pas de saisir la véritable nature des choses, celui qui aspire à cultiver l'amour et la compassion doit bien comprendre le caractère illusoire de cet ennemi intérieur et la façon dont il produit immanquablement ses effets pervers.

Pour cela, il faut d'abord apprendre à connaître son esprit. En accordant une grande attention à l'étude de son fonctionnement et en l'observant de façon quasi scientifique, on découvre une multitude d'états mentaux qui diffèrent selon l'objet que l'on perçoit, le mode de perception, l'intensité de cette perception, etc. Il faut ensuite distinguer, parmi tous ces états, ceux qui nous sont utiles et bénéfiques, dont il faudra favoriser la présence, de ceux qui sont causes de difficultés et de souffrances, qu'il faudra trouver un moyen d'éliminer. Cette analyse devrait être la pratique essentielle du pratiquant bouddhiste.

Les écrits bouddhistes parlent de quatre-vingt-quatre mille types de pensées nuisibles, auxquelles correspondent quatre-vingt-quatre mille méthodes, ou antidotes, enseignées par le Bouddha. Il ne faut donc pas s'attendre à trouver, comme par enchantement, la solution miracle qui délivrera notre esprit de toutes les forces perturbatrices. Avant d'obtenir des résultats probants, il est nécessaire d'appliquer longtemps des méthodes qui peuvent être nombreuses et variées, et de faire preuve de patience et de détermination. Ne vous attendez pas à atteindre l'Éveil dès vos premiers pas sur la voie du Dharma !

Les enseignements bouddhistes sur l'amour et la compassion utilisent souvent des aphorismes comme : « Ne vous souciez pas de votre propre bien-être mais privilégiez celui d'autrui. » Ces formules peuvent parfois nous faire peur, mais il faut les replacer dans leur contexte, celui d'un entraînement dont le but est de nous apprendre à être sincèrement concernés par la souffrance des autres.

Avant de vouloir prendre soin d'autrui, il faut d'abord être capable de s'aimer soi-même. L'amour de soi ne s'appuie pas sur un sentiment de dette personnelle dont nous serions redevables envers nous-mêmes, mais simplement sur le fait que, par nature, nous aspirons tous à être heureux et à ne pas souffrir. Ce n'est qu'après avoir accepté cette bienveillance à l'égard de soi qu'il est possible de l'étendre à tous les autres.

L'impartialité

Puisque l'authentique compassion est forcément universelle et impartiale, pour y parvenir il faut commencer par cultiver l'impartialité envers tous les êtres. Selon le bouddhisme, ceux que nous considérons comme des amis ou des parents dans cette vie ont pu être nos pires ennemis dans une vie précédente. Le même raisonnement peut s'appliquer à ceux que nous tenons actuellement pour des ennemis. Même s'ils nous font beaucoup de tort, ils ont pu être nos meilleurs amis, voire notre mère, dans des vies passées. En réfléchissant au caractère fluctuant et permutable de nos relations, qui fait que chaque être peut, tour à tour, se manifester comme un ami ou un ennemi, on apprend à envisager les choses d'un point de vue plus impartial.

Cet entraînement mental exige un certain détachement, mais encore faut-il comprendre le sens de ce terme. Certains pensent que le détachement bouddhiste est synonyme d'indifférence. Or, c'est faux. Il consiste simplement à prendre ses distances avec les considérations superficielles qui déterminent tel être comme ami et tel autre comme ennemi, et avec toutes les émotions qui en découlent. Ce type de détachement est en fait le contraire de l'indifférence aux autres, car c'est le terrain sur lequel se bâtit l'authentique compassion, celle que l'on éprouve impartialement pour tous les êtres.

DILGO KHYENTSÉ RINPOTCHÉ (1910-1991)[16]

L'alchimie de la souffrance

Une souffrance intense peut provoquer une sorte de réveil qui ouvre notre esprit et notre cœur aux autres. Vous pouvez provoquer en vous ce type d'expérience en vous entraînant à échanger mentalement, à l'aide de la méditation, la souffrance des autres contre votre bonheur et à souhaiter que votre souffrance se substitue à celle des autres.

Commencez par susciter en vous un puissant amour pour tous les êtres. Pour cela, pensez d'abord à quelqu'un qui vous a témoigné une grande bienveillance, votre mère par exemple. Pensez à sa bonté. Elle vous a donné la vie en supportant les épreuves de la grossesse et les douleurs de l'enfantement. Puis, à mesure que vous avez grandi, elle s'est occupée de vous sans ménager sa peine. Votre bonheur primant sur le sien, elle était prête à tout sacrifier pour vous.

Maintenant, ressentez une immense compassion en imaginant qu'elle subit devant vos yeux de terribles souffrances, qu'on la traîne par terre, qu'on la torture ou la jette dans des braises, qu'elle souffre le martyre ; ou bien qu'elle n'a plus que la peau sur les os parce qu'elle n'a rien mangé depuis des semaines, et qu'elle tend sa main vers vous en vous suppliant : « Mon enfant, as-tu pour moi quelque chose à manger ? »

Imaginez aussi qu'elle est née sous la forme d'une biche et qu'elle est poursuivie par des chasseurs avec leurs chiens. Acculée, terrorisée, elle saute d'une falaise et se brise les pattes ; les chasseurs la retrouvent mourante et l'achèvent de leurs couteaux.

Continuez à imaginer différentes situations douloureuses auxquelles votre mère (ou une autre personne que vous avez choisie comme objet de méditation) se trouve confrontée. Ressentez au plus profond de vous sa souffrance jusqu'à être véritablement envahi par une immense compassion. Étendez alors cette compassion à tous les êtres, en pensant qu'eux aussi ont droit au même amour et qu'ils ont, eux aussi, le droit d'être libérés de leur malheur. Ne manquez pas d'inclure au nombre de ces êtres tous ceux que vous considérez comme des ennemis et des obstacles. Visualisez-les tous, rassemblés en une immense foule, et rappelez-vous qu'ils souffrent de mille façons dans le cycle sans fin des existences.

Laissez toutes les formes de souffrance possibles se dessiner clairement dans votre esprit. Imaginez des êtres vieux et malades, souffrant terriblement, ou des pauvres qui ont à peine de quoi survivre. Pensez à ceux que tourmentent la faim et la soif, à ceux qui sont esclaves de leurs obsessions et souffrent jusqu'à la folie de l'angoisse provoquée par leur désir ou leur haine irrépressibles.

Lorsque vous ressentez pour tous ces êtres une immense compassion, passez à la pratique dite de « l'échange ». Si vous le pouvez, visualisez devant vous ceux qui souffrent, puis imaginez qu'en même temps que vous expulsez l'air de vos poumons, vous leur envoyez votre bonheur, votre force vitale, votre chance, votre santé, bref tout ce que vous avez de plus précieux, sous la forme d'un nectar blanc, rafraîchissant et lumineux. Priez en même temps pour que les êtres qui souffrent reçoivent ce nectar que vous leur offrez sans réserve. Pensez qu'ils l'absorbent jusqu'à la dernière goutte et que cela a pour effet de mettre fin à toutes leurs souffrances et de combler tous leurs besoins. Si leur vie était menacée, elle se trouve à présent prolongée ; s'ils étaient pauvres, ils possèdent tout ce qui leur faisait défaut ; s'ils étaient malades, ils sont maintenant guéris ; s'ils étaient malheureux, ils éprouvent désormais un grand bien-être.

Lorsque vous inspirez, considérez que vous prenez sur vous, sous la forme d'une masse noirâtre, toutes les maladies, les voiles et les poisons mentaux de tous les êtres, y compris vos ennemis. Pensez que cet échange les soulage de leurs tourments, et que leurs souffrances viennent vers vous comme une brume portée par le vent. Lorsque vous aurez pris sur vous toutes ces souffrances, laissez-vous aller à une grande joie que vous associerez à l'expérience de la vacuité.

Réitérez cette pratique maintes fois jusqu'à ce qu'elle devienne pour vous une seconde nature. Ne doutez jamais que les êtres ont besoin de votre aide, et n'estimez jamais que vous avez suffisamment fait pour eux.

Vous pouvez effectuer cette pratique essentielle n'importe quand et n'importe où, lorsque vous êtes malade, par exemple. Il est très bénéfique de la poursuivre après vos séances de méditation formelle, et de l'intégrer à l'entraînement de votre esprit dans toutes les activités de la vie quotidienne.

Vous pouvez parfois imaginer qu'au moment où vous expirez votre cœur est une sphère brillante d'où jaillissent des rayons de lumière blanche qui offrent votre bonheur à tous les êtres, dans toutes les directions de l'espace. Lorsque vous inspirez à nouveau, pensez que vous prenez sur vous leur confusion mentale et leurs tourments sous la forme d'une dense nuée noire qui pénètre dans votre cœur et se dissout dans la lumière blanche sans laisser de trace. Pensez que tous ceux qui sont dans la peine et la douleur s'en trouvent soulagés.

Parfois, imaginez que votre corps se démultiplie en une infinité de formes qui vont partout dans l'univers, prennent sur elles les souffrances de tous les êtres qu'elles rencontrent et leur apportent le bonheur.

Imaginez aussi que vous vous transformez en vêtements pour ceux qui ont froid, en nourriture pour les affamés ou en refuge pour les sans-abri ; imaginez que vous devenez la « gemme qui comble tous les souhaits », un peu plus grande que votre corps et étincelante d'un magnifique bleu saphir, que celle-ci se trouve au sommet d'une bannière de victoire et pourvoit naturellement aux besoins de quiconque prononce un vœu ou une prière.

Prenez également sur vous la violence des émotions négatives, ces causes de nos malheurs. Pensez que vous allez d'abord vaincre ces émotions en vous-même pour pouvoir mieux aider les autres. Envisagez n'importe laquelle, le désir par exemple, qui peut aller de la simple attirance à l'attachement compulsif envers une personne ou un objet que vous considérez comme agréable ou nécessaire. Évoquez ensuite quelqu'un que vous n'aimez pas ou que vous prenez pour un ennemi, et imaginez que tous ses désirs s'ajoutent aux vôtres. Ressentez pour lui une grande compassion, puis étendez ce sentiment à tous les êtres en pensant que vous vous chargez de tous leurs désirs : « Qu'ainsi tous les êtres soient libérés du désir et parviennent à l'Éveil. » Vous pouvez aussi pratiquer cette méditation en utilisant la colère, l'arrogance, la convoitise, la confusion ou tout autre état mental qui perturbe et obscurcit l'esprit.

Pour apprendre à traiter les émotions du point de vue de la vérité absolue, provoquez en vous un désir et ajoutez-y mentalement les désirs de tous les êtres. Tournez alors votre regard vers l'intérieur et analysez ce désir. Vous verrez qu'il n'a pas d'existence en soi. Observez la montagne de désirs que vous avez accumulée mentalement, et constatez qu'il n'y a là qu'une accumulation de pensées, vides de réalité. L'esprit, par nature, n'a pas plus de substance que l'espace.

À moins de s'être longuement familiarisé avec ces pratiques, il est difficile de les mettre en œuvre lorsqu'on est directement confronté à la souffrance. Mais, avec l'habitude, on en devient de plus en plus capable, même dans les circonstances difficiles, car les choses nous apparaissent alors sous un jour différent.

GYALSÉ THOGMÉ (1295-1369), anecdotes tirées de sa biographie[17]

Vivre la compassion

Un jour, alors que Gyalsé Thogmé était âgé de seize ans, un ancien bienfaiteur du monastère lui confia une importante mission, pour laquelle il devait se rendre le jour même à Sakya et revenir le lendemain. Le jeune Thogmé se mit donc en route, mais, à mi-chemin, il rencontra dans une plaine déserte une chienne qui s'apprêtait à dévorer ses petits tant elle était affamée. Envahi par une grande pitié et soucieux de lui porter secours, il décida de retourner au monastère de É pour l'y déposer avec ses petits. Il marcherait ensuite toute la nuit pour rattraper le temps perdu. Le voyage avec les chiens sur le dos fut éprouvant. Malgré tout, Gyalsé Thogmé parvint au monastère où il installa les animaux, et il s'apprêtait à repartir, lorsqu'il pensa qu'il ferait bien de boire quelques gorgées d'eau. C'est alors qu'il rencontra l'homme qui l'avait envoyé. Celui-ci, étonné de le voir là, l'interpella :

« Hé ! N'étais-tu donc pas parti ? »

Thogmé lui raconta l'histoire, et l'homme le réprimanda vertement :

« Mon affaire est de toute première importance, et toi, tu es là avec ta grande compassion ! »

Thogmé, n'osant même pas prendre le temps de boire, repartit sur-le-champ, marcha toute la nuit, fit tôt le matin sa course à Sakya, et s'en revint à É où il arriva, épuisé, peu avant la tombée de la nuit.

En le voyant déjà revenu, l'homme fut stupéfait ; il lui demanda pardon de l'avoir réprimandé, et il ajouta : « C'est merveilleux, ce que tu as fait ! »

Une autre fois, tandis que tous les moines de É

étaient partis pour Tcheubar, Gyalsé Thogmé – qui avait alors vingt ans – aperçut près de la grande porte du monastère une femme infirme qui pleurait. Quand il lui demanda la raison de son chagrin, elle lui expliqua que c'était à cause du départ des moines : elle se trouvait abandonnée, sans plus personne pour lui faire l'aumône. Gyalsé Thogmé la rassura, et promit de revenir la chercher.

Il emporta ses affaires personnelles à Tcheubar puis, après une brève pause, s'en repartit muni d'une corde. De loin, ses amis l'interpellèrent en lui demandant où il allait. Gyalsé Thogmé leur expliqua qu'il retournait chercher l'infirme, mais personne ne le crut. De retour à É, il comprit qu'il ne pourrait se charger à la fois de la femme et de ses bagages. Alors il porta la femme sur une certaine distance, puis revint chercher son couchage et ses vêtements, et ainsi de suite jusqu'à ce qu'ils soient arrivés à Tcheubar. Ses amis, pleins d'admiration, lui avouèrent qu'ils avaient cru qu'il était simplement parti chercher du bois pour allumer le feu.

Cette fois, il avait trente ans. À sa porte s'était installé un indigent malade et infesté de poux auquel il apportait ce qu'il possédait de nourriture et de boisson, en attendant la nuit pour ne pas faire étalage de sa générosité. Or, un soir, il vit que le mendiant avait disparu. Il le chercha toute la nuit et finit par le retrouver à l'aube. Quand il lui demanda pourquoi il était parti, l'homme répondit :

« Certains m'ont dit que j'étais si répugnant qu'ils ne supportaient pas de me voir en passant devant moi, et ils m'ont chassé à coups de pied. »

À ces mots, Gyalsé Thogmé, submergé de compassion, fondit en larmes. Cette nuit-là, il amena le mendiant dans sa propre chambre, le combla de nourritures et de boissons et lui passa ses vêtements monastiques tandis qu'il se vêtait des guenilles du vagabond, laissant ainsi les poux se nourrir de son propre sang. Peu de temps après, il donna l'impression d'avoir contracté la lèpre ou quelque autre maladie grave. Il s'affaiblissait et dépérissait tant qu'il cessa d'enseigner. S'inquiétant de le savoir aussi malade, ses amis et ses disciples lui rendirent visite et comprirent vite la situation. Certains le réprimandèrent :

« Comment se fait-il que vous ne vous comportiez plus en bon pratiquant ? »

D'autres citèrent les Écritures :

« Si ta compassion n'est pas parfaitement pure, n'offre pas ton corps ! »

Quelques-uns le supplièrent :

« Pour votre bien et pour le nôtre, cessez d'agir ainsi ! Débarrassez-vous de ces poux !

– Depuis des temps sans commencement que je suis dans le samsara, j'ai vécu un grand nombre d'existences humaines, leur répondit-il, mais chaque fois pour rien. À présent, je fais enfin quelque chose d'utile. Aussi je ne tuerai pas ces poux, dussé-je en mourir aujourd'hui même. »

Gyalsé Thogmé continua à nourrir les poux pendant dix-sept jours, et il n'en fut délivré que lorsqu'ils moururent les uns après les autres de mort naturelle. Il récita alors pour eux un grand nombre de mantras, puis il fit avec leurs cadavres des *tsatsas**. Chacun

* *Tsatsa* : petite sculpture en forme de stoupa symbolisant l'esprit éveillé du Bouddha, que l'on fabrique avec de l'argile ou d'autres matériaux dans lesquels on inclut, soit des reliques, soit, comme dans cette histoire, des os ou des cendres de personnes

s'émerveilla de sa bonté et de la pureté de son esprit, et partout on l'appela Gyalsé Tchenpo, « le grand bodhisattva ».

Sa compassion était telle qu'il pouvait transformer l'esprit non seulement des hommes, mais aussi des animaux. En sa présence, les loups oubliaient leur nature féroce, et les moutons et les biches, leur peur. Ils allaient jusqu'à jouer ensemble et, lorsque Gyalsé Thogmé enseignait, ils restaient près de lui, comme attentifs à ses paroles.

Une autre fois, un ermite qui méditait sur les canaux et les énergies[18] subtils du corps rencontra des obstacles qui lui firent momentanément perdre l'esprit. Il se mit à courir nu jusqu'à ce qu'une chèvre sauvage se mette à tourner autour de lui, menaçant de l'encorner. Face au danger, l'ermite recouvra la raison et comprit ce qui lui était arrivé. Quand on raconta cet incident à Gyalsé Thogmé, celui-ci dit d'un ton amusé que cet animal était très expert à dissiper les obstacles des grands méditants. La chèvre manifesta des signes d'affliction quand Gyalsé Thogmé tomba malade et, trois jours après son décès, elle mourut soudain à son tour, en contrebas de son ermitage.

Thogmé était si serein, il avait une telle bonté et une telle maîtrise de lui-même que tous ceux qui vivaient près de lui se détachaient naturellement des préoccupations mondaines.

Pendant les derniers mois de sa vie, il manifesta d'abord des signes extérieurs de maladie pour inciter par la tristesse ses disciples à être diligents, mais aussi pour leur montrer comment la maladie peut être uti-

ou d'animaux morts, en priant pour que ceux-ci soient libérés des existences inférieures et réalisent la nature de Bouddha.

lisée sur le chemin spirituel. Après avoir expliqué qu'aucun traitement ne serait efficace, il accepta, pour apaiser son entourage, de prendre quelques médicaments et permit que l'on fasse des prières et des cérémonies à son intention.

Comme on lui demandait s'il y avait moyen de prolonger sa vie, il répondit :

« Si ma maladie est bénéfique aux êtres, puisse la maladie m'échoir comme une bénédiction ! Si ma mort est bénéfique aux êtres, puisse la mort m'échoir comme une bénédiction ! Si ma santé est bénéfique aux êtres, puisse la santé m'échoir comme une bénédiction ! Telle est ma prière aux Trois Joyaux. Je suis heureux, car j'ai la profonde conviction que tout ce qui m'arrive est la bénédiction des Trois Joyaux. Je l'intégrerai donc à la voie sans essayer d'y rien changer. »

De proches disciples supplièrent Gyalsé Thogmé de réfléchir à un traitement médical ou à toute autre chose qu'ils pourraient faire pour l'aider, mais il répondit :

« J'ai atteint la limite de mes années, et ma maladie est grave. Même les médecins les plus habiles et les remèdes pareils à l'ambroisie n'y pourront rien. »

Il ajouta :

Si ce corps illusoire que je crois mien est malade,
eh bien, qu'il soit malade !
Cette maladie me permet d'épuiser
Le mauvais karma de mes actes passés,
Et les activités spirituelles que je pourrai alors accomplir
M'aideront à purifier les deux voiles[19].

Si je suis bien portant, je suis heureux,
Car, avec un corps et un esprit sains,
Je peux approfondir ma pratique spirituelle
Et donner tout son sens à cette existence humaine

En tournant mon corps, ma parole
et mon esprit vers le bien.

Pauvre, et par là sans biens à protéger,
Je suis heureux,
Tant il est vrai que les querelles et l'animosité
Jaillissent des graines de la cupidité et de l'attachement.

Riche, je suis heureux,
Car mes biens me permettent d'accomplir
encore plus de bienfaits,
Ces actes positifs dont résultent
Les bonheurs temporaires et ultimes.

Si je meurs bientôt, c'est parfait,
Car, soutenu par mes quelques mérites,
J'ai bon espoir d'entrer dans la voie sans erreur
Avant qu'un obstacle ne se présente.

Si ma vie est longue, je suis heureux :
Imprégné de la chaude et bienfaisante pluie
des instructions spirituelles,
Je peux longtemps faire mûrir en moi
La moisson des expériences intérieures.

Aussi, quoi qu'il arrive, je suis heureux.

Et il poursuivit :

« Telles sont les instructions essentielles que je vous ai enseignées et que je me dois de pratiquer moi-même. Les textes disent que ce qu'on appelle "maladie" n'a en fin de compte aucune réalité : au sein du déploiement des phénomènes illusoires, ce n'est rien d'autre que la conséquence inéluctable de nos actes négatifs.

La maladie est un maître qui révèle la nature du cercle des existences et montre que les phénomènes, aussi manifestes soient-ils, n'ont guère plus de réalité qu'une illusion. La maladie nous fournit l'occasion de cultiver la patience – relativement à notre propre souffrance – et la compassion – à l'endroit de la souffrance d'autrui. C'est en de pareilles circonstances que notre pratique spirituelle est mise à l'épreuve. Si je meurs, je serai soulagé des douleurs du mal qui me ronge. Je ne me connais pas de tâche inachevée, mais surtout je mesure combien il est rare que la mort vienne en parfaite conclusion de la pratique spirituelle. C'est pourquoi je ne place aucun espoir dans ma guérison. Libre à vous d'accomplir les cérémonies qui conviennent avant que je meure. »

3

Les six perfections ou vertus transcendantes

Si le vœu altruiste d'atteindre l'Éveil pour le bien de tous peut être comparé au désir de faire un voyage, le voyage lui-même consiste en la mise en pratique des six vertus transcendantes – générosité, discipline, patience, effort joyeux, concentration et sagesse – qui permet de parfaire la double acquisition des mérites et de la sagesse. Ces vertus ne peuvent en fait être qualifiées de « transcendantes » que lorsqu'on les pratique en comprenant que les trois pôles d'un acte – sujet, objet et action – sont vides de réalité propre. Autrement dit, les cinq premières vertus ne deviennent véritablement transcendantes que dans la mesure où elles sont imprégnées de la sixième, la sagesse (ailleurs appelée « Connaissance »). La générosité transcendante, par exemple, n'est pas un simple don, mais l'expression naturelle du fait que l'on est libre du « moi » et du « mien ». Elle remplit alors la double fonction de soulager la souffrance immédiate des êtres dans le besoin et de contribuer à l'Éveil de celui qui la pratique, lequel Éveil est le remède ultime de la souffrance.

SAKYA PANDITA (1182-1251)[20]

Pourvu du corps puissant de la vue parfaitement pure, libre [d'élaborations,
Avec pour membres la méditation parfaitement pure, libre [de distraction,
Et l'action parfaitement pure pour crinière de turquoise,
Tel est le méditant pareil au lion des neiges.

Portant l'armure de l'insondable accomplissement du bien [des êtres,
Montant le cheval de la double accumulation qu'éperonne [le courage,
Et portant l'épée de sagesse qui pourfend la horde des [poisons mentaux,
Tel est le méditant semblable à un héros sur un champ de [bataille.

Riche du précieux trésor des trois disciplines sans tâche,
Prodiguant aux êtres des biens matériels et la protection [contre la peur
Et les menant sur la voie de la libération grâce au don du [Dharma,
Tel est le méditant qui rassemble les êtres pour faire leur [bien.

Voilà décrits les trois sortes de méditants suprêmes.

DRIGOUNG DÖNDROUP CHÖGYAL (1668-1718)[21]

La générosité libre de toute attente est comparable à la [confiance du semeur :
Tout ce qui doit pousser poussera, rien ne sera perdu.
Extrais ainsi la quintessence de tes dons :
Tel est le conseil de mon cœur.

La triple discipline* est comme le sabre du héros.
Elle tranche les liens du cycle des existences
Qu'obscurcissent les émotions malsaines.
Sois vigilant, circonspect et plein de retenue :
Tel est le conseil de mon cœur.

La patience est comme une armure infrangible
Que la colère est incapable de transpercer
Et sous la protection de laquelle les vertus croissent.
Acquiers, grâce à elle, les marques d'un bouddha :
Tel est le conseil de mon cœur.

Le triple effort joyeux** est comme l'éperon
Qui aiguillonne une superbe monture : avec lui,
Le Dharma suprême te libérera vite du cycle des existences.
Applique cette méthode souveraine pour atteindre l'ultime
[but :
Tel est le conseil de mon cœur.

La concentration équanime est comme un vaste palais.
En t'y établissant paisiblement, tu te reposes de l'existence
[conditionnée.
Entraîne-toi sans distraction à la concentration profonde :
Tel est le conseil de mon cœur.

La sagesse est comme un œil sans défaut
Dont la vision pénètre tous les phénomènes sans les confon-
[dre.
Préserve ce flambeau du chemin de la libération :
Tel est le conseil de mon cœur.

* La triple discipline : 1) s'abstenir de faire le mal, 2) faire tout le bien possible et 3) secourir les êtres.

** On distingue trois formes d'effort joyeux, ou diligence : 1) l'effort semblable à une armure, qui résiste à toutes les circonstances adverses ; 2) l'effort en action, qui permet de parcourir la voie de l'Éveil jusqu'à son terme ; 3) l'effort insatiable, qui ne se satisfait jamais de ce que l'on a déjà accompli et ne laisse jamais faiblir ni se dégrader les engagements que l'on a pris.

RIDZIN JIGMÉ LINGPA (1729-1798)[22]

L'acte positif fait avec amour et compassion
Est générosité parce qu'il est pour le bien des êtres,
Discipline parce qu'il est dépourvu de désir égoïste,
Patience parce qu'il fait inlassablement le bonheur
[d'autrui ;
Diligence parce qu'il est exécuté dans l'enthousiasme*,
Concentration parce qu'il est focalisé sur le bien des êtres ;
Et Connaissance s'il est libre d'attachement à l'existence
[réelle des choses :
Un tel acte n'est jamais dissocié des vertus transcendantes.

PATRUL RINPOTCHÉ (1808-1887)[23]

On lit dans les tantras : « Sans provisions, pas d'accomplissement. On n'obtient pas du beurre en comprimant du sable ! »

Espérer des accomplissements sans avoir acquis l'énergie des mérites, c'est comme vouloir extraire de l'huile en pressant du sable ; des millions de grains n'en donneront jamais le centième d'une goutte. En revanche, accumuler des mérites pour parvenir à l'accomplissement spirituel, c'est comme presser des graines de sésame pour obtenir de l'huile. On en récoltera en proportion de la quantité pressée. Même un grain de sésame écrasé sur l'ongle couvrira celui-ci d'une fine pellicule grasse.

On dit aussi : « Vouloir obtenir les accomplissements spirituels sans produire de mérites équivaut à baratter de l'eau pour en tirer du beurre, tandis que

* La diligence est définie par Shantidéva comme « l'enthousiasme de faire le bien ».

les vouloir en créant des mérites revient à faire du beurre à partir du lait. »

L'ultime ou suprême accomplissement est, quant à lui, le résultat indubitable des deux acquisitions, celle des mérites et celle de la sagesse. Sans parfaire ces dernières, il est impossible d'atteindre la bouddhéité doublement pure*.

Nagarjuna dit :

Puisse le bien que j'ai accompli permettre à tous les êtres
De parfaire les provisions de mérites et de sagesse,
Afin qu'ils réalisent les deux corps suprêmes
Qui en sont le fruit [...].

En parfaisant l'acquisition des mérites acccompagnée de représentations mentales, on atteint le suprême corps de forme, et en parfaisant l'acquisition de la sagesse libre de tout concept, on parvient au suprême corps absolu.

ATISHA (982-1054)[24]

« Qu'y a-t-il de meilleur sur la voie ? » demandèrent Khu, Ngok et Drom à Jowo Atisha. Atisha répondit :

Le meilleur des érudits est celui qui a réalisé l'absence
[d'existence propre,

* La bouddhéité est qualifiée de « doublement pure » car, d'une part, tous les êtres possèdent la nature de bouddha depuis toujours, et, d'autre part, lorsqu'on atteint la bouddhéité, on est totalement libéré des voiles adventices qui obscurcissent l'esprit des êtres qui n'ont pas atteint l'Éveil.

Le meilleur des religieux est celui qui a dompté son esprit,
La meilleure des qualités est le grand altruisme,
La meilleure des instructions est de toujours observer son
[esprit,
Le meilleur des remèdes est de savoir que rien n'a d'exis-
[tence propre,
La meilleure des conduites est celle qui ne concorde pas
[avec les manières du monde.
Le meilleur des accomplissements est la diminution pro-
[gressive des émotions négatives,
Le meilleur signe d'accomplissement est la diminution
[constante des désirs,
La meilleure des générosités est le non-attachement,
La meilleure des disciplines est la pacification de l'esprit,
La meilleure des patiences est l'humilité,
Le meilleur des efforts est l'abandon des activités ordi-
[naires,
La meilleure des concentrations est l'état inaltéré de
[l'esprit,
La meilleure des sagesses est de ne pas croire en l'existence
[réelle de quoi que ce soit,
Le meilleur des maîtres est celui qui s'attaque aux fautes
[cachées,
La meilleure des instructions est celle qui s'abat sur les
[fautes secrètes,
Les meilleurs amis sont l'attention et la vigilance,
Les meilleurs aiguillons de la pratique sont les ennemis, les
[obstacles, la maladie et la souffrance,
La meilleure des méthodes consiste à ne pas altérer l'esprit,
Le meilleur des bienfaits est d'avoir engagé quelqu'un sur
[la voie du Dharma,
La meilleure façon d'aider les autres est de tourner leur
[esprit vers la voie de libération.

GUÉSHÉ POTOWA (1031-1105)[25]

Nous errons depuis des temps immémoriaux
Dans ce vaste océan de souffrance des trois sphères du [samsara
Pour n'avoir pas compris notre propre esprit.
Cette incompréhension est due à nos voiles ;
Ces voiles, au fait de ne pas avoir su acquérir mérites et [sagesse ;
Cette ignorance, au manque de foi,
Et ce manque de foi, au fait de pas avoir la mort présente [à l'esprit.
Maintenant qu'effrayé par les souffrances du samsara,
Tu veux atteindre la libération et l'omniscience de la boud-[dhéité,
Tu dois comprendre ton propre esprit.
Pour le comprendre, tu dois purifier tes voiles,
Et pour cela, acquérir mérites et sagesse.
Pour acquérir ces deux choses, la foi est indispensable,
Et la foi authentique ne paraîtra pas
Sans avoir la mort présente à l'esprit.
Lorsqu'en pensant vraiment à la mort,
Rien d'autre que le Dharma ne t'apparaîtra utile,
Tu n'éprouveras plus la moindre attirance pour les perfec-[tions du monde.

La générosité

DRIGOUNG DÖNDROUP CHÖGYAL (1668-1718)[26]

Il en est des richesses amassées comme du miel des abeilles ;
Elles nous asservissent et, finalement, d'autres les empor-[tent malgré nous.
Produisez des mérites et pratiquez la générosité :
Tel est le conseil de mon cœur !

MIPHAM RINPOTCHÉ (1846-1912)[27]

Même si je m'agrippe à mes possessions,
Je n'aurai d'autre choix que de partir en abandonnant tout.
Je cultiverai donc la générosité, et j'accomplirai
Ce qu'il y a de mieux pour cette vie et les suivantes !

Le don, même infime, produit de grands effets ;
La richesse, même grande, ne fait guère de bien.
Même si, généreux autrefois, je suis riche dans cette vie,
En ne donnant rien dans cette vie je serai pauvre dans la
[prochaine.

Accumulées, protégées, perdues,
Les richesses ont des défauts sans nombre !
Même si de richesses la terre était couverte,
Le désir des êtres n'en serait toujours pas satisfait.

Hormis la nourriture, le gîte et quelques biens,
Tout est superflu et cause de tourments.
Donnez, et vos richesses grandiront
Comme gonflent, l'été, les eaux d'une rivière.

KANGYOUR RINPOTCHÉ (1897-1975)[28]

La générosité a pour essence le détachement de toutes les richesses matérielles, accompagné du désir de se déprendre de tout pour l'offrir aux autres. On distingue trois formes de générosité : le don du sublime Dharma, le don de choses matérielles, et le don de la protection contre la peur.

La générosité matérielle

Tandis qu'il s'entraîne aux activités des bodhisattvas en général, et tout particulièrement à la générosité, le débutant risque, sous l'emprise de l'avarice, de trouver difficile le simple fait d'offrir de la nourriture. Il devra donc procéder graduellement, comme dans l'histoire de l'homme qui commença par faire passer de l'une à l'autre de ses mains un objet insignifiant en se disant qu'il était en train de *donner*, et qui finit, à la longue, par accomplir de grands actes de générosité.

Le don de la protection contre la peur

Le don de la protection contre la peur consiste, par exemple, à protéger la vie de ceux qui sont emprisonnés ou que l'on torture, la vie des animaux traqués par les chasseurs ou conduits à l'abattoir, ou celle des êtres menacés par la maladie ou les forces nuisibles. Ce don consiste également à faire le vœu de libérer tous les êtres des infinies souffrances du samsara, causes de constantes terreurs, et de les établir dans le parfait bien-être du nirvana.

[…]

Les débutants devraient s'adonner à la générosité dans la mesure de leurs capacités, car il se peut que, encore inaptes à se séparer de ce qui est vraiment difficile à donner, ils le fassent sans bien réfléchir et en éprouvent ensuite des regrets, ce qui, pour ce qui est de l'esprit d'Éveil, revient à régresser.

Le don du Dharma

Le don du Dharma consiste à dispenser des instructions spirituelles aux autres en fonction de leurs aptitudes. Mais il est difficile d'enseigner de la sorte pour les pratiquants qui se trouvent encore au niveau de l'aspiration, car ils sont incapables d'expliquer clairement la lettre et l'esprit du Dharma. À ce stade, l'essentiel de cette générosité consiste à souhaiter faire le bien des autres, tout en s'efforçant, avec attention et vigilance, de se libérer des émotions négatives conformément aux instructions de son maître spirituel. [...]

À partir du moment où l'on est libre, insensible aux distractions et à l'agitation des huit soucis mondains, l'essentiel est de faire le bien des autres en leur enseignant le Dharma selon leurs propensions, leurs facultés, leurs aspirations et leur caractère, depuis l'explication de la causalité des actes jusqu'aux enseignements de la Grande Perfection.

La discipline[29]

La discipline consiste, en essence, à contrecarrer tout ce qui va à l'encontre des préceptes, et, de ce fait, elle correspond à la ferme résolution de ne jamais nuire à autrui ni même d'en avoir l'idée. Elle présente trois aspects : s'interdire les actes nuisibles, faire tout ce qui est bénéfique, et œuvrer au bien des êtres.

La patience

GAMPOPA (1079-1153)[30]

Pratiquer la patience à des fins purement égoïstes et non pour aider les autres, c'est agir comme le chat, dont le seul but est de tuer la souris.

KANGYOUR RINPOTCHÉ (1897-1975)[31]

La patience est, en essence, la capacité de supporter la souffrance sous toutes ses formes. Cette vertu est comparable à un terrain fertile où les fleurs des trois disciplines peuvent s'épanouir en répandant le parfum suave de leurs qualités. Pareille aussi à la clôture qui protège ces fleurs, la patience présente trois aspects : il y a d'abord la patience qui permet d'assumer le fardeau des souffrances et des difficultés rencontrées lorsqu'on œuvre à son propre bien et à celui des autres ; puis la patience d'accepter, imperturbablement, tous les maux que les autres peuvent nous infliger ; et enfin, la patience qui consiste à ne pas craindre les enseignements profonds, comme ceux qui portent sur la vacuité. [...]

Il n'y a pas de limite au nombre de choses susceptibles de nous nuire, de même qu'il est impossible d'éliminer toutes les épines d'une forêt. Pour ne pas que ces dernières nous blessent, il faut soit éviter de se rendre dans cette forêt, soit couvrir de cuir la plante de nos pieds. [...] La pensée que nous ne voulons pas de quelque chose engendre en nous un ressentiment qui, à son tour, provoque une colère difficile à contenir ; cette colère nous rend malveillants, nous-mêmes, et les autres par contrecoup. Au départ, il ne s'agit que d'une pensée, en l'occurrence la pensée qu'une chose particulière nous est indésirable, laquelle engendre à son tour un sentiment de répulsion. Si nous parvenons, par ce qu'on appelle l'ascèse de la patience, à contrôler cette seule impulsion avant qu'elle devienne trop forte, le fardeau qu'elle représente et qui nous semble insupportable devient alors une aide, et le besoin de se mettre en colère disparaît. Comme dit le proverbe : « Frappe le cochon sur le nez ! Nettoie la lampe à beurre tant qu'elle est chaude* ! » [...]

Au moment où quelqu'un nous critique, les mots, l'ouïe et la conscience auditive entrent en contact en causant une forte sensation de déplaisir. C'est un peu comme si une flèche nous transperçait le cœur et le mettait en pièces. Pourtant, à bien y regarder, ces paroles sont pareilles à des échos. Même s'ils semblent atteindre leur but, les mots en eux-mêmes n'ont aucun pouvoir d'infliger une douleur réelle. Or que se passe-t-il ordinairement dans ce genre de situation ? Notre habitude de pensée, qui ne fait pas de distinction entre le mot et ce qu'il désigne, se fixe sur l'idée que les paroles malveillantes que nous entendons nous nuisent réellement par leur nature même. C'est ainsi que s'instaure l'interaction de l'agresseur et de l'agressé, laquelle nous perturbe et nous fait souffrir.

Tout ce qui nous cause du tort dans le monde où nous vivons – les coups, le vol, la défaite, les médisances, etc. –, ainsi que leurs interminables effets que sont les souffrances du corps et de l'esprit, tout cela nous semble dû aux autres. Mais, tout comme l'écho du cri que nous venons de pousser, ces maux proviennent en fait de nous-même. Si nous n'avions pas le moindre sentiment de « moi », les autres n'auraient personne à qui nuire [....].

À bien y réfléchir, notre agresseur, plutôt que de nous faire du mal, nous fait un grand bien, puisque la patience s'acquiert dans l'adversité. C'est grâce à l'ennemi qui nous cause un tort que nous pouvons

* Le cochon en colère qui charge s'enfuira immédiatement si on le frappe sur le groin avec un bâton, car la douleur lui sera insupportable, et il est bien plus facile de nettoyer une lampe à huile quand elle est encore chaude.

embarquer sur la nef de la patience pour traverser l'océan du Grand Véhicule ; et c'est ce navire qui nous permettra de gagner le précieux joyau de l'esprit d'Éveil, la cause suprême du bonheur et du bien ultime, pour les autres comme pour nous-même, dans l'immédiat comme à long terme. Dès lors, tout ennemi malfaisant doit être considéré comme la source de notre patience et mérite que nous l'honorions à l'égal du Dharma lui-même. […]

Considérons enfin la patience du point de vue de la réalité ultime. Si l'on se demande où est la réalité de ce qui nous agresse, en la cherchant aussi bien dans l'agresseur que dans l'agressé ou l'acte d'agression, on constate qu'on ne peut la découvrir nulle part. Or, comme nous l'avons expliqué auparavant, quand certaines circonstances se trouvent réunies, c'est l'esprit qui, en s'appropriant ces circonstances, donne soudain naissance au problème dont nous souffrons. Et, en examinant à son tour l'esprit, on constate qu'il ne possède pas de caractéristiques immuables.

De même que s'effacent, à peine tracées, les lettres que l'on écrit avec le doigt sur l'eau, la violence des pensées hostiles disparaît, incapable de se maintenir puisque, par nature, elle ne doit son existence qu'à un concours de causes et de conditions. À cet instant même se manifeste un état parfaitement pur et spacieux, la grande vacuité primordiale, libre de tout concept. Préserver cette dimension spacieuse qui est simplement présente et dans laquelle il n'est rien à perdre ni rien à gagner, rien à prendre ni rien à rejeter, la préserver, donc, sans être distrait par quoi que ce soit d'autre, c'est ce que l'on appelle, sur la profonde Voie Médiane, « la purification des émotions négatives dans la réalité ultime ». […]

La patience présente donc trois aspects : le fait d'assumer de bon cœur les épreuves et les difficultés, celui de rester imperturbable quand les autres nous nuisent, et celui de ne pas avoir peur de la réalité ultime. Si ce dernier aspect de la patience vient à manquer, les deux autres ne permettent pas de dépasser les voies mondaines ; et si les deux autres manquent ou sont trop faibles, on aura beaucoup de mal à acquérir les qualités propres à la voie et au fruit de la voie en pratiquant la générosité et les autres vertus transcendantes, quel que soit son désir d'y parvenir. Il en sera comme d'un voyageur qui, sans compagnon ni escorte, aurait pris une route infestée d'ennemis, de bandits et de bêtes féroces. Il lui sera extrêmement difficile de parvenir à destination. Exhortons-nous donc nous-même et entraînons-nous à la patience en cultivant le courage.

CHENGAWA LODRÖ GYALTSEN (1402-1472)[32]

Si c'est le bonheur que tu cherches,
Supporte d'abord la souffrance.
Sans avoir goûté aux larmes,
Tu n'apprécieras pas le rire.

SHANTIDÉVA (685-763)[33]

Des scélérats, il s'en trouve partout,
Et en venir à bout jamais ne se pourra.
Celui qui a raison de sa seule colère
A également raison de tous ses ennemis.

Comment trouver assez de cuir
Pour en recouvrir toute la terre ?

Avec le cuir d'une simple semelle
On parvient au même résultat. [...]

Il suffit d'un accès de colère pour détruire
La générosité, les offrandes aux bouddhas
Et toutes les pratiques méritoires
Accumulées au cours de mille ères cosmiques.

Comme il n'est pire faute que la haine
Ni meilleure ascèse que la patience,
Appliquons-nous, de toutes les façons possibles,
À cultiver la patience.

Assailli par les douleurs de la colère,
L'esprit ne connaît plus la paix
Et ne trouve ni joie ni bien-être ;
Le sommeil disparaît et l'on vacille. [...]

S'il y a un remède,
Pourquoi être mécontent ?
Et s'il n'y en a pas,
À quoi bon s'irriter ? [...]

Je ne m'irrite pas contre la bile
Ni les autres grandes causes de souffrance.
Alors pourquoi m'emporté-je contre les êtres ?
Ils sont, eux aussi, soumis aux circonstances. [...]

Si je m'emporte contre le porteur
Du bâton qui me frappe,
Comme il agit sous l'influence de la colère,
Je devrai ensuite m'en prendre à sa colère. [...]

Je me réjouis donc d'avoir un ennemi
Pareil à un trésor que l'on trouve chez soi
Sans faire le moindre effort :
Il m'assiste dans la pratique de l'Éveil.

Accomplis par lui autant que par moi,
Les fruits de la patience
Lui reviennent d'abord,
Car de ma patience il est la cause première.

SHECHEN GYIALTSAP (1871-1926)[34]

Regarde la nature même du mal qu'on t'inflige. Elle est aussi insaisissable qu'un dessin tracé sur l'eau. Laisse le ressentiment s'effacer de lui-même. Lorsque les vagues tempétueuses des pensées se sont évanouies, l'esprit redevient comme le ciel sans nuages qui n'a rien à perdre ni à gagner.

PATRUL RINPOTCHÉ (1808-1887) met à l'épreuve la patience d'un ermite[35]

L'une des principales préoccupations de Patrul Rinpotché était de faire en sorte que les pratiquants restent attentifs et centrés sur leur entraînement, tout en les empêchant de s'égarer dans l'autosatisfaction. Un jour, il entendit parler d'un ermite qui vivait depuis longtemps dans une totale réclusion, et décida d'aller lui rendre visite. Il arriva sans prévenir, s'assit dans un coin de la grotte avec un petit air dubitatif et un sourire narquois.

« D'où venez-vous et où allez-vous ? demanda l'ermite.

— Je viens d'où mes pas m'ont mené et je vais dans la direction qui me fait face », répondit Patrul.

Perplexe, l'ermite poursuivit :

« Où êtes-vous né ?

— Sur terre. »

Le renonçant ne savait trop que penser de ce visiteur impromptu. Un moment plus tard, Patrul lui demanda pour quelle raison il vivait dans un endroit si loin de tout.

« Je suis ici depuis vingt ans. En ce moment, je médite sur la perfection de la patience, répondit l'ermite sans hésiter, avec un soupçon d'orgueil dans la voix.

— Elle est bien bonne ! » s'exclama Patrul Rinpotché.

Il se pencha vers l'ermite comme s'il voulait lui confier un secret, et lui murmura dans l'oreille :

« Les deux vieux plaisantins que nous sommes ne s'en sortent pas trop mal, hein ? »

Le renonçant explosa de colère.

« Enfin, qui êtes-vous pour venir sans vergogne déranger ma retraite ? Qui vous a demandé de passer par ici ? Est-ce que vous ne pouvez pas laisser un humble pratiquant comme moi méditer en paix ?

— Et maintenant... qu'en est-il de ta belle patience ? » demanda Patrul d'un ton très calme.

LANGRI THANGPA (1054-1123) et la patience de l'acceptation[36]

Il était une fois un couple dont tous les enfants étaient morts en bas âge. Lorsqu'il leur en naquit un nouveau, ils consultèrent les présages. « Il ne survivra, leur répondit-on, que si les parents déclarent qu'il est le fils d'un maître spirituel. » Aussi la mère emmena-t-elle le nouveau-né jusqu'à la grotte où méditait le grand sage Langri Tangpa et le déposa devant lui en disant simplement : « C'est votre fils. » L'ermite ne répondit rien et éleva l'enfant avec l'aide d'une femme dévouée qui habitait dans les environs. Le temps passa, et le bruit se répandit que ce moine pur avait fauté. Quelques années plus tard, les parents du garçon vinrent respectueusement trouver l'ermite et lui firent de généreuses offrandes. « Nous vous supplions de nous pardonner. Alors que vous n'avez commis aucune faute, nous avons laissé se répandre cette rumeur injuste à votre sujet. Si l'enfant a survécu, nous ne le devons qu'à votre bienveillance. » Tout en gardant son habituelle sérénité, Langri Tangpa rendit l'enfant à ses parents sans dire un mot.

Le moine accusé à tort [37]

Un jour, un moine probe du monastère de Ratreng fut accusé d'avoir volé une bouilloire qui avait simplement été égarée. Il alla trouver l'abbé : « Je n'y suis pour rien, lui dit-il, que dois-je faire ? » L'abbé lui donna le conseil suivant : « Acceptes-en la responsabilité, offre du thé à tous les moines et, à la fin, ton innocence sera reconnue. » C'est ce que fit le moine. Cette nuit-là, il eut des rêves de bon augure indiquant que tout son être était profondément purifié. Un peu plus tard, on retrouva la bouilloire et le moine fut lavé de tout soupçon. Lorsque l'abbé apprit la nouvelle, il conclut par ces mots : « C'est ainsi qu'il faut se conduire ! »

L'effort joyeux

KANGYOUR RINPOTCHÉ (1897-1975)[38]

L'attachement aux innombrables activités nuisibles qui occupent le monde profane, de même que l'implication dans le tumulte des rapports sociaux, forment les liens inextricables du premier type de paresse. Ne faut-il pas s'attacher à ceux qu'on aime et haïr ses ennemis ? Ne faut-il pas accumuler des richesses, puis les protéger et les faire fructifier ? Voilà cependant autant de liens dont on ne peut plus se défaire, et l'on ressemble au ver à soie prisonnier de son propre cocon.

Le découragement à la moindre difficulté est une autre forme de paresse qui nous rend incapable de pratiquer le bien en nous faisant constamment remettre cette tâche à plus tard.

On se déprécie enfin soi-même en pensant : « Comment pourrai-je jamais faire une telle chose ? » En se complaisant dans cette attitude, on se prive de la bonne fortune de pratiquer le Dharma.

Empêtré dans ces trois sortes de paresse, on se retire toute possibilité de libération. C'est comme si l'on embarquait sur un navire à la coque percée : on n'a aucune chance de parvenir sur l'autre rive. [...]

Il convient de contrecarrer ces trois types de paresse à l'aide du courage « semblable à une armure » qui consiste à ne jamais faiblir, autrement dit à ne jamais, en aucune circonstance, laisser se dégrader, en pensée comme en action, les engagements que l'on a pris, quelles que soient les qualités que l'on acquière par ailleurs en pratiquant la voie.

BOUDDHA SHAKYAMOUNI (Ve siècle av. J.-C.)

Je vous ai montré les méthodes
Qui mènent à la délivrance,
Mais sachez que la délivrance
Ne dépend, elle, que de vous.

JETSÜN MILARÉPA (1040-1123)[39]

Sans escompter de rapides résultats,
Pratiquez sincèrement jusqu'à votre dernier souffle !

DILGO KHYENTSÉ RINPOTCHÉ (1910-1991), anecdote illustrant le pouvoir de la détermination[40]

Un jour, au monastère de Samyé, le grand maître Ma Rinchen Chok participa à une joute philosophique* qui l'opposa à Gyalwa Chöyang, l'un des disciples de Padmasambhava. Lorsque Ma comprit qu'il avait perdu le débat, il se dit en lui-même : « Je pars en Inde pour approfondir ma connaissance des enseignements » et, se levant aussitôt, il parcourut les premiers kilomètres vers l'Inde en courant.

Notre désir d'apprendre et de pratiquer la voie devrait brûler en nous de ce même feu.

GYALWA YANGÖNPA (1213-1287)[41]

Tel un vieux parchemin qui s'enroule sur lui-même,
Les mauvais penchants tendent à revenir, et les nouvelles
[habitudes

* Les bouddhistes tibétains se livrent parfois à des joutes philosophiques animées au cours desquelles ils débattent sur les thèmes les plus ardus de la doctrine bouddhique. Au VIIIe siècle, lorsque Padmasambhava et d'autres grands maîtres introduisirent le bouddhisme au Tibet, de nombreux Tibétains se rendirent en Inde pour y rencontrer les principaux détenteurs du bouddhisme, apprendre le sanskrit et devenir capables de traduire en tibétain tous les textes disponibles. Ma Rinchen Chok fut l'un des plus éminents traducteurs ainsi formés.

Sont facilement détruites par les circonstances.
Vous ne trancherez pas l'illusion en un instant ;
Vous tous qui vous prenez pour de grands méditants,
Consacrez-vous longtemps encore à la méditation !

JETSÜN MILARÉPA (1040-1123)[42]

Au début rien ne vient, au milieu rien ne reste, à la fin rien ne s'en va*.

La concentration

KANGYOUR RINPOTCHÉ (1897-1975)[43]

Les possessions de ce monde ne durent pas plus que les nuages qui apparaissent un instant dans le ciel et s'évanouissent l'instant d'après. Même si les hommes s'y consacrent en prétendant qu'elles sont nécessaires à leur survie, l'existence ne dure pas plus qu'un éclair, et pendant cet intermède éphémère, impossible à prolonger, trois souffrances nous talonnent en nous torturant comme une troupe de bandits : la souffrance du changement, la souffrance immédiate et la souffrance omniprésente, inhérente à tous les phénomènes composés qui sont par nature impermanents.

* Milarépa veut dire ici qu'au début de la pratique spirituelle, rien ne semble changer dans notre manière d'être. Puis, après un certain temps, des changements se produisent, mais ne sont pas stables. Enfin, lorsque notre pratique devient stable et profonde, notre paix intérieure, notre sagesse et nos autres qualités spirituelles ne sont plus sujettes à des fluctuations.

Les richesses matérielles ont généralement des effets indésirables sur cette vie et les vies suivantes. Tel un fleuve bouillonnant qui se jette irrésistiblement vers la mer, les êtres souffrent et s'épuisent continuellement à accumuler, puis à protéger et faire fructifier des richesses, l'esprit tourmenté par des désirs toujours insatisfaits. Quand ils possèdent quelques biens, ils n'ont qu'orgueilleux mépris pour les autres. Angoissés à l'idée de perdre ce qu'ils possèdent, ils deviennent mesquins, et leur pingrerie est telle qu'ils n'utilisent même pas la nourriture, les vêtements et les bijoux dont ils disposent. Quand leur vie touche à son terme, ces avares vont errer sans fin dans l'océan des destinées malheureuses.

En ce qui concerne les biens et les richesses qu'ils ont acquis malhonnêtement, par la tromperie ou d'autres moyens frauduleux, avec des pensées et des actes nuisibles, ils sont comme les nuages de mousson : leur accumulation dans cette vie et les prochaines sera source de souffrances innombrables. À l'inverse, ceux qui possèdent peu sont à l'abri des ennemis et des voleurs. Quant à ceux qui se contentent de ce qu'ils ont, ils possèdent la richesse suprême.

Généralement, les êtres ordinaires sont aussi bêtes que des enfants gâtés. Leur esprit est enténébré par les pensées et les actes nuisibles. Ils font leur propre éloge et médisent des autres. Empoisonnés par les émotions négatives, leurs intentions et leurs comportements sont comme les crocs d'un serpent venimeux, leurs attitudes et leurs sentiments sont perpétuellement agressifs, et ils accomplissent de plus en plus de méfaits.

Tant que l'on n'a pas dompté, à l'aide de la vision profonde, l'éléphant de l'esprit intoxiqué par le poison des objets désirables, on ne voit pas réellement les défauts de ces objets. Ces derniers n'ont pas leur pareil pour nous apparaître pleins de qualités et nous séduire par toutes sortes de magies. Aussi, avant que les agrégats de notre corps physique se désagrègent et que notre cadavre, allongé dans un cercueil, soit emporté dans un cimetière sur le dos d'un animal ou entre quatre croque-morts, nous devrions fréquenter les clairières et autres lieux solitaires où s'apaisera la distraction de nos affairements mondains.

Ces endroits « retirés » ou « déserts »* [...] n'ont rien qui puisse nuire à l'esprit. Ils ne sont, au contraire, que délices pour ce dernier, tout en faisant croître notre dégoût du samsara. On n'y trouve pas de marchands, de cultivateurs ou d'autres compagnons défavorables dont les intentions et les activités sont incompatibles avec le progrès spirituel. On n'a pas même à se soucier des corvées obligatoires, des impôts et des taxes, du besoin de gagner sa vie ou de la dépendance de serviteurs et d'autres membres de son entourage. Et comme les seuls êtres qui y vivent sont les oiseaux et autres animaux qui vaquent à leur aise, on n'y entend pas non plus de propos déplaisants.

Dans ces lieux, les êtres sublimes trouvent en abondance ce qu'il leur faut et qui les réjouit : l'eau pure, les fruits et toutes sortes de pousses, de feuilles et d'autres végétaux comestibles ; les plaisantes grottes naturelles qui s'ouvrent dans les rochers, de même que les cabanes de feuillage, sont de véritables palais pour pratiquer le Dharma. Qu'il serait merveilleux que nous puissions un jour vivre dans l'ombre fraîche des arbres

* Deux appellations traditionnelles correspondant à la distance plus ou moins grande qui sépare ces lieux des agglomérations agitées par les activités de la vie ordinaire.

et parmi toutes les autres choses agréables qui sont favorables au bonheur ! [...]

La concentration proprement dite

Le pratiquant se retire donc dans la solitude pour s'adonner intensément, c'est-à-dire sans un instant de distraction, à la concentration : c'est ainsi que l'on peut définir l'entraînement supérieur de l'esprit.

Étant donné l'interdépendance du corps et de l'esprit, lorsque la posture du corps est droite, les canaux subtils et leurs énergies seront, eux aussi, « droits », et cela favorise l'émergence de la réalisation spirituelle. On s'assiéra donc sur un siège confortable en adoptant les « sept points de la posture de Vairocana » (voir note p. 84). Cette posture est qualifiée de « pilier central » de l'esprit. C'est un moyen de ne pas se laisser distraire, à l'image d'un pilier qui empêche les autres éléments de bouger.

Il faut ensuite faire tout son possible pour se concentrer, en gardant l'esprit uniment posé sur un seul objet de concentration, sans se laisser distraire par une autre pensée, même bénéfique – et à plus forte raison nuisible –, ni sombrer dans un état neutre et indéterminé. Concentrez-vous donc sans distraction sur un objet de votre choix, qui peut avoir une forme ou être sans forme, et, de temps à autre, analysez votre esprit pour vous assurer qu'il est toujours relié au but positif que vous poursuivez : c'est ainsi que vous alternerez la méditation analytique et la méditation « posée ».

Le débutant pourra, par exemple, se concentrer sur une représentation du Bouddha et en examiner les caractéristiques. Puis il prolongera peu à peu les séances de méditation et, à la longue, toutes les perceptions, toutes les constructions de l'esprit, tout ce qui est appréhendé comme réel par la pensée, s'abîmeront dans l'ultime réalité de la vacuité. Celle-ci n'est pas un néant où il n'est rien à percevoir. Les formes et tous les autres objets de perception n'y sont point abolis : ils nous apparaissent sans obstruction, mais sans véritable existence ; comme ils sont dénués d'attributs concrets, il n'y a en fait rien de réel à « voir ».

Lorsqu'on reste dans cet état sans torpeur ni agitation, la conscience focalisée sur son objet, sans la moindre pensée, c'est le « calme mental ». La reconnaissance parfaite de la sagesse primordiale, ou l'absence de tout attachement, serait-ce à la nature de l'esprit, voilà la « postméditation » ou « vision supérieure ». On lit dans le *Nuage des Joyaux* :

> Le calme mental désigne l'esprit focalisé
> Et la vision supérieure, le discernement parfait.

RIDZIN JIGMÉ LINGPA (1729-1798)[44]

Dès que tu songes à méditer, entre d'emblée dans le flux de la pleine conscience du moment présent. Si tu maintiens cette continuité, tu ne risques plus de tomber dans la moindre erreur, la moindre confusion, le moindre égarement. C'est le manque de présence éveillée qui provoque l'errance dans le cycle de la souffrance.

Si tu reconnais cette pleine conscience, ta confusion mentale se dissipera d'elle-même. Quelles que soient les pensées qui surgissent en toi pendant que tu maintiens cette vigilance, contente-toi de noter leur présence, sans les poursuivre ni t'appesantir sur elles.

Alors, non seulement elles se libéreront d'elles-mêmes, mais tu auras su les transformer en voie.

Les pensées qui passent inaperçues sont comme gravées dans la pierre. À ton insu, elles créent des schémas répétitifs qui se solidifient jusqu'à perpétuer sans fin le cycle des existences.

Une pensée repérée comme telle par la pleine conscience est comparable à un dessin tracé à la surface de l'eau, qui se défait à mesure qu'il s'ébauche : elle s'évanouit sans contribuer à la création de tendances qui se perpétueront, ni renforcer le cycle de la souffrance.

DZATRUL NGAWANG TENDZIN NORBOU (1867-1940)[45]

Pour remédier aux problèmes que l'on rencontre dans la méditation, il est nécessaire de reconnaître cinq obstacles principaux : la paresse, l'oubli des instructions, la torpeur, ou agitation, le manque d'effort et l'excès d'effort.

Ensuite, il faut éliminer ces obstacles en appliquant huit antidotes, à savoir : contre la paresse, 1) l'inspiration, 2) la diligence, 3) la foi et 4) la parfaite souplesse qui découle de l'entraînement du corps, de la parole et de l'esprit ; contre l'oubli, 5) le rappel de la lettre et du sens des instructions ; et contre la torpeur et l'agitation, 6) la vigilance, qui permet de reconnaître que l'on est tombé dans ces deux états.

Quand l'un de ces défauts apparaît dans votre méditation, 7) contrecarrez le manque d'effort en faisant tout pour appliquer l'antidote approprié. Quand ces défauts sont absents, les antidotes ne sont plus nécessaires, et 8) vous devrez contrer l'excès d'effort en laissant l'esprit dans son état naturel, sans plus recourir à aucun antidote.

En s'exerçant au calme mental, votre esprit passera par cinq étapes illustrées par les images suivantes :

1. La cascade de montagne : les pensées se succèdent sans discontinuer et donnent l'impression d'être encore plus nombreuses qu'avant du fait que l'on devient conscient des mouvements de l'esprit ;

2. la rivière qui chemine entre gorges et prairies : l'esprit alterne entre périodes de repos et périodes d'activité ;

3. le fleuve qui s'écoule sans encombre : hormis lorsque certaines conditions l'agitent, il est calme et constant ;

4. le lac dont la surface n'est perturbée que par quelques vaguelettes : l'esprit est agité superficiellement par les pensées, mais en profondeur il reste calme et lucide ;

5. la mer d'huile : la concentration est enfin devenue inébranlable, elle ne requiert plus d'effort. Les antidotes aux pensées vagabondes sont devenus superflus.

Le *shamatha*, le calme mental, peut temporairement circonscrire les émotions négatives, mais il n'est pas à même de les éradiquer. Seule le peut la vision profonde qui, pendant la méditation, reconnaît la véritable nature des phénomènes et, pendant la postméditation, sait que toute chose est une illusion dépourvue de réalité. Ainsi, le calme mental correspond à l'aspect de concentration de la méditation, et la vision profonde, à celui de la sagesse.

Le calme mental prépare l'esprit à la compréhension de la vision profonde, laquelle permet de découvrir l'absence d'existence propre des choses. Calme intérieur et vision profonde doivent par ailleurs être imprégnés de compassion envers tous les êtres. La pratique conjointe de ces deux types de méditation engendre, pour finir, une expérience d'égalité dans laquelle les concepts de sujet et d'objet ont disparu.

La Connaissance

KANGYOUR RINPOTCHÉ (1897-1975)[46]

On distingue trois types de Connaissance : la Connaissance qui naît de l'étude, celle qui naît de la réflexion, et celle qui naît de la méditation. L'entraînement progressif à ces trois types de Connaissance résulte dans l'accomplissement correct de la vision supérieure, autrement dit, de la prime sagesse* non conceptuelle. Cette sagesse a pour effet de vaincre les émotions négatives qui font obstacle à la libération, ainsi que le voiles cognitifs qui font obstacle à l'omniscience. Elle permet de connaître sans erreur la nature profonde des choses, de même que tous les phénomènes qui surgissent aux yeux de la méprise. Armé d'une telle Connaissance, on passe rapidement au-delà de la douloureuse cité du devenir que le karma et les émotions négatives rendent extrêmement difficile à traverser, on se libère de toutes les souffrances et l'on atteint sans difficulté le nirvana. La générosité et les cinq autres vertus transcendantes présentent chacune un caractère plus élevé et plus subtil que la précédente, mais elles ne sont qualifiées de transcendantes que dans la mesure où elles sont associées à cette Connaissance.

* Ou sagesse primordiale (voir glossaire).

Drigoung Kyopa Jigten Gonpo (1143-1217)[47]

Plein de vigueur, le fils d'une femme stérile
Escalada une échelle en corne de lièvre
Et avala le soleil et la lune, plongeant
Ainsi les êtres dans un océan de ténèbres :
Voilà à quoi ressemble la croyance au soi.

Ratna Lingpa (1403-1478)[48]

Namo guru ! Hommage au maître !
Je m'incline aux pieds de Diamant-Né-du-Lac,
Corps d'apparition du vainqueur Lumière Infinie
Qui émane du vaste espace de la dimension absolue
Libre de concepts, pour combler les espoirs des êtres.

Moi, Rinchen Pal, vagabond sans foi ni loi
Tout juste bon à dormir nu, j'ai laissé
Libre cours à mes pensées folles
Et entonné ce chant sans queue ni tête.

Quand je contemple le monde extérieur,
Je n'y vois que les apparences trompeuses de la vérité relative,
Impalpables miroitements dénués de réalité ultime.
Moi, le vagabond sans but, j'ai l'esprit serein.

Quand je regarde mon esprit qui pense,
Je n'y vois que mouvements sans traces, pareils à ceux du [vent.
Insaisissable présence où naissance et mort ne font qu'un.
Moi, le vagabond sans but, j'ai l'esprit serein.

La nature douloureuse du cycle des existences
Est aussi illusoire que le rêve de la nuit passée :
Insaisissable et dépourvue de réalité.
Moi, le vagabond sans but, j'ai l'esprit serein.

La libération, toute de béatitude,
N'est que la pure essence de mon propre esprit,

Sa nature est vacuité, au-delà de tout repère.
Moi, le vagabond sans but, j'ai l'esprit serein.

La dualité du samsara et du nirvana
Ne se ramène qu'à des concepts de bon et de mauvais.
C'est en fait une non-dualité au-delà de tout repère.
Moi, le vagabond sans but, j'ai l'esprit serein.

4

Purification des voiles et acquisition des mérites

Pour être certain d'arriver à destination lorsqu'on entreprend un long voyage, on doit se défaire de tout ce qui peut créer des obstacles, et se munir de provisions et d'autres éléments indispensables pour le trajet. C'est à cela que correspondent, sur la voie bouddhiste, les deux étapes appelées « purification » et « accumulation ». Purifier ne signifie pas ici « laver » la nature humaine d'une quelconque impureté originelle. Si notre nature était foncièrement mauvaise, il ne servirait à rien d'essayer de la rendre pure, de même qu'on ne peut blanchir un morceau de charbon même en le lavant pendant des siècles. Il s'agit plutôt d'ôter les voiles qui occultent notre nature véritable ou ce que l'on pourrait appeler notre « bonté originelle ». On peut comparer cette purification au fait d'extraire l'or de sa gangue et de lui ôter ses impuretés pour révéler son éclat et sa perfection naturelle, ou à la dissipation par le vent des nuages qui masquaient le soleil, tandis que la lumière de ce dernier reste inchangée.

Le bouddhisme distingue deux types de voiles que l'on doit éliminer par ce processus : le voile des émotions perturbatrices que sont le désir, la haine, l'ignorance, l'orgueil et la jalousie, et le voile conceptuel, plus subtil, qui occulte la connaissance de la nature ultime des choses.

Pour rendre possible cette purification, il est nécessaire de réunir un certain nombre de provisions et de conditions favorables. C'est l'« acquisition de mérites et de sagesse ». L'acquisition des mérites s'opère par la pratique des vertus transcendantes décrites dans le chapitre précédent (générosité, discipline, patience, effort enthousiaste et contemplation), tandis que l'acquisition de la sagesse, la sixième vertu transcendante, s'opère en reconnaissant la nature ultime des choses.

DILGO KHYENTSÉ RINPOTCHÉ (1910-1991)[49]

Lorsque l'on a fait du mal aux autres au cours de sa vie en mentant, en trompant, en volant, en détruisant, en blessant, en tuant, etc., et que l'on a fait la même chose dans ses vies passées, on a produit une puissante énergie négative. Cette énergie qui nous enferme dans un cercle vicieux d'illusions et de souffrances doit être purifiée, car c'est elle qui entrave notre progression vers l'Éveil en entretenant les deux voiles qui occultent notre nature éveillée – le voile créé par les émotions perturbatrices et le voile conceptuel masquant la véritable connaissance – et en nous empêchant de percevoir cette nature.

Heureusement, il est possible de remédier à cette situation. Les maîtres kadampas* disaient : « Tous les phénomènes sont composés, et par conséquent transi-

* L'une des principales lignées de transmission des enseignements bouddhistes qui se sont épanouies au Tibet. (Voir appendice, p. 319.)

toires. Selon Bouddha Shakyamouni lui-même, il n'est pas de faute si grave qu'elle ne puisse être purifiée. »

Pour mener à bien cette purification, on applique ce que l'on appelle les « quatre forces » :

La force du support : c'est la personne – ou le bouddha – devant laquelle on reconnaît ouvertement ses actes nuisibles en faisant le vœu d'y remédier. Il peut s'agir des « trente-cinq bouddhas de confession* », de Vajrasattva** – le bouddha de la purification –, ou de son propre maître spirituel.

La force du regret : c'est le sentiment qui surgit naturellement quand on comprend que toutes les souffrances sont le fruit de nos actes nuisibles. Jusqu'à présent, nous nous sommes comportés comme des insensés, inconscients des effets de notre comportement. Si nous pouvions voir comment s'enchaînent les actes et leurs effets, nous ne pourrions qu'éprouver un profond regret et une grande lassitude à l'égard de ce qui nous maintient de la sorte dans le cercle vicieux des existences. Et nous n'aurions plus aucune envie d'agir à nouveau de la sorte.

Mais le regret ne suffit pas. Pour que la purification soit effective, il est nécessaire de mettre en œuvre la troisième force, *celle de l'antidote*. Tous les mauvais

* Trente-cinq bouddhas ayant un pouvoir particulier pour aider ceux qui les invoquent à se purifier de leurs actes négatifs.

** Dans la pratique du Vajrayana, le Véhicule adamantin, Vajrasattva est le bouddha que l'on visualise et dont on récite le mantra lors de pratiques destinées à purifier les voiles du corps, de la parole et de l'esprit. Comme dans toutes les pratiques du Vajrayana, les déités ne sont pas considérées comme des entités extérieures, douées d'existence autonome, mais comme des aspects de la nature de bouddha (tathagatagarbha) qui est naturellement présente en chaque être et représente l'essence, ou le potentiel, de la bouddhéité.

actes du corps, de la parole et de l'esprit peuvent être contrecarrés par les antidotes que sont les actes positifs.

Puis, avec une grande dévotion, imaginez qu'un nectar de sagesse s'écoule du corps de Vajrasattva et pénètre en vous par le sommet de votre crâne. Il emplit votre propre corps et, comme un flot puissant, le lave de toutes les impuretés, les actes nuisibles, les influences néfastes et les voiles. Considérez qu'avec vous, tous les êtres sont purifiés de la même manière. Votre corps devient parfaitement pur et aussi transparent qu'un cristal. Vajrasattva sourit, fond en lumière et se dissout en vous. Votre esprit et celui de Vajrasattva ne font plus qu'un. Demeurez quelques instants dans cette simplicité, dans la lumineuse vacuité libre de tout concept.

La quatrième force est *celle de la résolution*. C'est la détermination de ne plus jamais commettre d'actes nuisibles, même au prix de sa vie. Vous ignoriez jusqu'alors que ces actes étaient causes de souffrance, mais désormais vous n'avez plus d'excuses, vous devez changer d'attitude. Ce serait une grave erreur de penser que l'on peut se permettre de mal agir puisqu'il est possible de s'en purifier. Prenez au contraire la ferme résolution de ne plus réitérer vos fautes passées, quelles que soient les circonstances. Cet engagement nécessite une grande persévérance et une vigilance de tous les instants.

Grâce à ces quatre forces, les voiles de votre esprit se dissiperont, et toutes les qualités inhérentes à l'Éveil se révéleront dans toute leur splendeur, comme le soleil émergeant des nuages.

Nyoshul Khen Rinpotché (1932-1999)[50]

L'illusion entretenue par notre esprit est extrêmement profonde et puissante. Comme elle exerce sur nous une immense emprise, il est difficile de l'éliminer. Cette élimination est néanmoins le but principal de la pratique du Dharma, car la différence fondamentale entre notre état ordinaire et l'Éveil réside dans le fait que notre esprit se trouve ou non sous la coupe de l'illusion.

On peut illustrer le pouvoir de cette illusion en prenant l'exemple du rêve. Au moment où nous rêvons, nous sommes paisiblement et confortablement endormis dans notre lit, et pourtant le monde entier peut surgir devant nos yeux. Nous pouvons même voyager dans d'autres univers et y rencontrer leurs habitants. Tout peut en fait arriver en l'espace d'un songe. Par ailleurs, la « réalité » vécue dans nos rêves nous semble aussi vraie que celle que nous percevons en ce moment même.

Au réveil, on comprend que l'on a simplement rêvé, allongé dans l'espace limité d'un lit. Mais auparavant, rien ne nous permettait de voir qu'il s'agissait d'une illusion, d'un songe, d'une fantasmagorie dénuée de réalité. De même, à l'état de veille, nous sommes tantôt heureux, tantôt malheureux, nous allons ici ou là, bref tout nous paraît parfaitement réel et concret.

Pourtant, lorsque le voile illusoire recouvrant notre esprit se dissipe, nous voyons, comme lorsqu'on s'éveille d'un rêve, que cette « réalité » n'était qu'une fiction. Nous nous rendons compte que nous accordions au monde de tous les jours une importance et une solidité telles que son existence réelle était pour nous un fait indiscutable. L'exemple du rêve nous permet d'entrevoir comment un être éveillé, qui s'est libéré de l'empire des illusions trompeuses, perçoit l'état de confusion dans lequel nous sommes. À ses yeux, cet état n'a pas plus de réalité que pour nous le rêve quand nous ne sommes plus plongés dans le sommeil.

Nous vivons en fait dans un rêve très long, plus long que nos songes nocturnes. Mais qu'un rêve dure quelques minutes ou une vie entière, il n'en reste pas moins un rêve. Après la mort, nous recommencerons un long rêve dans un autre monde d'existence. Ainsi se succèdent les songes aussi longtemps que l'illusion persiste.

L'extraordinaire qualité de l'enseignement du Bouddha réside précisément dans le fait qu'il nous permet de reconnaître que ce que nous tenions pour réel n'a pas plus de substance qu'un rêve, que cette prétendue réalité est dénuée d'essence, qu'elle n'existe pas en soi. Nous pouvons alors comprendre le mode d'être authentique des choses, et la voie de la libération du Bouddha nous offre les moyens de dissiper notre méprise fondamentale et de réaliser l'Éveil, la libération totale de l'illusion, la bouddhéité. C'est en ce sens que cet enseignement, le Dharma, est qualifié de « plus précieux des joyaux » ; c'est la méthode suprême pour reconnaître la nature illusoire du monde et passer de l'ignorance à la connaissance authentique.

DILGO KHYENTSÉ RINPOTCHÉ (1910-1991)[51]

Om ! Ô très compatissant Bhagavan Vajrasattva,
Forme parfaite, couleur de conque immaculée,
Pur et lumineux comme cent mille soleils,
Héros resplendissant de mille rais de lumière,
Glorieux maître connaisseur des trois sphères du samsara,

Seul compagnon des êtres des trois niveaux du monde*,
Protecteur bienveillant et déité de compassion,
Écoutez ma prière !

Depuis des temps sans commencement,
J'ai emprunté des sentes détournées,
J'ai perdu ma vue et divagué
Dans le cercle vicieux des existences.
Dans mes vies passées, je me suis mépris
En commettant des actes nuisibles
Pour chacun desquels j'éprouve à présent un profond regret.

En développant le pouvoir de ces actes d'arrogance**,
Je me suis plongé dans l'océan de misère du samsara
Où les flammes de la colère ont brûlé le courant de mon
[esprit,
Où l'épaisse noirceur de l'illusion a voilé mon intelligence
Et où ma conscience a sombré dans l'océan de l'attache-
[ment.
Poussé vers les mauvaises renaissances par mon immense
[orgueil,
Ballotté dans la ronde des existences par le blizzard de la
[jalousie,
Étroitement noué par le démon de la croyance au moi,
J'ai chu dans les abysses du désir, un gouffre plein de
[braises
Où d'atroces souffrances m'ont consumé de leur insoute-
[nable feu.

Tant de malheurs me sont insupportables.
Le violent brasier de mes actes nuisibles
A calciné les germes de ma conscience et de mes facultés.
Ô gracieux et compatissant protecteur,

* Les trois niveaux du monde : sur la terre, dans les airs et sous la terre.

** L'« arrogance » désigne ici le fait que, contre toute évidence, nous croyons en un moi réel et solide et que nous l'affirmons haut et fort vis-à-vis des « autres ».

Supporterez-vous que mon corps illusoire
Soit tourmenté de la sorte ?

Insensé que je suis, victime de ma méprise,
J'ai commis de lourds actes nuisibles
Dont le pouvoir m'a fait renaître
Comme Rudra* dans le monde du désir.
Plein de regrets, épuisé par ce karma mauvais,
Je suis las et brisé de remords, mais inchangeable
Est le flot du karma aussi puissant qu'un fleuve.
Comment sa force pourrait-elle sur-le-champ être inversée,
Alors que tous ces fruits proviennent de mes propres actes ?

J'ai écouté des enseignements
Sans être capable de les suivre,
Et mes corps, parole et esprit ont déchu.
Poussé par le vent violent du karma, j'ai erré
Pendant des ères incalculables
Dans les obscurs cachots du samsara !
Ô protecteur, que vos compatissantes bénédictions
Dissipent les voiles dus à mes actes et à mes émotions [négatives
Et me transportent aussitôt près de vous, comme auprès [d'une mère bienveillante !
Captivant est votre visage plein de compassion,
Aussi radieux que le soleil, aussi clair que la lune !

Depuis des temps immémoriaux, mes yeux
Voilés par l'ignorance n'ont pu vous percevoir.
Ô protecteur des êtres, où êtes-vous à présent ?

Tandis qu'apeuré, angoissé, terrifié
Par l'écrasant pouvoir des actes, je chante
Cette complainte mêlée d'ardent désir
Et crie le désespoir de mes cuisants échecs,
Ô gracieux protecteur, posez à l'instant sur moi
Votre compatissant regard ! Sinon, quand je mourrai,

* Rudra : le démon qui incarne l'attachement à l'ego et aux phénomènes, et l'ignorance fondamentale de la dualité.

Quand mon corps et mon esprit ne seront plus ensemble,
Et que, coupé de mes amis et compagnons spirituels,
Je serai enlevé par le maître des morts,
Je n'aurai plus ni proches ni entourage, et c'est moi seul
Que la force de mon karma emportera.
Comme je serai alors sans refuge ni protecteur,
N'attendez pas ni n'atermoyez,
Mais déployez dès maintenant
Votre œuvre libératrice !

Depuis des temps immémoriaux,
Les êtres comme moi, tourmentés par leurs actes,
Ont fait les mauvais choix
Et restent prisonniers des trois sphères du samsara.
Au fil de mes vies, depuis des éons sans nombre,
J'ai emprunté des myriades de corps, au point que,
S'ils pouvaient être rassemblés, leur chair et leurs os
Formeraient un tas aussi vaste que l'univers,
Leur lymphe et leur sang seraient un océan immense,
Et le nombre de leurs actes, additionnés,
Passerait toute description.

Malgré mes errances dans les trois sphères du samsara
Et le nombre de mes naissances et de mes morts,
Mes actes n'ont rien produit d'utile.
Les actes d'une seule vie dédiée
À l'Éveil insurpassable auraient plus de valeur
Que ces existences sans nombre.
Si je meurs sans avoir enrichi ma vie de la sorte,
Redoutables seront le karma et les émotions
Qui me feront renaître dans un piège
De chair et de sang et divaguer à nouveau dans le samsara.
Je serai prisonnier de douloureuses vies, insupportablement,
Et ce malheur sans fin sera l'effet de mes propres actes.
Dans votre grande compassion, interrompez le flux de mon
[mauvais karma
Et repoussez le vent de mes émotions négatives !

Quand l'ignorance et la force des actes
Me font errer sans fin dans les ténèbres de la confusion,
La lampe de votre sagesse ne m'accompagnera-t-elle pas ?
Quand je ne puis plus supporter la maturation de mes actes,
N'agirez-vous donc pas avec une grande compassion ?
Quand je sombre dans l'abîme des mésactions,
Ne me saisirez-vous pas de votre main miséricordieuse ?
Quand je souffre de l'oppressante maladie des trois poisons,
Ne me prodiguerez-vous pas le remède de vos méthodes
[bienveillantes ?
Quand les cruelles flammes du mûrissement karmique me
[consument,
Ne ferez-vous pas pleuvoir un flot rafraîchissant de com-
[passion ?
Quand je sombre dans le douloureux marais du samsara,
Ne m'en retirerez-vous pas avec le crochet compatissant de
[vos moyens habiles ?
Lorsque j'aurai maintes et maintes fois purifié les causes
Qui me maintiennent dans les trois sphères du samsara,
Et qu'enfin j'aurai atteint le fruit de la voie,
Il ne me sera plus nécessaire d'implorer votre noble com-
[passion.
Mais tant que je demeure ici par le pouvoir de mes actes,
Vers qui d'autre pourrais-je me tourner ?

Ô protecteur, vous avez le pouvoir de la compassion,
Et puissante est la continuité karmique des liens passés :
Ne soyez donc pas neutre, indifférent ou nonchalant,
Mais pensez à moi sincèrement, ô déité de compassion !
Libérez-moi de la fange du samsara et guidez-moi sans
[attendre
Jusqu'au suprême état des trois corps !

TEXTE ANONYME[52]

Comment intégrer les émotions négatives à la voie de l'Éveil

Namo ratna guru

Hommage au joyau qu'est le maître !

Voici des instructions sur la manière d'utiliser les puissantes pensées de haine ou d'attachement pour s'entraîner sur la voie grâce aux deux formes de l'esprit d'Éveil. Les tantras parlent d'intégrer à la voie les émotions négatives, mais cela serait impossible en laissant ces dernières telles qu'elles sont. Dans le recueil des soutras, on trouve également maints enseignements sur la façon de tourner son esprit vers ces émotions et de les utiliser sur la voie en les vainquant radicalement.

Prenons l'exemple du désir-attachement. Lorsque celui-ci se manifeste, que ce soit spontanément ou au contact d'un objet extérieur particulier, réfléchissons de la manière suivante :

« Il s'agit d'un désir. Si je ne parviens pas à m'en débarrasser, à le purifier ou à le maîtriser, il me causera d'insondables souffrances, surtout celles des mondes d'existence douloureux. Si, en revanche, je le purifie et le maîtrise, cela me conduira à la bouddhéité parfaite. C'est donc cela que je vais faire. »

Ensuite, prenons mentalement cette émotion ennemie qu'est le désir-attachement, puis faisons-la croître de plus en plus, comme lorsqu'on médite sur l'amour altruiste. Enfin, ajoutons-y tous les désirs de tous les êtres, y compris ceux qui ne sont que latents, au point qu'ils occupent entièrement notre esprit. Pensons alors que tous les êtres sont, de ce fait, libérés du désir-attachement et atteignent l'état de bouddha. Telle est la façon de pratiquer l'esprit d'Éveil relatif.

Notre désir, aussi gros qu'une montagne, c'est bien par la pensée que nous nous en sommes saisis, tout comme le désir des autres, et le désir, en soi, n'est qu'une production de l'esprit. Or, lorsque notre esprit s'observe lui-même, il est obligé de constater que les pensées passées ne sont plus, que les pensées futures n'existent pas encore et que les pensées présentes sont dépourvues de forme et de toute autre caractéristique que l'on puisse percevoir. Les pensées sont semblables à l'espace : dénuées d'existence propre. Ce qu'on appelle désir n'est en fait qu'un nom dénué de réalité en soi.

Restons alors en méditation aussi longtemps que nous le pouvons dans cette prise de conscience. Voilà comment aborder les émotions selon l'esprit d'Éveil ultime. [...]

Effectuez la même pratique en prenant pour objet la haine, puis chacune des autres émotions négatives.

J'ai écrit ces lignes en me conformant aux paroles de mon maître, sans y ajouter ni en retrancher quoi que ce soit. Puissent les mérites et l'excellence de ces profondes instructions permettant d'intégrer les émotions perturbatrices à la voie spirituelle s'étendre jusqu'aux confins de l'espace.

RIDZIN JIGMÉ LINGPA (1729-1798)[53]

Ceux qui débutent dans la méditation ne bénéficient pas encore de la force de l'habitude, et toutes sortes de phénomènes – par exemple, le fait de devenir soudainement riche – peuvent déclencher en eux de fortes émotions négatives telles que le désir et la colère, ou la confusion. Mais à regarder directement ces émotions quand elles surgissent, on s'aperçoit qu'il n'y a rien d'autre que la conscience éveillée. C'est ce que l'on appelle « contempler le vrai visage des émotions perturbatrices ». Lorsqu'on voit la nature véritable des émotions, les pensées liées à l'analyse, à la saisie *[des choses comme réelles]* et à l'attachement, cessent d'elles-mêmes. Fixe l'espace devant toi, les yeux grands ouverts, et quelles que soient les pensées qui surgissent à ce moment dans ton esprit, ne regarde pas ce qui a surgi mais d'où cela a surgi. Les pensées s'évanouiront alors sans laisser de trace.

KANGYOUR RINPOTCHÉ (1897-1975)[54]

Si vous prenez soin d'être circonspects, attentifs et vigilants dans le choix de vos actes en vous efforçant d'être conscients de ce que vous faites jusqu'aux moindres détails, ne serait-ce que la façon de faire un simple geste de la main, de prononcer une syllabe ou d'avoir une pensée, vous ne serez jamais vaincus par l'adversité, et tout ce que vous ferez vous permettra d'acquérir les mérites de l'authentique voie. Voilà un point essentiel.

5

Le maître spirituel
S'unir à l'esprit du maître

Le « yoga du maître », ou union à la nature du maître, est une pratique essentielle du bouddhisme tibétain, qui s'appuie sur la dévotion profonde envers le maître spirituel. Comprenons bien que cette dévotion transcende la notion de « foi aveugle » par sa profondeur et sa dimension. La dévotion dont il est question ici naît de la reconnaissance des qualités incommensurables de l'Éveil dont le maître spirituel est l'exemple vivant. La pratique consiste à mêler, par la méditation, notre esprit à celui du maître, ce qui nous permet de briser les limites de notre vision confuse et limitée. Notre étroite sphère intérieure se confond alors avec l'immense espace de l'Éveil du maître.

Du point de vue ultime, il ne s'agit que de redécouvrir la vraie nature de notre esprit, sa vacuité lumineuse et sa liberté originelle. Mais ce processus peut rarement se produire sans le catalyseur qu'est la pratique du yoga du maître.

Le maître extérieur permet donc de reconnaître le maître intérieur. On lit dans de nombreux tantras et commentaires que le yoga du maître est, de toutes les pratiques du bouddhisme, la plus essentielle et la plus efficace pour dissiper les obstacles et progresser sûrement et rapidement sur la voie. C'est pour cette raison même qu'il est crucial de s'appuyer sur un maître spirituel authentique possédant toutes les qualités de sagesse et de compassion décrites dans les enseignements.

KANGYOUR RINPOTCHÉ (1897-1975)[55]

L'importance et les qualifications d'un maître spirituel

Dans les grandes forêts médicinales du Malaya, il pousse toute une variété d'arbres vulgaires qui, dit-on, au contact des branches du santal en prennent le doux parfum. De même, lorsqu'on fréquente un être sublime, on se laisse bientôt imprégner par ses qualités. [...]

De nos jours, la décadence est telle qu'il est rare de rencontrer des êtres accomplis qui possèdent toutes les caractéristiques d'un maître spirituel, telles qu'elles sont décrites dans les soutras et les tantras. Il est néanmoins essentiel de s'appuyer sur un maître dont l'esprit est comparable à une base pure car il connaît et pratique tous les préceptes des trois sortes de vœux que les écritures décrivent, et qui, de même, en maîtrise le caractère d'antidote et le but.

Un tel maître s'est libéré en étudiant jusqu'à les maîtriser la formulation et le sens des textes majeurs et de leurs commentaires ; l'esprit imprégné de grande compassion, il peut prendre en charge des disciples. Ce maître attire les disciples de quatre façons : 1) il est généreux et n'éprouve aucun attachement ; 2) il parle en accord avec l'esprit de ses disciples ;

3) il les fait œuvrer à leur libération ; et 4) il fait lui-même ce qu'il dit.

Les faux maîtres

Il arrive pourtant que certains maîtres, fiers comme des brahmanes, n'aient d'autre souci que de préserver leur illustre lignée de réincarnations, ou *[leur lignée]* familiale, et de conserver leur résidence principale – monastère ou palais. En tout cas, leur pratique est un mensonge et seuls leur entourage et le profit les motivent. De même que si l'on se baigne dans un bassin d'eau sale, on en ressort aussi sale, écouter le Dharma, y réfléchir, l'enseigner et élever des stoupas ou des statues dans ces dispositions, tout cela va à l'encontre du Dharma en pourrissant l'esprit des disciples : voilà un bain inapproprié.

Certains maîtres sont comparables à des meules de bois. […] Même s'ils vantent bruyamment et sans contrôle leurs propres qualités, ils sont incapables de transformer l'esprit de leurs disciples. C'est pourquoi on les compare à des meules de bois, inaptes à moudre le grain pour produire de la farine. De tels maîtres sont de mauvais guides.

Il y en a d'autres qui, en rien différents des êtres ordinaires grevés d'émotions négatives, se retrouvent lamas pour quelque petite générosité lors d'une vie passée. […] Une foule d'ignares ne connaissant pas les qualités d'un maître spirituel leur attribuent des qualités qu'ils n'ont pas et leur vouent une foi aveugle. Se prenant alors pour ce qu'ils ne sont pas, ils sont bouffis d'orgueil devant les objets, l'argent et les offrandes qu'ils reçoivent et les marques de respect qu'on leur témoigne. […]

D'autres encore n'ont écouté que quelques bribes

d'enseignements ; leur discipline est relâchée, car ils ne savent pas ce que leurs vœux et liens sacrés leur permettent et leur interdisent de faire ; ignorant le triple entraînement, ils ont l'esprit bas, sous l'empire de l'erreur, mais dispensent au jugé de prétendues instructions spirituelles en se conduisant comme s'ils avaient atteint les plus hautes sphères. À s'en remettre à de tels guides insensés auxquels manque la corde de l'amour et de la compassion avec laquelle le maître hale habituellement les disciples, on est conduit vers le précipice des mondes inférieurs et dans les profonds ravins des actes nuisibles, et l'on se comporte de façon de plus en plus négative.

Alors qu'un maître devrait avoir plus de qualités que ses disciples, il en est qui ne possèdent pas cet avantage et à qui manque même l'esprit d'Éveil. C'est une grave méprise que de se confier à eux du seul fait de leur célébrité, par exemple. Autant demander à un aveugle de guider un autre aveugle. Lorsqu'on prend refuge dans un être à ce point dépourvu de l'œil de Connaissance, on commet une erreur fatale, à court aussi bien qu'à long terme. Ces maîtres-là ne se demandent pas si leurs disciples agissent ou non dans le sens du Dharma, et s'ils font semblant de prendre soin d'eux, c'est parce qu'ils aiment qu'on les serve et les honore. Les disciples, en voulant servir ces maîtres dont les actes n'obéissent à aucune intention de sagesse ni à aucune raison valable, les assistent en fait dans la poursuite des huit préoccupations mondaines. Lorsqu'on s'est choisi un maître de ce genre, on peut être sûr de ne jamais comprendre ce qu'il convient de faire ou de ne pas faire, et l'on ira tourner dans les noires ténèbres des destinées douloureuses.

Pour toutes ces raisons, les débutants qui s'engagent auprès d'un maître sans s'être minutieusement assurés au préalable qu'il s'agissait d'un être sublime, gaspilleront tous leurs mérites présents et à venir, de même que les qualités qui naissent de la pratique de la voie, même s'ils ont la foi et le désir sincère de pratiquer. Le support favorable que représente leur existence humaine dotée de huit libertés parfaites, dont ils jouissent temporairement après en avoir été très longtemps privés, aura été inutile. Il en est comme d'un homme qui voudrait se reposer à l'ombre d'un arbre en prenant pour telle *[la masse sombre d']*un serpent venimeux. S'il s'assoit sans regarder, il se fera mordre et souffrira : c'est bien ainsi que l'on est trompé. On peut lire dans la *Corbeille des Vidyâdharas* :

> Le maître ignare, incapable de répondre aux disciples.
> Qui ne l'auront pas bien examiné, sera leur démon.

Les maîtres spirituels authentiques

Ceux qui ont étudié un grand nombre de textes avec leurs commentaires, qui ont ainsi ouvert les yeux de la Connaissance et excellent à libérer leurs disciples du fait de la réalisation extraordinaire du triple entraînement, sont des maîtres sublimes dotés de toutes les qualités positives du Dharma. [...] Ils sont la source insurpassable de tous les accomplissements ordinaires et de l'accomplissement suprême, ces qualités que l'on acquiert sur la voie.

Toutes les activités d'un maître authentique ont pour seule fin de guider les différents êtres dont ils ont la charge pour qu'ils s'engagent dans la voie de la libération. [...] Il voit toutes les apparences comme des rêves et des fantasmagories, et sa réalisation est aussi vaste que le ciel. Même si ses paroles et ses actes vont parfois à l'encontre des conventions ordinaires et semblent inconvenants, ne nourrissez pas d'opinions fausses à son endroit, car il a maintes raisons particulières de faire telle ou telle chose pour guider les êtres.

Éminemment supérieur aux êtres ordinaires, le maître est expert à résoudre tous les doutes de ses disciples en matière de textes, de sens, de pratique, d'élimination des obstacles, etc. Il ne se décourage point si on l'injurie, le dénigre ou lui impose d'autres mauvais traitements, et aussi fatigués que puissent être son corps et son esprit, il le supporte patiemment en poursuivant son œuvre. [...]

Ce maître est comparé à un navire, car c'est en faisant l'expérience intérieure de ses instructions cruciales que l'on peut traverser l'océan de souffrance des mondes du samsara. C'est un vrai guide, car il explique sans se méprendre tant la voie commune que la voie suprême des soutras de sens définitif et des tantras. [...]

Ceux qui suivent ce maître de la bonne façon, avec une foi et une dévotion dépourvue de toute hypocrisie, recevront sans effort, telle une pluie, toutes les qualités liées aux mondes supérieurs de l'existence, telles que la santé et la longévité, et à la perfection ultime de l'Éveil, comme l'amour et la compassion.

DILGO KHYENTSÉ RINPOTCHÉ (1910-1991)[56]

Le maître est tout à la fois le vaisseau qui permet de traverser le périlleux océan du devenir, le capitaine infaillible qui conduit jusqu'à la terre ferme de la libération, la pluie de nectar qui éteint le brasier du karma et des émotions négatives, le soleil et la lune qui dissipent les ténèbres de l'ignorance, la terre ferme qui supporte tout – le bon comme le mauvais –, l'arbre des souhaits qui procure le bonheur temporaire et ultime, un trésor d'instructions vastes et profondes, la gemme magique qui dispense tout ce qu'il faut sur la Voie, un père et une mère aimant tous les êtres impartialement, un grand fleuve de compassion prompt à secourir les autres, une montagne de joie qui s'élève au-dessus des préoccupations mondaines et que n'ébranle pas le vent des passions, et un nuage qui déverse équitablement ses bienfaits sur l'ensemble des êtres. Tout lien que l'on crée avec lui en le voyant, en l'entendant, en pensant à lui, en étant ne serait-ce que touché par sa main, conduit à la libération. Placer sa confiance en lui est le plus sûr moyen de progresser vers l'Éveil. La chaleur de sa compassion et de sa sagesse, en fondant le minerai de notre esprit, libérera l'or de notre potentiel d'Éveil, notre nature de bouddha.

JAMGÖN KONGTRUL LODRÖ THAYÉ (1813-1899)[57]

Extérieurement, le maître apparaît sous une forme humaine et enseigne le chemin de la libération. Puis vient un moment où, par l'effet de ses instructions et de ses bénédictions, on parvient à une réalisation identique à la sienne. On se rend alors compte que le maître intérieur, ou absolu, a toujours été présent. Ce n'est autre que la nature de notre propre esprit.

DRIGOUNG KYOPA JIGTEN GONPO (1143-1217)[58]

Si le soleil de notre dévotion
Ne brille pas sur le pic enneigé

Des quatre corps du maître,
Point ne s'écoulera le nectar de ses bénédictions.
Qu'à la dévotion donc notre esprit s'évertue !

SHABKAR (1781-1851)[59]

Telle la brume argentée
Qui se lève dans le vide du ciel,
La forme du gracieux maître
Apparaîtra dans l'immensité omniprésente.

Telle la douce ondée qui drape lentement
Le cintre de l'arc-en-ciel,
Le maître fera pleuvoir ses instructions profondes
Sous un dais de lumières irisées.

Telles les pluies qui s'accumulent
Dans les vastes prairies,
Ces instructions resteront
Dans l'esprit de votre fils dévoué.

Telles les fleurs diaprées qui surgissent
Dans les douces landes luxuriantes,
Les expériences de l'accomplissement
Jailliront de mon esprit. [...]

Au début, j'ai pris pour maître mon ami spirituel ;
Plus tard, j'ai pris pour maître les écritures ;
À la fin, j'ai pris pour maître mon propre esprit.

Du maître qui expose la délivrance individuelle,
J'ai reçu les enseignements pour ma propre libération.
Ma pratique ? Éviter le mal et cultiver le bien.

Du maître héros d'Éveil, ou bodhisattva,
J'ai reçu les enseignements du Grand Véhicule pour engen-
[drer l'esprit d'Éveil.
Ma pratique ? Chérir les autres plus que moi-même.

Du maître du Véhicule de diamant,

J'ai reçu les préceptes, les initiations et les instructions des [Mantras secrets.
Ma pratique ? Cultiver la confiance, le respect et la vision [pure.

KANGYOUR RINPOTCHÉ (1897-1975)[60]

Les bons et les mauvais disciples

Il est dit que le disciple qui suit un maître doit se considérer comme un malade atteint du « mal des émotions négatives » depuis des temps immémoriaux et considérer l'enseignement du Dharma comme un remède, l'ami spirituel comme un habile médecin, et la pratique assidue de ses instructions comme le moyen de guérir.

On cite quatre autres comparaisons du même ordre : le disciple se considérera comme un voyageur, et son maître comme une escorte qui le protège des ennemis ; comme une personne en danger, et son maître comme un ami courageux qui le protège ; comme un marchand qui prend la mer, et son maître comme le capitaine du navire ; comme un pèlerin *[qui doit traverser un fleuve]*, et son maître comme le passeur. […]

Certains êtres qui n'ont pas confiance dans les enseignements profonds ont une foi superficielle, satisfaits qu'ils sont, dans un premier temps, de recevoir de menus cadeaux. Cette foi qui n'en est pas une parce qu'elle est due aux circonstances, qui est présente le matin et disparaît le soir, est aussi fluctuante que les saisons : elle mérite d'être rejetée. […]

En dépit des multiples méthodes employées pour les y attirer, certains individus sont réticents, pour commencer, à s'engager sur la voie de la libération :

ils ressemblent aux yacks sauvages qui refusent d'entrer dans l'enclos. Ensuite, l'étude et la réflexion ne les intéressant pas, ils détestent ceux qui font des efforts dans ce sens, et ils préfèrent se consacrer aux activités profanes de cette vie. Enfin, négligeant leurs vœux et leurs liens sacrés, ils s'associent à de mauvais amis et, agissant à l'encontre de la voie, s'éloignent de leur maître et de leurs compagnons spirituels ; ils ont tout de ces primitifs des forêts lointaines qui ne fraient pas avec les autres humains.

Il y en a qui se racontent toutes sortes d'histoires alors même qu'ils se trouvent en présence d'un maître sublime. Ils se disent, par exemple, qu'ils feraient mieux de se retirer dans un lieu encore plus vertueux et solitaire pour mieux pratiquer. Ils se hâtent de partir, mais où qu'ils aillent, ils n'ont que de mauvaises fréquentations, de sorte qu'ils tournent le dos au Dharma et se retrouvent pris dans de vilaines affaires.

Il y en a d'autres, en revanche, à qui l'on a instamment conseillé de se retirer pour se concentrer sur leur pratique. Mais une fois retirés, ils négligent d'appliquer les instructions que leur maître leur a dispensées, et c'en est fini de leur pratique assidue. L'indolence les gagne, puis la distraction, et ainsi le temps passe sans qu'ils fassent ne serait-ce qu'une séance de méditation par jour. Ces gens-là me font penser aux herbes *kusha* qui penchent dans tous les sens au gré des vents.

Certains, passés maîtres en matière d'hypocrisie, ne se contentent pas de biens matériels et de célébrité. Avides du prestige lié au fait de recevoir initiations, transmissions et instructions du maître considérées comme des marchandises, ils s'approchent de lui avec l'intention de l'induire en erreur, et lui tendent un piège comme ils le feraient avec un cerf musqué. Sans une pensée pour la bonté du maître, ils le dépouillent du suprême Dharma, de même qu'ils arracheraient au daim sa précieuse poche à musc, et jettent ensuite aux orties leurs vœux et leurs liens sacrés. Puis, tel le chasseur qui, sa proie une fois tuée, se voit déjà en train de monnayer son musc, ils se réjouissent d'appartenir aux sommités qui ont reçu tel ou tel enseignement. L'infortune attend, dans cette vie et les prochaines, ceux qui balancent ainsi le lien sacré les unissant au maître. [...]

En bref, il existe une grande variété de disciples, mais on peut généralement les diviser en trois catégories, dont il importe de bien étudier les caractéristiques. Il y a ceux qui sont dotés d'une foi véritable : ceux-là sont déterminés à s'extraire du samsara. Animés d'un profond intérêt pour le Dharma, ils écoutent les enseignements authentiques, réfléchissent sur leur sens et en font l'expérience intérieure par la méditation.

Il y a ensuite ceux qui ont l'apparence de pratiquants mais n'ont pas du tout envie de se libérer du samsara : ceux-là ne s'occupent que d'obtenir des gains et des honneurs dans cette vie.

Enfin, il y a ceux dont on ne peut dire qu'ils appartiennent à l'une de ces deux catégories : ce sont de faux pratiquants qui ne font que copier stupidement les autres. Ils s'engagent sur la voie du Dharma à la légère, sans foi ni véritable aspiration, et s'adonnent à un simulacre de pratique en méditant comme les singes et en récitant comme les perroquets. Ils finissent par s'exclure aussi bien du monde religieux que du monde profane et ressemblent à des chiens errants.

Par contraste, les bons disciples revêtent la solide armure de la foi, comme Nagabodhi* qui eut la fortune

* L'un des quatre disciples les plus proches de « Nagarjuna le Siddha », Nagabodhi, le brahmane voleur, réalisa l'état naturel,

de voir la vérité. À l'instar de Shrijnana*, ils servent leur maître et les enseignements sans se préoccuper de ce qui pourrait mettre leur corps ou leur vie en danger. Et, comme Milarépa, ils suivent toutes les instructions de leur maître sans se ménager. Ces êtres-là se libèrent du simple fait de la dévotion qu'ils nourrissent à l'endroit de leur maître.

Les disciples devraient avoir la foi, qui est la source de toutes les qualités spirituelles, de même qu'une intelligence claire et dégagée du doute. Ils devraient avoir assez de connaissances pour distinguer ce qui est en accord avec le Dharma de ce qui ne l'est pas. Ils devraient avoir la compassion supérieure du Grand Véhicule, ainsi que le respect des vœux et des liens sacrés. Paisibles et contrôlés dans leur corps, leur parole et leur esprit, ils devraient avoir l'esprit large et bien s'entendre avec leurs frères et sœurs spirituels, de même qu'avec leur entourage. Ils devraient être plus que généreux envers ceux qui en sont dignes**, avoir une perception pure et être vertueux par respect pour l'opinion des autres.

la vacuité, au moment où son maître lui expliquait la pure essence de l'esprit.

* Atisha Dipamkara Shrijnana alla au Tibet en 1042. Dans une vision, Tara, qui était sa déité tutélaire, lui dit avant son départ de l'université de Vikramashila : « Rends-toi au Tibet à tout prix ! Cela contribuera au bien général du Dharma, et ce bien sera particulièrement grand lorsque tu te seras associé à l'*upasaka [Drom Tönpa]*. Tout cela, cependant, abrégera ta vie de vingt années. » Atisha pensa que cela n'avait pas d'importance du moment que la doctrine et les êtres pouvaient en bénéficier, et il se mit en route au mépris de sa vie.

** Ceux qui sont dignes de notre générosité sont tous les êtres dans le besoin, ceux qui souffrent, ainsi que les bouddhas et bodhisattvas.

Un bon disciple, comme un fils avisé, est très attentif à combler son maître en le réjouissant ; comme le cheval parfait, il ne s'irrite pas, même si le maître juge nécessaire de le réprimander sévèrement et à de nombreuses reprises ; comme un navire qui ne se fatigue pas d'aller et venir au mépris des distances, il ne se lasse pas de répondre aux besoins de son maître ; tel un pont, il supporte toutes les circonstances, bonnes ou mauvaises, la louange et le blâme, le plaisir et la douleur ; telle une enclume, il supporte la chaleur de l'été comme le froid de l'hiver ; tel un serviteur, il obéit en tous points aux ordres du maître ; il est respectueux envers son maître et ses compagnons spirituels, et n'a pas d'orgueil, comme le balayeur qui balaie tout, le bon et le mauvais ; comme un vieux taureau aux cornes cassées, il est conscient de ses propres défauts et n'a pas d'arrogance, prenant la place la plus humble. Voilà, selon les textes du Grand Véhicule, comment il convient de suivre un maître spirituel. [...]

Ne faites pas de discriminations parmi ceux et celles – proches disciples, serviteurs et autres – qui entourent le maître, en ayant de l'attachement pour les uns et de l'animosité pour les autres. Plutôt que d'être un fardeau pour autrui, soyez faciles à vivre, à l'image d'une ceinture*. Soyez comme le sel**, en vous adaptant à tous, puissants ou humbles personnages. Soyez enfin comme une colonne en supportant patiemment la fatigue, l'irritation et les ingratitudes. Voilà comment il convient de vivre avec l'entourage du maître,

* Les ceintures épousent facilement différentes tailles.

** Le sel se fond dans la nourriture en lui donnant son goût, tout en restant invisible.

ses bienfaiteurs et nos « frères et sœurs de diamant* ».
[…]

Le maître spirituel qui détient le trésor du Dharma, vous devriez toujours le suivre à l'image du cygne qui vit sur un lac couvert de verdure et de fleurs et s'y nourrit paisiblement des plantes et des autres nourritures qu'il y trouve ; ou à l'image de l'abeille qui butine les fleurs sans en abîmer le parfum ni les couleurs. Ne serait-il pas merveilleux de vous conduire de la sorte ? Sans vous lasser ni succomber à la fatigue, respectez donc les souhaits de votre maître en vous attachant à ne jamais rien faire qui lui déplaise, et vous goûterez les qualités de sa réalisation spirituelle du simple fait de votre foi en lui.

PATRUL RINPOTCHÉ (1808-1887), sa rencontre décisive avec Do Khyentsé Yéshé Dorjé (1800-1866)[61]

Patrul Rinpotché nourrissait une dévotion illimitée à l'égard du grand yogi Do Khyentsé qu'il percevait comme étant le Bouddha en personne.

Un jour, Do Khyentsé décida de se rendre dans la province de Dzachouka en adoptant l'attitude d'un yogi nomade aux manières insouciantes et imprévisibles. Alors que Patrul passait près de lui, Do Khyentsé l'apostropha en ces termes : « Eh ! Patrul ! Si tu es courageux, viens donc par ici ! » Dès que Patrul Rinpotché se trouva à portée de main de Do

* Dans le Vajrayana, les disciples d'un même maître, dont ils ont reçu enseignements et initiations, doivent se considérer avec le plus grand respect. Ils deviennent frères et sœurs « de diamant », ce qui signifie que leurs liens spirituels doivent être purs et inaltérables.

Khyentsé, celui-ci le saisit par les cheveux, le plaqua au sol et le traîna par terre.

Patrul s'aperçut tout de suite que Do Khyentsé avait bu, car son haleine sentait la bière. Il se dit intérieurement : « Même un grand maître comme lui peut s'enivrer et se conduire avec une telle incohérence ! » Les méfaits de la consommation d'alcool, tels que le Bouddha les avait décrits, lui revinrent alors en mémoire.

À cet instant, Do Khyentsé relâcha son étreinte et, libérant Patrul, le fixa intensément du regard : « Pouah ! lui lança-t-il, espèce de chien fou, tu as la tête pleine de pensées nauséabondes et de ratiocinations ! » Puis il lui cracha au visage, lui montra son petit doigt en signe de profond mépris et reprit son chemin.

Patrul comprit tout à coup la signification de ce comportement : « Je me suis totalement mépris ! C'est un profond enseignement sur la nature de l'esprit qu'il vient de me donner. » Il s'assit en position de méditation et fit l'expérience spontanée de la pure conscience, aussi limpide que le ciel immaculé. Ce fut comme si le soleil éclatant se levait, après l'aube qu'avait été pour lui la présentation de la conscience primordiale par son premier maître, Gyalwai Nyougou.

Plus tard, Patrul Rinpotché déclara en plaisantant à propos de cet épisode : « Chien Fou est le nom initiatique que m'a donné Do Khyentsé. » Et ce fut le sobriquet qu'il utilisa pour signer certains de ses écrits.

III

La voie principale

1

Comprendre la nature de l'esprit

Lorsque l'esprit s'examine lui-même, que peut-il apprendre sur sa propre nature ? La première chose qu'il constate est que d'innombrables pensées suscitées par nos sensations, nos souvenirs ou notre imagination traversent continuellement notre esprit, presque à notre insu. Mais n'y a-t-il pas aussi une conscience première, toujours présente derrière ce mouvement, même en l'absence de pensées, une présence que l'on pourrait appeler la faculté fondamentale qu'a l'esprit de connaître ou d'être conscient ?

En observant sans relâche, on ne peut manquer de faire l'expérience de cette présence éveillée et de la façon dont les pensées surgissent en elle. Elle existe donc, d'une certaine façon, mais, à part cela, que peut-on en dire ? Et les pensées, maintenant, si on les scrute attentivement, peut-on leur attribuer une quelconque caractéristique, une existence réelle ? Où se trouvent-elles ? Ont-elles une couleur ou une forme ? On aura beau chercher, on ne trouvera au bout du compte que cette faculté de connaître que nous venons de mentionner, mais pas de réalité en soi. C'est dans ce sens que le bouddhisme affirme que l'esprit est « vide d'existence propre ».

À quoi peut nous servir cette notion de « vacuité » des pensées ? Lorsqu'une pensée ou une émotion comme la colère surgit dans notre esprit, que se passe-t-il d'habitude ? Nous nous laissons submerger. Cette pensée prend de l'ampleur et donne lieu à de nombreuses autres pensées qui nous perturbent, nous aveuglent et nous incitent à prononcer certaines paroles ou à commettre certains actes, parfois violents, qui font souffrir les autres et deviennent souvent pour nous une source de regret. Or il est possible, au lieu de laisser cette réaction en chaîne se produire, d'examiner les pensées avant qu'elles ne prolifèrent. On s'apercevra alors qu'elles n'ont pas la réalité solide qu'on leur prêtait, et il sera possible de se libérer de leur emprise.

Il y a un autre avantage à percevoir la nature vide des pensées. Si l'on comprend que les pensées surgissent de la conscience éveillée, l'esprit fondamental, puis s'y résorbent, comme les vagues émergent de l'océan pour s'y dissoudre à nouveau, on a fait un grand pas vers la paix intérieure, car les pensées ont perdu une grande partie de leur pouvoir de nuire.

Pour nous familiariser avec cette méthode, lorsqu'une pensée surgit dans notre esprit, essayons de voir d'où elle vient, et quand elle disparaît, demandons-nous où elle est partie. Durant le bref laps de temps où les pensées passées ont disparu et les pensées futures ne se sont pas encore manifestées, observons alors la nature de notre esprit. Ne percevons-nous pas une pure conscience lumineuse, inaltérée par nos constructions mentales ? En procédant de la sorte, nous apprendrons peu à peu, par l'expérience directe, ce que le bouddhisme entend par « nature de l'esprit ».

DILGO KHYENTSÉ RINPOTCHÉ (1910-1991)[1]

Ce qu'on appelle communément « esprit » est un tourbillon de pensées qui oscillent entre l'attachement et le rejet, la joie et la peine. Ces pensées entretiennent en nous un état de confusion qui, à son tour, perpétue le cycle des existences. Contrairement à la conscience éveillée, ce flot de pensées nous entraîne continuellement d'une illusion à une autre. Des sentiments de désir ou de haine surviennent soudain, provoqués par les circonstances les plus diverses comme la rencontre imprévue d'un ami ou d'un ennemi. Si on ne les contrecarre pas immédiatement au moyen d'un antidote approprié, ils s'enracinent et prolifèrent en renforçant le pouvoir des émotions perturbatrices et en créant toujours plus de tendances aux conséquences malheureuses. Pourtant, quelle que soit leur force apparente, il ne s'agit que de pensées qui finiront par disparaître en révélant leur nature vide. Dès que nous reconnaissons la véritable nature de l'esprit, les pensées qui semblent apparaître et disparaître sans jamais cesser ne peuvent plus nous impressionner ni nous leurrer. Comme les nuages d'été qui se forment dans le ciel, y demeurent un moment, puis se dissolvent dans l'espace, les pensées éphémères s'élèvent en nous, demeurent un instant, puis s'évanouissent dans la dimension vide de l'esprit. En fait, rien ne s'est véritablement passé.

Quand un rayon de soleil traverse un morceau de cristal, il provoque l'apparition de lumières irisées, claires, brillantes et néanmoins sans substance. De même, les pensées, dans leur infinie variété, qu'elles soient de désir, de dévotion, de compassion, de méchanceté ou autres, sont insaisissables, impalpables, immatérielles ; il n'en est aucune qui ne soit pas pure vacuité. Si vous savez reconnaître cela au moment même où les pensées surgissent, ces dernières s'évanouiront. La haine qu'elles expriment, par exemple, ne pourra plus vous ébranler, et les autres émotions perturbatrices cesseront d'elles-mêmes. Vous ne commettrez plus d'actes malveillants, et, par conséquent, vous ne causerez plus de souffrances.

Dilgo Khyentsé Rinpotché (1910-1991)[2]

L'esprit connaît généralement deux états : la quiétude et le mouvement. Il est parfois calme et libre des pensées comme une étendue d'eau immobile : c'est l'esprit dans sa phase de quiétude. Cet état ne dure habituellement pas. Des pensées surgissent : c'est ce que l'on appelle « mouvement ». En réalité, bien qu'à première vue le mouvement des pensées se distingue clairement de la quiétude, il n'existe entre ces deux états aucune différence de nature. L'un comme l'autre se caractérisent par l'absence de réalité en soi. Quiétude et mouvement ne sont que deux aspects de l'esprit.

La plupart du temps, nous ne sommes pas conscients de nos états mentaux. Nous ne remarquons même pas si notre esprit est calme ou agité. Supposez qu'au cours d'une séance de méditation vous ayez soudain l'idée d'aller au marché. Si vous êtes conscients de cette pensée et la laissez se dissoudre d'elle-même, cela n'ira pas plus loin. Si, par contre, vous ne la remarquez pas et la laissez se développer, elle donnera naissance à une deuxième pensée – celle, par exemple, d'interrompre votre pratique – puis à une troisième – celle de vous lever et de prendre la direction du marché, et bientôt d'autres idées envahiront votre esprit : où acheter ceci, comment vendre cela, etc. Vous serez alors bien loin de votre méditation !

Il est tout à fait naturel que les pensées surviennent les unes après les autres. Notre but n'est pas de les arrêter, ce qui serait d'ailleurs impossible, mais de les libérer. On y parvient en demeurant dans la simplicité et la fraîcheur du moment, en laissant les pensées aller et venir sans les entretenir ni s'y attacher. Lorsqu'on n'alimente plus le mouvement des pensées, celles-ci s'évanouissent d'elles-mêmes sans laisser de traces. Quand on n'altère plus l'état de quiétude par des constructions mentales, on peut maintenir sans effort la sérénité naturelle de l'esprit.

Parfois, des pensées afflueront en grand nombre. Laissez-les venir et observez ce qu'il y a d'immuable en elles, à savoir la nature fondamentale de l'esprit. Parfois encore, interrompez brusquement leur cours et observez la conscience éveillée ainsi mise à nu. Dès qu'une pensée se manifeste alors, reconnaissez sa nature vide. Elle perdra aussitôt son pouvoir de susciter une deuxième pensée, et la chaîne de l'illusion sera interrompue. Comme nous l'avons dit, cela ne signifie pas que vous devez essayer de supprimer l'activité naturelle de l'esprit ni d'éliminer chaque pensée au moyen d'un antidote spécifique. Ce serait de toute façon impossible. Il suffit de reconnaître la vacuité des pensées et de laisser celles-ci se décanter dans l'esprit détendu pour que la nature primordiale de l'esprit, immuable et inaltérée, réapparaisse, claire et stable.

Par la force des habitudes, notre esprit est sans cesse le théâtre d'une multitude de pensées qui semblent disparaître l'une après l'autre dans le passé pour faire place aux pensées présentes qui, à leur tour, engendreront les pensées futures. Chacune d'elles renforce la suivante, si bien qu'avec le temps le pouvoir des chaînes de pensées s'accroît. À cette succession de pensées éphémères on donne le nom de conscience, ou d'esprit, comme on donne le nom de collier à une rangée de perles. Les pensées constituent le flot de la conscience, et cette conscience alimente l'océan des existences. Nous croyons à la réalité de cet esprit par un simple manque de réflexion. Une rivière ne reste jamais la même, ne serait-ce qu'une fraction de seconde. Pourtant, nous pensons que la rivière que nous voyons est identique à celle que nous avons vue la veille, alors que l'eau de cette dernière s'est peut-être déjà jetée dans l'océan. Il en va de même des innombrables pensées qui, du matin au soir, traversent notre esprit et font que ce dernier n'est absolument pas une entité indépendante et identifiable en tant que telle.

Examinons donc attentivement ce qui se passe dans notre esprit. Il nous apparaîtra avec évidence que les pensées passées sont aussi mortes que des cadavres, que les futures n'existent pas encore et que les présentes, malgré l'emprise qu'elles exercent sur nous, ne possèdent ni forme ni couleur et ne peuvent jamais être localisées ; elles sont absolument insaisissables. En outre, il ne peut logiquement y avoir de rencontre entre les pensées passées, présentes et futures. S'il existait une quelconque continuité entre une pensée passée et une pensée présente, cela impliquerait que la pensée passée est encore présente et non passée, ou que la pensée présente ferait partie du passé et ne serait donc pas présente. Si le passé pouvait ainsi s'étendre au présent, il s'ensuivrait que le futur pourrait également être déjà présent. Or il n'en est rien, mais par ignorance de la véritable nature des pensées, nous les laissons se succéder jusqu'à ce que les émotions et la confusion nous dominent totalement.

Il est vital de prendre conscience des pensées qui se forment dans notre esprit et d'apaiser les vagues de raisonnements ou d'émotions qui nous assaillent. La colère, par exemple, est une des émotions les plus néfastes, capable de détruire toutes les qualités que nous possédons par ailleurs. Personne n'apprécie la compagnie d'un être en colère. Si la simple vue d'un serpent nous inspire la terreur, ce n'est pas que son aspect est en lui-même effrayant, c'est parce qu'il est la plupart du temps irascible et susceptible de nous attaquer. La prépondérance de l'animosité en nous est tout simplement due à une accumulation incontrôlée de pensées malveillantes. Si, au moment où nous avons une pensée de colère, nous pouvons la reconnaître pour ce qu'elle est, et comprendre à quel point elle est destructrice, la colère retombera d'elle-même et nous resterons toujours en bons termes avec les autres. En revanche, si nous laissons la première pensée d'animosité donner naissance à une seconde, en un rien de temps nous perdrons tout contrôle et nous serons même prêts à risquer notre vie pour détruire notre adversaire.

MIPHAM RINPOTCHÉ (1846-1912)[3]

Hommage au précieux maître Douce Gloire !
Le bonheur et la souffrance dépendent de l'esprit.
À la mort de celui que nous appelons « fils », nous souffrons.
À la mort de celui que nous appelons « ennemi », nous
[jubilons.
Pourtant, souffrance et joie ne sont pas propres aux objets
[extérieurs.

Ceux qui chérissent leur corps le protègent.
Ceux qui n'y sont pas attachés sont prêts à l'offrir.
Ceux qui n'ont aucune patience envers eux-mêmes et autrui
S'effraient d'une simple épine.
Le sage, qui ne s'approprie rien,
N'éprouve aucun effroi devant les brasiers infernaux.

Tout repose donc sur l'esprit qui, lui-même,
Obéit aux pensées issues de ses propres habitudes ;
C'est ainsi qu'il est sans fin ballotté par des myriades
De concepts, de plaisirs et de souffrances. [...]

Hélas ! Si l'on observe les agissements de cet esprit égaré,
Heureux, il devient arrogant et ses désirs redoublent ;
Souffrant, il perd courage et cherche à être heureux ;
Quoi qu'il devienne, jamais il ne prend le chemin du bon-
[heur durable.
Hélas ! Dans la souffrance il erre sans fin !

Qui pourrait compter le nombre de pensées qui,
En l'espace d'un jour, se succèdent comme rides sur l'eau ?
Épuisé par de vains concepts de rejet et d'appropriation,
D'espoirs et de craintes, on achète sa propre souffrance !

Ce discours intérieur que l'on est impuissant à stopper
Tourne et retourne à l'image d'une roue.
Sa racine est la croyance à la dualité :
Sans elle, il n'y aurait point de constructions mentales.

De ces constructions naissent les pensées impropres.
Surgit l'arrogance de l'ego et une trame interminable
De pensées liées à la quête du plaisir et au rejet de la
[souffrance,
Qui se tisse continûment jusque dans nos rêves.

Ne ferais-je pas mieux de déposer
L'inutile fardeau de ces tourments
Que personne ne m'impose
Mais que je m'inflige à moi-même ?

NYENDRAK LOUNGRIK NYIMA (XIXe siècle)[4]

Bien que le sujet et l'objet ne soient pas deux,
Ils nous apparaissent comme des entités fondamentalement
[distinctes.
Et en nous y attachant, nous renforçons toujours davantage
[cette tendance :
Le samsara, ce n'est rien d'autre que cela.

Bien que les bons et les mauvais actes soient dénués de
[réalité propre,
Par le pouvoir de notre intention ils ont pour effet bonheurs
[et malheurs,
Tout comme les graines de plantes sucrées ou amères
Donnent des fruits au goût correspondant.

Ainsi, le monde apparaît-il de façon similaire
À ceux qui ont des karmas communs,
Et de façon dissemblable à ceux dont le karma diffère.

En fait, même si l'on « va » en enfer ou ailleurs,
Ce n'est qu'un changement de notre perception du monde.
Comme dans les rêves, où les choses qui nous apparaissent
[n'existent pas,
La racine de toutes nos perceptions illusoires est l'esprit.

La nature de l'esprit transcende les notions d'existence
Et de non-existence, d'éternité et de néant :
À cette nature on donne le simple nom d'« espace absolu ».

Cet espace, de lui-même parfaitement pur,
Ce ciel immaculé, vide et lumineux, sans milieu ni pourtour,
Se trouve depuis toujours au cœur de chaque être,
Son « visage » occulté par le voile éphémère des construc-
[tions mentales.

Difficile est de mettre fin par la force
À l'enchaînement continuel des pensées,
Mais si, quand elles surviennent, on reconnaît leur nature,
Les pensées n'ont pas d'autre choix
Que de se libérer dans leur propre sphère.

Sans poursuivre les pensées passées
Ni inviter les pensées futures,
Demeure dans l'instant présent, et reconnais
Simplement la nature de ce qui surgit dans ton esprit.
Détends-toi dans la simplicité libre d'intentions et d'atta-
[chements.

Bien qu'il n'y ait là rien à « méditer »,
Demeure dans la pleine conscience sans te laisser distraire
En t'habituant, sans rien altérer, à la manière dont les choses
[se présentent d'elles-mêmes,
La sagesse primordiale, d'elle-même lumineuse, s'élèvera
[de l'intérieur.

« Comment cela ? » demanderas-tu :
Si tu laisses reposer de l'eau trouble,
Elle deviendra naturellement limpide.
La plupart des autres « méditations »
Ne sont que d'éphémères accalmies de l'esprit.

L'espace de la grande vacuité immuable
Et la simple luminosité de la présence éveillée ininterrompue
Sont depuis toujours indissociables.
Tu dois faire toi-même l'expérience de cette chose essen-
[tielle
Qui se trouve en toi : personne ne peut le faire à ta place.

DILGO KHYENTSÉ RINPOTCHÉ (1910-1991)[5]

La haine ou la colère ne font pas partie de la personne envers qui nous les éprouvons. Elles n'existent que dans notre esprit. Dès que celui que nous prenons pour un ennemi se trouve devant nous, toutes nos pensées se focalisent sur le tort qu'il nous a fait autrefois, le mal qu'il nous fait maintenant et celui qu'il pourrait nous faire plus tard. Nous sommes à ce point ulcérés qu'il nous est insupportable ne serait-ce qu'entendre le nom de cette personne. Et plus nous laissons libre cours à ces pensées, plus la colère nous submerge et, avec elle, l'irrésistible envie de saisir une pierre ou un bâton. C'est ainsi qu'un simple accès de colère peut nous conduire au comble de l'agressivité.

La colère semble capable de prendre entièrement possession de nous, mais d'où tire-t-elle son pouvoir ? Est-ce une force extérieure, avec des jambes et des bras, des armes et des guerriers ? Ou intérieure, tapie quelque part en nous ? Dans ce dernier cas, pouvons-nous la localiser dans notre cerveau, notre cœur ou toute autre partie de nous-même ? Nous n'y parviendrons pas, et pourtant elle nous semble si présente, capable de figer notre esprit en déclenchant tout un enchaînement de souffrances en nous et chez les autres. À l'exemple des nuages, qui sont trop impalpables pour supporter le moindre poids mais qui peuvent couvrir le ciel et cacher le soleil, les pensées peuvent masquer la lumière de la conscience éveillée. Reconnaissez la vacuité de l'esprit, sa transparence, et l'esprit retournera de lui-même à son état de liberté naturelle. Reconnaissez la vacuité de la colère, et elle perdra son pouvoir de nuire.

MIPHAM RINPOTCHÉ (1846-1912)[6]

La nature de l'esprit, instruction essentielle en trois points

Inexprimable est la simplicité naturelle de l'esprit,
Libre et vaste : par soi-même elle doit être reconnue.
Quand toute fabrication mentale, toute saisie
Et tout attachement s'effacent naturellement,
C'est ce que l'on appelle « reconnaître l'essence de l'esprit ».

Une fois libéré du filet des pensées,
Ne pas perdre la continuité de la présence à la nature pri-
[mordiale,
Sans agir ni faire effort, ni rien vouloir,
Voilà ce que l'on appelle « préserver la méditation ».

Quand les vagues des multiples pensées
Ne font plus, comme les nuages avec le ciel,
Ni bien ni mal à l'esprit, qui demeure serein,
C'est ce que l'on appelle « libérer l'esprit dans sa propre
[nature ».

Ces trois instructions essentielles seront comprises
Par les méditants qui cultivent l'expérience intérieure,
Mais resteront hermétiques aux intellectuels bavards.

Rédigé par Mipham Namgyal,
le dixième jour du mois du Singe de Feu.

SHABKAR (1781-1851)[7]

La simplicité spontanément lumineuse : c'est cela même !
Comment pouvez-vous dire que vous ne voyez pas
Votre esprit comme étant le Bouddha ?
Il n'y a là rien à cultiver ; à quoi bon gémir :
« Je ne me suis pas entraîné » ?

Cet esprit éveillé, clairement manifesté : c'est cela même !
Comment prétendre que votre esprit, vous ne le trouvez
[pas ?
Cette clarté limpide, ininterrompue : c'est cela même !
Comment prétendre que l'essence de votre esprit, vous ne
[la voyez pas ?
Une fois établi en cette nature, il n'y a pas la moindre chose
[à faire.
Comment prétendre ne pas y parvenir ?
S'il n'y a plus de dualité entre repos et mouvement,

Comment prétendre que vous ne parvenez pas à y demeu-
[rer ?

En cet état éveillé, né de lui-même,
Les trois corps de l'Éveil sont spontanément accomplis,
[sans effort.
Comment prétendre ne pas pouvoir les accomplir par la
[pratique ?

Il suffit de demeurer dans l'absence, le non-agir.
Comment prétendre ne pas en être capable ?

Les pensées s'élèvent et se libèrent simultanément.
Comment prétendre que ce remède vous échappe ?

Cette conscience du moment présent : c'est cela même !
Comment prétendre ne pouvoir la reconnaître ?

DILGO KHYENTSÉ RINPOTCHÉ (1910-1991)[8]

Si vous dépassez cette croyance à la réalité du « moi » aujourd'hui, vous vous libérerez aujourd'hui ; si vous la dépassez demain, vous vous libérerez demain ; mais si vous ne la dépassez jamais, vous n'atteindrez jamais l'Éveil.

Pourtant, ce « moi » n'est qu'une pensée, et les pensées n'ont pas en soi de consistance, de forme ou de couleur. Quand, par exemple, une pensée de colère envahit votre esprit avec une puissance telle que vous voulez vous battre contre quelqu'un et le détruire, cette colère brandit-elle une épée ? Est-elle à la tête d'une armée ? A-t-elle le pouvoir de vous calciner comme le feu, de vous écraser comme un rocher, de vous emporter comme un torrent fougueux ? Non, car la colère, comme toute pensée ou tout sentiment, n'existe pas réellement. Elle ne se trouve dans aucun endroit du corps ou de l'esprit. Elle est comme le vent dans le vide de l'espace. Au lieu de laisser les pensées rebelles vous asservir, comprenez donc leur essentielle vacuité ! [...]

Si vous domptez la colère au-dedans, vous découvrirez qu'il n'existe plus un seul ennemi au-dehors ; autrement, même si vous parvenez à vaincre tous les êtres de l'univers, votre colère n'aura fait que croître. Vous ne la dissiperez pas en lui laissant libre cours, car votre ennemi le plus intolérable, c'est précisément elle. Si, en revanche, vous examinez sa nature, elle s'évanouira comme un nuage dans le ciel. [...]

L'esprit n'a ni forme, ni couleur, ni substance. Voilà pour son aspect vide. Néanmoins, il peut connaître, et il perçoit l'infinie variété des phénomènes. Voilà pour son aspect « lumineux », ou connaissant. L'union indissociable de ces deux aspects – vacuité et luminosité – est ce que l'on appelle la nature originelle de l'esprit.

Pour le moment, la clarté naturelle de votre esprit est voilée par l'illusion, mais au fur et à mesure que ces voiles se dissiperont, vous commencerez à découvrir le rayonnement de la conscience éveillée, jusqu'à ce que vos pensées se libèrent à l'instant même où elles apparaîtront, comme un dessin tracé sur l'eau. Quand on reconnaît directement la nature de l'esprit, c'est ce que l'on appelle le « nirvana », l'au-delà de la souffrance. Quand cette nature est voilée par l'illusion, c'est ce que l'on appelle le « samsara », le monde des apparences trompeuses. Selon la réalité ultime, samsara et nirvana ne sont jamais distincts du continuum de la nature absolue. Quand la conscience éveillée atteint sa plénitude, les murs de la confusion mentale s'écroulent, et la citadelle de l'absolu est conquise une fois pour toutes, transcendant la notion même de méditation.

SHABKAR (1781-1851)[9]

Les phénomènes du samsara et du nirvana,
Le monde apparent et toutes les formes d'existence,
Ne sont qu'arcs-en-ciel dans le vide de l'espace,
Manifestations d'un concours de causes et de conditions.

Ces phénomènes, quels qu'ils soient,
Sont dénués de réalité ultime.
Ce sont, ô merveille, comme d'infinies parures
De la nature de l'esprit pareille au ciel.

L'esprit n'a ni forme ni couleur.
Cherche-le, et nulle part tu ne le trouveras.
Vide est sa nature !

Laisse l'esprit
Tel quel,
Lumineuse clarté !

Immaculé, vide et sans limites,
Que l'esprit demeure en sa nature même :
Pur, lumineux, éveillé,
À jamais éveillé et transparent.
Laisse ton esprit au repos,
Ouvert et sans attache.

Quand l'esprit se fond dans cet état
Comme l'espace qui tout embrasse,
Une profonde clarté permet
De comprendre les phénomènes.
D'elle jaillissent les qualités de l'Éveil
Associées aux différentes voies et étapes.

Surgit alors une infinie compassion
Pour les êtres qui ignorent
Cette sagesse qui peut tout accomplir.

Cette profonde expérience de la vacuité et de la compassion
Est la source naturelle de tous bienfaits pour tous les êtres.

Puisse la sagesse de la vacuité se manifester,
Immaculée et transparente comme le ciel,
Dans le continuum de conscience
De ceux qui entendent ce chant !

DILGO KHYENTSÉ RINPOTCHÉ (1910-1991)[10]

Pour conquérir la citadelle sans naissance* de la nature de l'esprit, il est nécessaire de retourner à la source même des pensées. Sinon, une pensée en entraînera une autre, puis une troisième et ainsi de suite. Le passé nous envahira de souvenirs, nous anticiperons l'avenir et par là nous perdrons totalement la conscience éveillée de l'instant présent. [...] Ce qui nous égare dans le samsara, le cercle vicieux des existences, c'est notre esprit. Incapables de percevoir sa nature, nous nous attachons au contenu des pensées, bien que celles-ci soient l'expression même de cette nature. Notre conscience se fige alors sous la forme de concepts solides comme « moi » et « autrui », « plaisant » et « déplaisant », et c'est ainsi que se crée le cycle des existences. Si, au lieu de réifier ainsi les pensées, on reconnaît qu'elles sont vides, chaque pensée qui surgit dans l'esprit et y disparaît rendra plus claire encore la réalisation de la vacuité. [...]

En hiver, le froid fait geler les lacs et les rivières, et l'eau devient si dure qu'elle peut porter hommes, bêtes et véhicules. Avec le printemps, la terre et les eaux se réchauffent. Que reste-t-il alors de la dureté

* « Citadelle » symbolise le caractère immuable et libre de toute souffrance de la nature de l'esprit, la conscience éveillée, et « sans naissance » veut dire qu'elle est présente depuis toujours, au-delà des concepts de naissance et de mort.

de la glace ? L'eau est fluide et la glace solide. On ne peut pas dire qu'elles soient identiques, mais on ne peut dire non plus qu'elles soient différentes, puisque la glace n'est que de l'eau solidifiée et l'eau, de la glace fondue.

Cette métaphore peut s'appliquer à nos perceptions du monde extérieur. Quand nous nous attachons à la réalité des choses et que, devant le plaisir et la douleur, le profit et la perte, la gloire et l'infamie, la louange et la critique, nous nous laissons envahir par l'attraction et le rejet, notre esprit se rigidifie. Or, il est possible de faire fondre la glace de nos concepts pour la transformer en eau vive de la liberté intérieure. [...]

Les phénomènes du samsara et du nirvana n'ont pas plus de consistance que les arcs-en-ciel, car ils sont tous dénués d'existence véritable. Dès que l'on a reconnu la nature à la fois vide et apparente des phénomènes, l'esprit échappe à l'emprise de l'illusion. Reconnaître la nature ultime de l'esprit, c'est réaliser l'état de bouddha ; ne pas la reconnaître, c'est sombrer dans l'ignorance. Dans tous les cas, c'est notre esprit, et lui seul, qui nous enchaîne ou nous libère. [...]

Quand vous savez laisser vos pensées se dissoudre d'elles-mêmes au fur et à mesure qu'elles surgissent, elles traversent votre esprit comme un oiseau le ciel, sans laisser de trace. Préservez alors l'état de simplicité qui s'ensuit. Si vous rencontrez le bonheur, le succès, la prospérité ou d'autres circonstances heureuses, considérez-les comme des rêves ou des mirages, sans vous y attacher. Si vous êtes frappés par la maladie, la pauvreté, la calomnie ou d'autres difficultés physiques et mentales, comprenez qu'elles sont également illusoires, et ne vous laissez pas décourager. Ravivez votre compassion et souhaitez que les souffrances de tous les êtres s'épuisent par l'intermédiaire des vôtres. Restez libres et détendus en toutes circonstances, et cultivez une sérénité inébranlable.

Ce que nous appelons d'ordinaire notre esprit est l'esprit illusionné, un tourbillon de pensées mues par le désir, la colère et l'ignorance. Cet esprit-là, contrairement à la conscience éveillée, se méprend sans cesse. À l'occasion d'une rencontre fortuite avec un ami, vous vous enthousiasmez soudain, et si c'est un ennemi, vous ressentez de la haine. À moins que vous maîtrisiez aussitôt ces réactions en appliquant le remède approprié, elles s'installeront en vous de façon durable et se multiplieront en renforçant chaque fois le pouvoir du désir ou de la haine, et en créant chaque fois des tendances qui à leur tour se manifesteront.

Pourtant, aussi puissantes que soient ces réactions, elles ne sont rien d'autre que des pensées et finiront par disparaître. Si vous reconnaissez l'état naturel de votre esprit, les pensées qui s'y manifestent sans interruption ne seront plus capables de vous leurrer ou même de vous impressionner. Comme les nuages qui se forment dans le ciel, y demeurent quelque temps, puis s'évanouissent, elles surgiront, dureront un instant et se résorberont dans la vacuité de l'esprit. En réalité, il ne se passera rien.

Quand des rayons de soleil traversent un prisme de cristal, ils font surgir toutes les couleurs de l'arc-en-ciel, alors qu'elles ne sont faites d'aucune substance dont on puisse s'emparer. Il en est de même des pensées qui, malgré leur infinie variété, n'ont pas la moindre réalité solide.

Dans l'esprit d'un être éveillé, il n'est aucune pensée qui ne soit reconnue comme étant vide d'existence propre. Si vous reconnaissez la vacuité des pensées au moment même où elles se manifestent, elles s'évanouiront. Le désir et la haine ne pourront plus perturber votre esprit, les émotions issues de l'illusion disparaîtront d'elles-mêmes, vous ne commettrez plus d'actes négatifs et, par conséquent, vous ne créerez plus aucune souffrance.

MINLING TERCHEN GYOURMÉ DORJÉ (1646-1714)[11]

À la requête d'Osel Tendzin, son fils spirituel, Gyourmé Dorjé tressa cette guirlande de mots tels qu'ils lui venaient à l'esprit.

Namo guru ratnaya !
Hommage au précieux maître !

La conscience éveillée, née d'elle-même,
Est pure depuis toujours.
Elle ne va ni ne vient, et il n'est rien
Qui doive lui être ajouté ou retranché.
Laisse tout ce qui surgit en elle comme ayant
La même nature que les reflets de la lune sur l'eau !

Examine l'essence des pensées
Et des circonstances adverses,
Et vois-les continûment comme les vagues
Qui indéfiniment réintègrent l'océan

Surveille avec la plus grande vigilance
Les actes nuisibles, ou non vertueux,
En choisissant sans erreur
Ce qu'il faut faire ou ne pas faire,
Et engendre ainsi ton propre bonheur !

Puisque les Trois Joyaux savent
Tout ce que tu fais, dis ou penses,
Tranche sans hypocrisie les attachements
Que toi-même tu as tissés,
Et fais donc œuvre utile !

Bonheurs et malheurs du monde illusoire
Sont comme les rêves et les mirages.
Tranche, en les laissant d'eux-mêmes disparaître,
Les chaînes de la croyance en une solide réalité !

Les phénomènes, quels qu'ils soient,
Sont le jeu de la nature ultime.
Quand s'abolit la discrimination entre bien et mal,
L'attachement duel, source d'espoirs et craintes,
Se trouve comme un voleur dans une maison vide.

En bref, médite sans distraction pour réaliser
L'état naturel libre de constructions mentales,
Et règle tous tes actes sur le Dharma
En t'inspirant de la vie des sages d'antan !

GYALWA GÖTSANGPA, GONPO DORJÉ (1189-1258)

Ses dernières paroles

Mon esprit est comme l'espace, il ne naît ni ne meurt.
L'esprit qui est comme l'espace n'a ni centre ni périphérie.
L'esprit qui est comme l'espace n'est ni enchaîné ni libéré*.
L'esprit qui est comme l'espace n'a ni haut ni bas.

Ayant ainsi parlé, Götsangpa demeura en équanimité dans la luminosité naturelle de l'esprit en soi, la dimension absolue pareille à l'espace, et il quitta ce monde...

* Du point de vue absolu, l'esprit n'a jamais été véritablement enchaîné par l'ignorance car sa nature fondamentale, qui est pur Éveil, est inaltérable. De ce fait, lorsque les voiles qui masquent cette nature disparaissent, l'esprit n'est pas non plus « libéré », puisqu'il n'a jamais été asservi.

PATRUL RINPOTCHÉ (1808-1887)[12]

Introduction à la nature de l'esprit

Dans une prairie de montagne, Patrul Rinpotché dormait à la belle étoile en compagnie de son disciple Nyoshul Loungtok, lorsque soudain il interpella celui-ci :

« Ne m'as-tu pas dit que tu ignores toujours ce qu'est la véritable nature de l'esprit ?

— C'est exact.

— Ce n'est pourtant pas difficile. »

Il lui demanda de venir s'étendre à côté de lui. Loungtok s'allongea sur le dos et contempla le ciel. Patrul Rinpotché :

« Tu entends aboyer les chiens du monastère ?

— Oui.

— Tu vois les étoiles briller ?

— Oui.

— Eh bien, la nature de l'esprit, c'est ça ! »

À l'instant même, Nyoshul Loungtok comprit la nature de son esprit. L'effet cumulé d'années de méditation, de la présence du maître et d'un moment privilégié avait permis l'éclosion de cette réalisation intérieure.

2

L'ermite

La vocation de l'ermite est souvent mal comprise. L'ermite ne se retire pas du monde parce qu'il se sent rejeté, parce qu'il n'a rien trouvé de mieux à faire que d'errer dans les montagnes ou parce qu'il est incapable de faire face à ses responsabilités. S'il prend cette décision qui peut paraître extrême, c'est qu'il s'est rendu compte qu'il ne peut pas contrôler son esprit et résoudre le problème du bonheur et de la souffrance au milieu des activités sans fin de la vie ordinaire, aussi futiles que distrayantes. Il ne fuit pas le monde, il prend ses distances par rapport à lui pour le mettre en perspective et mieux percevoir son fonctionnement. Il ne fuit pas non plus ses semblables, il a besoin de temps pour cultiver l'amour et la compassion authentiques que n'affecteront pas les préoccupations ordinaires comme le plaisir et le déplaisir, le gain et la perte, la louange et le blâme. Comme le musicien qui fait ses gammes ou l'athlète qui entraîne son corps, il lui faut du temps, de la concentration et une pratique assidue pour maîtriser son esprit chaotique, pénétrer le sens de la vie, puis mettre sa sagesse au service des autres. Sa devise pourrait être : « Se transformer soi-même pour mieux transformer le monde. »

Les situations agitées de la vie ordinaire, en effet, rendent très difficiles le progrès dans la pratique, et pour développer sa force intérieure, il est préférable de se consacrer uniquement à l'entraînement de l'esprit pendant le temps qui sera nécessaire. L'animal blessé se cache dans la forêt pour guérir de ses blessures avant de pouvoir gambader à nouveau comme il lui plaît. Nos blessures à nous, ce sont celles de l'égoïsme, de la malveillance, de l'attachement, et des autres toxines mentales.

L'ermite ne « pourrit pas dans sa cellule », comme certains l'ont écrit. Ceux qui ont fait l'expérience de ce dont ils parlent vous diront plutôt qu'il mûrit dans son ermitage. Pour celui qui demeure dans la fraîcheur de la pleine conscience du moment présent, le temps n'a pas la lourdeur des jours passés dans la distraction, mais la légèreté du vécu pleinement savouré. Si l'ermite perd le goût de certaines préoccupations ordinaires, ce n'est pas que son existence est devenue insipide, c'est qu'il reconnaît, parmi toutes les activités humaines possibles, celles qui contribuent véritablement à son propre épanouissement et au bonheur des autres.

DHARMA SENGYÉ (1177-1237)[13]

Depuis le parfait Bouddha jusqu'à nos maîtres actuels, tous les grands maîtres spirituels accomplis et érudits ont renoncé aux affaires ordinaires de cette vie et se sont engagés dans le Dharma pour le bien des enseignements et celui de l'infinité des êtres.

Sans se laisser contaminer par les huit préoccupations mondaines, ils se sont fixé comme durée de leur pratique la durée de leur vie, et ils ont accepté toutes les difficultés. Sans se soucier de leur corps et de leur vie, ils n'ont rien fait d'autre que pratiquer le Dharma dans des lieux solitaires et sauvages ou des ermitages. Ce n'étaient ni des fous ni des gens qui ne savaient pas quoi faire de leur existence, ni encore des fils ne voulant pas gérer les affaires de leur famille. Or, si l'on observe les pratiquants que nous sommes aujourd'hui, ceux qui vivent comme ces sages sont aussi rares que les étoiles en plein jour. Et, même s'il s'en trouve une poignée, ils tombent sous l'emprise des circonstances de la vie, et très peu parviennent au terme de la voie.

Si nous voulons vraiment atteindre le but ultime du Dharma, nous devons remplir les six conditions qui nous font apprécier la solitude et que l'omniscient Longchenpa* décrit ainsi : « Être capable de compter sur ses propres forces en l'absence de son maître spirituel ; n'avoir plus de doutes à éclaircir ni d'obstacles à écarter ; être exempt des écueils de la maladie et des influences néfastes ; s'être retiré de la société des êtres mondains ; avoir reçu toutes les instructions permettant d'accomplir son propre bien et celui d'autrui, et avoir une compréhension claire et définitive de la vue ultime. »

GYALSÉ THOGMÉ (1295-1369)[14]

Dans les lieux solitaires,
On n'a ni ennemi à vaincre
Ni famille à protéger,
Ni supérieur à respecter

* Longchen Rabjam, sans doute le plus grand maître spirituel et exégète de la tradition Nyingma. (Voir biographies, p. 361.)

Ni serviteur à diriger.
Qu'y a-t-il donc d'autre à faire, *maniwas*,
Que de dompter son esprit ?

KODRAKPA SONAM GYATTSEN (1170-1249)[15]

L'esprit observant l'esprit, voilà
Ce que moi, le vagabond, je médite.
Chérir autrui plus que soi-même, voilà
Ce que moi, le vagabond, je pratique.

KALDEN GYATSO (1607-1677)

Si tu aspires à la solitude des montagnes,
D'accueillantes grottes s'ouvrent au flanc des falaises
Sous les sommets drapés de brume.
Demeurer seul dans ces ermitages
Est source, à court et à long terme, d'une indicible joie.

GYALWA YANGÖNPA (1213-1287)[16]

Dans le lieu solitaire de la pensée de la mort gravée en son [cœur,
L'ermite lassé des attachements dessine les limites
De sa retraite en renonçant aux distractions de cette vie,
Et ne rencontre plus les huit préoccupations mondaines.

RIDZIN JIGMÉ LINGPA (1729-1798)[17]

Parmi la foule croissent la haine et l'attachement,
Tandis que dans la solitude les qualités s'épanouissent.
Habite donc les montagnes solitaires
Et observe le spectacle de ton esprit !

Désormais mû par le vent du renoncement,
Allume le feu de la vacuité et de la compassion,
Attise ses flammes avec l'éventail de l'attention
Et consume les broussailles de l'esprit ordinaire et de ses
[pensées !

DRIGOUNG DÖNDROUP CHÖGYAL (1668-1718)[18]

Entretenir les huit préoccupations mondaines,
C'est être comme un cerf pris au piège : on épuise sa vie
En efforts aussi vains qu'interminables.
Cultive de ton mieux l'esprit de renoncement :
Tel est le conseil de mon cœur.

Les activités du samsara sont comme les rides sur l'eau ;
On y épuise sa vie sans que jamais elles se terminent.
Dès maintenant, n'aie plus que des projets à court terme :
Tel est le conseil de mon cœur.

JETSÜN DRAKPA GYALTSEN (1147-1216)[19]

Trancher les quatre attachements

Si tu t'attaches à cette vie, tu ne pratiques pas la voie ;
Si tu t'attaches au cycle des existences, tu ignores le renon-
[cement ;
Si tu t'attaches à ton propre bien, tu fais fi de l'esprit
[d'Éveil ;
Si tu laisses ton esprit s'attacher à quoi que ce soit, tu ne
[possèdes pas la « vue ».

SHABKAR (1781-1851)[20]

Fais en sorte que la durée de ta vie
Sois celle de ta pratique,
Et erre d'un ermitage à un autre
Dans les montagnes inhabitées !

SHABKAR (1781-1851)[21]

Suivant les injonctions de mon maître, je ne quitterai pas ce lieu avant que ne paraissent en moi les expériences méditatives et un accomplissement hors du commun. La nuit, je ne m'allongerai pas comme les cadavres, dans la position des gens ordinaires, mais je resterai assis, le buste droit et les jambes croisées. Coupant court aux propos inutiles, je garderai le silence. Je ne mangerai qu'une fois par jour, à midi. Je n'aurai d'autre compagne que la solitude, et les enseignements de mon maître seront mes seules pensées. Je ne rechercherai pas le confort, j'accepterai au contraire les difficultés de la vie d'ermite que je me suis tracée. Jusqu'à ce que ma réalisation spirituelle soit parfaitement stable, je me garderai de toutes distractions extérieures. Bref, je pratiquerai jour et nuit sans laisser mon corps, ma parole ni mon esprit tomber dans un état ordinaire.

SHABKAR (1781-1851)[22]

De même que le lion des neiges ne craint pas la froidure
[des cimes,
Que le vautour ne tombe pas du ciel,
Et que le poisson jamais ne se noie,

Le pratiquant ne peut mourir de faim.
Renonce à toutes les préoccupations de cette vie
Et cesse de faire des plans pour ton avenir !
[…]
Puissé-je, sans faillir, pratiquer les enseignements essentiels
Comme les sages d'antan au cours de leurs vies exemplaires
Et, parvenu au terme de la voie dans cette vie même,
Œuvrer sans relâche au bien des êtres qui sont pour moi
[autant de mères !

SHABKAR (1781-1851)[23]

Quelle merveille de vivre,
Lucide et serein,
Dans une impartialité
Aussi vaste que le ciel !

Joie ! La conscience claire
A aboli toute distinction
Entre le jour et la nuit,
L'intérieur et l'extérieur,
La veille et le sommeil !
Quelle joie de connaître
La lumineuse présence
Qui se joue des distinctions
Entre jour et nuit,
Intérieur et extérieur,
Veille et sommeil !

Merveille ! Le monde de la forme apparaît
Comme un arc-en-ciel
Dans l'immuable luminosité du corps absolu !
Quelle merveille que le monde des formes,
Immuable luminosité du corps absolu,
Apparaisse aussi diaphane que l'arc-en-ciel !

Joie ! Drainer les profondeurs du samsara
Et amener tous les êtres à l'Éveil !

Quelle joie de pouvoir brasser le tréfonds du samsara
En conduisant les êtres à la perfection de l'Éveil !

RIDZIN CHÖKYI DRAKPA (1595-1659)[24]

L'application étant source de toutes qualités,
Abandonne les distractions et, tel l'animal blessé
Qui se cache, reste seul dans un lieu retiré :
Tel est le conseil de mon cœur.

Si tu t'y montres négligent, tu ne seras pas plus avancé
Que les animaux qui vivent dans les lieux déserts.
Stimule ton courage en pensant très fort que de temps tu
[n'as guère,
Et abandonne toute distraction : tel est le conseil de mon cœur !

LHATSÜN NAMKHA JIGMÉ (1597-1650)[25]

*Phêt** !
Si tu veux pratiquer l'enseignement de façon authentique,
Tu ne dois dépendre de rien ni de personne.

Si tu veux faire preuve de la véritable diligence,
Abolis jusqu'à la dernière trace d'attachement au moi.

Si tu veux avoir une véritable vision pure,
Perçois le maître en toute chose.

Si tu veux posséder le véritable calme intérieur,
Maintiens-le de jour comme de nuit.

Si tu veux avoir l'authentique vision profonde,
Toutes les apparences doivent être présentes dans la pré-
[sence éveillée.

* Interjection soudaine, destinée à trancher le cours des pensées discursives et à rétablir la clarté de l'attention.

Si tu veux stabiliser le calme mental et la vision profonde,
Cesse de discriminer entre esprit en mouvement et esprit
[au repos.

DUDJOM RINPOTCHÉ (1904-1987)[26]

Conseils pour la retraite (première partie)

Comprenant que tous les objets de désir ne sont que des obstacles sur la voie liés à nos tendances habituelles, cultivez l'absence de désir. Quant aux possessions et aux richesses, si vous ne savez pas vous contenter de peu, quand vous aurez une chose vous en voudrez deux. Pendant ce temps, le démon trompeur des objets désirables n'aura aucun mal à s'introduire en vous.

Que l'on tienne à votre sujet des propos élogieux ou blessants, n'y accordez aucun crédit. Ne recherchez pas les uns en rejetant les autres, ne tombez pas dans le jeu de l'espoir et de la crainte. Laissez les gens dire ce qu'ils veulent, comme s'ils parlaient d'un mort !

À l'exception d'un maître qualifié, personne, pas même nos père et mère, ne peut nous donner de justes conseils. Gardez donc votre propre gouverne et ne confiez pas aux autres la bride qui vous tient par le bout du nez. Extérieurement, sachez être le compagnon qui s'entend avec tous sans irriter personne. Cependant, si quiconque, faible ou puissant, s'oppose en réalité à votre pratique, soyez aussi inébranlables qu'un rocher de fer qu'on tenterait de déplacer avec une écharpe de soie. Si vous êtes d'une nature indécise et agissez comme l'herbe au sommet des cols, qui penche dans toutes les directions au gré du vent, cela ne peut que vous desservir.

Quelle que soit votre pratique, à partir du moment où vous la commencez jusqu'à ce que vous l'ayez terminée, peu importe que la foudre s'abatte du ciel, qu'un lac jaillisse du sous-sol ou que des rochers s'écroulent de tous les côtés, soyez absolument déterminés à ne pas briser votre serment et à persévérer jusqu'au bout, même au péril de votre vie.

Dès le départ, abandonnez vos mauvaises habitudes et réglez peu à peu les périodes que vous consacrez à la pratique, au sommeil, à la nourriture et aux pauses. Par-dessus tout, faites en sorte que votre pratique, qu'elle soit simple ou élaborée, ne soit pas intermittente mais égale et régulière. Ne laissez pas un seul instant votre esprit dans une disposition ordinaire vide de sens !

Lorsque vous faites une retraite, que votre porte soit scellée ou pas, ne montrez pas votre visage aux autres, ne les épiez pas ni ne leur parlez. Abandonnez totalement les distractions qui agitaient votre esprit, expulsez l'air vicié de vos poumons et adoptez les points essentiels de la posture corporelle*. Demeurez ensuite attentifs et conscients, sans vaciller une seconde, tel un piquet planté dans le sol d'une prairie.

Si vous observez strictement les limites extérieures, intérieures et secrètes de votre retraite, tous les signes de succès et les qualités se manifesteront rapidement. Si, à l'inverse, sous prétexte d'un motif important, vous rencontrez telle personne ou telle autre et discutez avec elle tout en vous disant : « Ensuite je serai strict », une fois cette transgression accomplie, votre pratique perdra sa force vitale et deviendra de plus en plus relâchée.

* Lire l'explication des sept points de la posture de Vairocana, p. 84.

C'est pourquoi, dès le départ, prenez la décision irrévocable de ne pas bouger ; votre retraite deviendra de plus en plus stricte et votre pratique ne sera pas emportée par les obstacles.

Il existe de nombreuses méthodes pour vérifier si un endroit possède les signes ou les caractéristiques favorables à la pratique, mais on peut dire, de manière générale, qu'il est bon de s'installer dans un lieu béni par Padmasambhava ou d'autres maîtres accomplis du passé, pourvu qu'il n'ait pas été utilisé par des adeptes ayant brisé leur lien sacré. On peut également choisir un endroit très isolé qui nous agrée et dans lequel les conditions favorables (nourriture et autres nécessités de base) sont faciles à réunir.

La véritable solitude, c'est lorsqu'on est en permanence détaché des distractions extérieures et intérieures, et que l'on demeure dans le non-agir.

L'entraînement de l'esprit proprement dit comprend la pratique commune des quatre réflexions* qui détournent du cycle des existences et les pratiques hors du commun que sont le refuge, l'esprit d'Éveil, la purification des voiles et l'accumulation de mérites et de sagesse. Exercez-vous avec persévérance dans chacune d'elles en suivant les instructions des commentaires écrits, jusqu'à ce que vous ayez acquis une expérience profonde et authentique.

Considérez en particulier le yoga du maître comme la force vitale de la pratique et exercez-vous-y avec assiduité, faute de quoi votre méditation mettra du temps à s'épanouir, et même si elle progresse quelque

* Ces quatre réflexions (sur la valeur de l'existence humaine, l'impermanence, la loi de causalité des actes et les imperfections du samsara) ont été expliquées dans la première partie, « Tourner son esprit vers le chemin spirituel ».

peu, elle se heurtera à des obstacles, de sorte que la réalisation authentique ne pourra pas voir le jour dans votre esprit. Priez donc votre maître avec une sincère et fervente dévotion, et il est certain qu'un jour sa réalisation se trouvera transférée en vous. Un accomplissement extraordinaire, indicible, surgira alors immanquablement de l'intérieur de vous. Le maître Shang Rinpotché déclare à ce sujet :

« Cultiver le calme intérieur, les expériences, la concentration profonde, etc., toutes ces choses sont pratiquées communément, mais la réalisation liée aux bénédictions du maître et surgissant de l'intérieur par le pouvoir de la dévotion, voilà qui est chose rare. »

3

Approfondir la pratique spirituelle

La pratique, ce mot qui revêt parfois une connotation d'astreinte, engage celui qui s'y emploie à l'effort et à la régularité. Elle est pour le disciple la condition sine qua non *de la progression vers l'Éveil. En effet, si pour le débutant la pratique ne revêt pas un caractère régulier, autrement dit, si l'on n'adopte pas une certaine discipline, il ne sera possible en aucune manière de stabiliser l'esprit ni de cultiver l'amour altruiste et les autres qualités essentielles. La pratique implique simultanément le retour sur soi et l'ouverture aux autres. On commence par l'introspection qui permet de prendre conscience des aspects positifs et négatifs de l'esprit, et, à partir de là, de mettre l'accent sur les premiers tout en corrigeant les seconds. Puis, tout en continuant à purifier son propre esprit, on élargit le champ de ses préoccupations et on prend à cœur le sort de l'ensemble des êtres qui souffrent sous l'influence de ces mêmes aspects négatifs de l'esprit.*

La pratique régulière est également indispensable pour assimiler peu à peu les enseignements profonds dispensés par un maître authentique. C'est, essentiellement, un processus de maturation intérieure et d'affranchissement des habitudes invétérées qui nous maintiennent dans le cercle de la souffrance.

La durée des séances de méditation qui jalonnent la journée d'un pratiquant varie de quelques minutes à de longues heures, de jour comme de nuit lorsqu'il s'agit d'une retraite. Puis vient un moment, au terme de nombreuses années, où la division entre méditation et postméditation s'efface et où l'esprit, enfin libre, n'opère plus de distinction entre pratique et vie de tous les jours.

Les conseils qui suivent sont destinés à aider le pratiquant à développer et approfondir sa pratique tout en écartant les obstacles qui viendront immanquablement entraver son épanouissement, puis à s'établir dans la continuité et l'équilibre de l'entraînement spirituel, jusqu'à ce que ce dernier imprègne chaque instant de son existence. Ces instructions données par les sages du passé ou du présent sont l'expression directe de leur propre expérience. Ils nous les offrent comme si, selon l'expression traditionnelle, ils ouvraient leur poitrine « pour nous montrer l'incarnat de leur cœur », sans rien dissimuler. Il est indispensable de les méditer en les reliant à sa propre expérience intérieure, car c'est alors seulement qu'ils acquièrent tout leur sens et que leur véracité, leur profondeur et leur beauté deviennent une source d'inspiration constante.

DRIGOUNG DÖNDROUP CHÖGYAL (1668-1718)[27]

Les enseignements que l'on n'applique point
Sont aussi vides de sens qu'un écho.
Intègre-les donc à ton esprit :
Tel est le conseil de mon cœur.

PHAGMO DROUPA (1110-1170)[28]

Si tu t'adonnes continuellement à la pratique,
Les apparences deviendront ton maître
Et tu mourras en ayant réalisé
Que tout le monde phénoménal
Est suprême félicité.

KHYENTSÉ CHÖKYI LODRÖ (1893-1959)[29]

Les points essentiels de la pratique spirituelle

Hommage au Seigneur Orgyen, incomparable refuge !

Tu jouis à présent de l'éminent support
D'une libre et précieuse existence humaine.
Ne la gaspille pas en vain,
Mais efforce-toi plutôt
D'en retirer la quintessence !

Tous les phénomènes ont pour source ton propre esprit.
Sans être examinés, ils sont plaisants mais habiles à te leurrer,
À l'analyse, ils se révèlent dénués
De toute racine et de tout fondement.

Venues de nulle part, ne restant nulle part et n'allant nulle [part,
Toutes les choses du samsara comme du nirvana ne sont autres
Que la magie pure ou impure de ton propre esprit.
Dans la nature fondamentale, elles n'ont aucune réalité.

Cette nature depuis toujours vide et pure
N'est pas pour autant un néant,
Puisqu'elle est spontanément lumineuse,
Source de conscience et de compassion.

Ineffable et indéfinissable est la présence éveillée.
De son pouvoir créateur surgit la multiplicité
Des choses du samsara et du nirvana,

Sans que ce déploiement et sa cause
Soient deux entités distinctes.
Demeure dans la simplicité de cette non-dualité.

Laisse ton corps dans le non-agir,
Ta parole et ton souffle dans leur mouvement naturel,
Et ton esprit dans un état spacieux, libre et détendu,
Sans poursuivre la moindre pensée d'attachement.

La conscience éveillée de la dimension ultime et sans nais-
[sance
N'est pas le produit de causes et de conditions,
Elle est présente d'elle-même, claire, simple et nue.
Sans la polluer par les notions de sujet et d'objet
Ni par le savoir conceptuel,
Laisse ton esprit dans cette contemplation naturelle.
Toutefois, « laisser » n'est qu'une façon de parler.
Car en réalité il n'est rien à laisser ni personne qui laisse.

À tout moment, sans distraction, maintiens la présence
De l'Éveil-vacuité, le visage même de la dimension ultime !

Sans fin sont les activités du samsara créé par l'illusion ;
Plus on s'y acharne et plus leur nombre augmente.
Elles envahissent ton esprit dans un tourbillon
De pensées, d'attachement et d'animosité
Tandis que se créent les causes de renaissances dans les
[mondes inférieurs.
Alors, remets-toi tout entier au Dharma !
Quand, avec le Dharma, tu auras familiarisé
Ton corps, ta parole et ton esprit,
Tu auras pris la voie de la libération et de l'Éveil.
À l'heure de la mort, tu n'auras point de regrets
Et, dans cette vie et toutes les autres,
Tu iras de bonheurs en bonheurs !

Au-dessus de ta tête ou en ton cœur,
Médite le maître qui a eu pour toi tant de bonté,
Inséparable du maître Padmasambhava,
Et suscite en toi une intense dévotion.

Dans toutes les circonstances, qu'elles soient bonnes ou [mauvaises,
Et quoi que tu éprouves, plaisirs comme souffrances,
Invoque ton maître spirituel et garde,
Ton esprit inséparablement uni au sien. […]

En bref, la pratique des enseignements
Revient à trancher l'attachement au samsara,
À cultiver l'amour et la compassion
Pour les êtres des six mondes
Et à maîtriser parfaitement son esprit :
Voilà ce que je t'enjoins de faire sans cesse ni distraction.
Bien que je n'aie pas la moindre expérience intérieure,
Moi, Chökyi Lodrö, sauvage sans Dharma
Qui vit des biens monastiques,
J'ai écrit ces quelques conseils
Afin de ne pas repousser la requête
De la noble et vertueuse Dame Pélou*.
Sarva mangalam ! Que tout soit propice !

* L'une des disciples de Khyentsé Chökyi Lodrö.

4

La vue, la méditation et l'action

La vue, *la* méditation *et l'*action *sont trois thèmes qui reviennent dans tous les enseignements et qui permettent de définir la pratique du bouddhisme. La* vue *se réfère à la façon de percevoir la réalité. Fondée sur l'analyse et la contemplation, elle permet de comprendre avec certitude que les choses n'ont pas la réalité solide qu'on leur prête habituellement. Tout est interdépendant, impermanent et dénué d'existence propre. La* vue *éclaire tout particulièrement la nature de l'esprit. La* méditation *est la méthode permettant d'intégrer peu à peu la vue par un processus de familiarisation, jusqu'à ce qu'elle ne fasse plus qu'un avec notre être. L'*action *est la façon dont on se relie au monde en mettant en œuvre, par son comportement, l'expérience acquise dans la vue et la méditation.*

LONGCHEN RABJAM (1308-1363)[30]

Six instructions profondes pour libérer l'esprit

La vue porte sur l'esprit en soi : reconnais-en la véritable [nature.
La méditation porte sur la luminosité : laisse son éclat [atteindre sa plénitude.
L'action porte sur les phénomènes illusoires : intègre à la [voie tout ce qui apparaît.
L'expérience est celle du Réel qui se manifeste : tranche à [la racine tout attachement.
Le fruit est naturellement présent : abandonne espoirs et [craintes !
L'activité de l'Éveil consiste à faire le bien des êtres : [guide-les avec compassion !

ATISHA (982-1054)[31]

Un jour Drom Tönpa* demanda à Atisha :

« Est-il possible d'atteindre l'état de bouddha en méditant uniquement sur la vacuité ? »

Atisha répondit :

« Il n'est rien de tout ce que nous voyons et entendons qui ne provienne de l'esprit. La vue consiste à reconnaître que la conscience éveillée est vacuité, dénuée de toute substance ; la méditation, à maintenir continuellement et sans distraction cette reconnaissance ; et l'action, à effectuer, tout en préservant cette reconnaissance, l'acquisition de mérites et de sagesse à la manière d'une illusion. Si tu en fais une véritable expérience intérieure, cela se manifestera

* Principal disciple tibétain d'Atisha et l'un des fondateurs de la lignée Kadampa.

dans tes rêves ; si cela survient dans tes rêves, il en sera de même au moment de la mort ; si cela survient au moment de la mort, il en sera de même dans l'état intermédiaire qui suit la mort (bardo) ; et s'il en est ainsi, tu seras sûr d'atteindre l'accomplissement suprême. »

JETSÜN TARANATHA (1575-1634/5)[32]

Il est indispensable d'unifier et de mettre en pratique la *vue*, l'*action* et la *méditation*, car celles-ci reposent étroitement l'une sur l'autre, à l'image de lances rassemblées en faisceau. Sans la vue, l'action, aussi bonne soit-elle, fait croire à la réalité et perpétue le samsara. La vue privée d'action ne permet pas de parfaire l'acquisition de mérites et, de surcroît, risque de conduire celui qui la cultive jusqu'au gouffre du nihilisme. La vue et l'action sans la méditation sont aussi inutiles qu'un trésor enfoui sous terre. De même qu'un trésor inépuisable caché sous la masure d'un pauvre n'empêchera pas ce dernier d'avoir faim, la vue et l'action ont beau faire l'objet d'un grand nombre d'enseignements, sans la pratique de la méditation ils ne permettront pas de mêler son esprit au Dharma : à l'heure du besoin, ils ne seront guère utiles.

La vue

Ve DALAÏ-LAMA, NGAWANG LOBZANG GYATSO (1617-1682)[33]

Tous les phénomènes sont purs depuis toujours, vacuité [insaisissable.
Vides, ils sont pourtant clairement perçus, à l'image des [illusions magiques.
Examinées pour y trouver quelque chose d'identifiable, les [apparences s'avèrent dénuées de réalité.
Irréelles, elles donnent pourtant naissance à nos plaisirs et [à nos souffrances.

DILGO KHYENTSÉ RINPOTCHÉ (1910-1991)

Tous les phénomènes surgissent de la vacuité par le jeu illusoire des causes et des conditions, et c'est précisément leur nature vide qui permet à toutes choses de se manifester. De même que l'espace permet à la totalité de l'univers de se déployer sans en être altéré ou affecté en quoi que ce soit – comme il rend simplement possible l'apparition de l'arc-en-ciel –, les phénomènes sont la « parure » de la vacuité mais jamais ne l'entachent.

GUÉSHÉ CHAYULWA (1075-1138)[34]

Le sujet et l'objet sont comme le bois de santal et son parfum ; le samsara et le nirvana, comme la glace et l'eau ; les apparences et la vacuité, comme les nuages et le ciel ; les pensées et la nature de l'esprit, comme les vagues et l'océan.

VIIe DALAÏ-LAMA, KELZANG GYATSO (1708-1757)[35]

Comprendre l'interdépendance,
C'est pénétrer le sens de la vacuité.
Comprendre la vacuité,
C'est comprendre le sens de l'interdépendance.
Telle est la vue de la voie médiane*,
Au-delà des terribles ravins
De l'éternalisme et du nihilisme,
La vue authentique qui ne s'appuie ni sur l'un
Ni sur l'autre, ni sur les deux ensemble.

LONGCHEN RABJAM (1308-1363)[36]

Tels des reflets sur un lac limpide,
Les multiples phénomènes se manifestent
Tout en étant vides d'existence propre.
Dès aujourd'hui, comprends avec certitude
Que tout n'est que formes vides.

Tel un ciel clair sans nuages, le roi
Qu'est l'esprit a pour nature la dimension absolue.
Dès aujourd'hui, comprends avec certitude
Qu'il est depuis toujours non-né,
Immuablement vide et lumineux.

Tels les nuages qui s'évaporent dans l'espace, les multiples [pensées

* *Madhyamika* (skt.), *dbu ma* (tib.), doctrine philosophique exposée par Nagarjuna et ses successeurs. La voie médiane transcende les extrêmes de l'existence et de l'inexistence, de la permanence et de la cessation.

Se libèrent spontanément dans le corps absolu.
Dès aujourd'hui, comprends avec certitude
Qu'en vérité tout ce qui surgit se dissout de soi-même,
[insaisissablement.

Sache que l'esprit se trouve au sein de l'espace
Comme les beaux oiseaux qui planent dans le ciel ;
En déployant les ailes des expériences méditatives et de la
[réalisation,
Comprends que sa nature est le corps absolu, lequel est
[sans demeure.

Semblable aux couleurs de l'arc-en-ciel dans un ciel pur
Est le miroitement des pensées dans la nature de l'esprit.
Comprends, dès maintenant, avec certitude
Que tout ce qui surgit est l'esprit souverain, vide et lumi-
[neux,
Qui transcende tout attachement.

À l'exemple d'une mélodie,
Toutes choses résultent d'un certain nombre de causes,
Elles-mêmes dépourvues de réalité.
Comprends, dès à présent, avec certitude que tout
Est la nature primordiale, vide, sans racine ni fondement.

Comme les nuées dans le ciel immuable,
Les actes, les émotions négatives,
Et toutes choses bonnes ou mauvaises,
Naissent de l'esprit et sur l'esprit reposent,
Mais la nature de l'esprit n'a ni racine ni fondement.

Telle l'eau trouble qui au repos devient limpide,
Si tu laisses les pensées reposer dans leur propre nature,
Leur reflet se libère de lui-même en tant que corps absolu :
Dès aujourd'hui, comprends cela avec certitude !

SHECHEN GYALTSAP (1871-1926)[37]

Hommage aux maîtres, bouddhas et bodhisattvas !

Je m'incline devant tous les maîtres
Qui ont atteint la suprême libération,
Et qui, par compassion, restent ici-bas
Pour brasser les tréfonds du samsara !

Je vais dire un mot sur la manière dont on détruit
L'attachement à la notion de réalité
À l'aide du grand remède qu'est l'esprit d'Éveil,
L'essence de la voie du Grand Véhicule,
Le chemin suivi par tous les bouddhas et bodhisattvas. [...]

De même qu'à l'intérieur de la terre
Demeure de l'eau parfaitement pure,
Au sein même des émotions négatives
Se trouve la sagesse depuis toujours présente. [...]

La nature ultime des choses, profonde, paisible, non fabri-
[quée,
Dimension lumineuse et incomposée, depuis toujours tran-
[quille,
Qui jamais n'a surgi ni jamais ne cessera,
Nirvana naturellement présent,

Est l'essence de bouddha dépourvue de tache.
Comme l'huile imprégnant le sésame,
Elle est depuis toujours présente dans les êtres,
Inséparablement d'eux : c'est la nature de leur esprit.

Mais, tel le trésor caché sous la maison du pauvre, elle
[demeure
Incomprise et voilée par la perception fausse de la dualité
Et enfouie dans le cocon des trois tendances habituelles.
Tombent alors, comme pluie, karmas, émotions et souffrances.

Dans l'immense plaine du devenir, manifeste mais irréelle,
Tu erres depuis des temps sans commencement.
Hélas ! Tel est le pouvoir des actes et de l'ignorance !

Aussi vaut-il la peine de s'incliner
Respectueusement aux pieds d'un maître authentique
Et de laver les taches de la croyance au moi
Dans le flot de nectar de ses instructions.

Tandis que tu jouis, pour une fois, d'une existence
Libre et riche, si importante et rare,
Il vaut la peine de parfaire ton esprit dans la solitude
Sans t'attacher à l'insignifiante vie du monde.

Au cœur des éphémères et illusoires nuages
Danse l'éclair de la vie. Tu n'as pas même la certitude
De vivre jusqu'à demain : ne manque donc pas,
Ce n'est que logique, de pratiquer pour le moment de la [mort !

Depuis toujours te torture, dans la prison du devenir,
Le châtiment de la triple souffrance,
Et toi, l'insensé, tu ne t'en lasses toujours pas !
Il est temps que tu conquières la citadelle de la grande [félicité !

Bonheurs et souffrances sont le produit des actes
Dont la causalité, dit le Bouddha, est inéluctable.
Le sachant, applique-toi minutieusement
À rejeter les actes nuisibles et à faire le bien !

Le simple fait d'entendre le nom
Des Trois Insurpassables Joyaux
Fait voler en éclat la cité du samsara.
Considère donc ceux-ci
Comme l'infaillible essence de tous les refuges !

Qu'y a-t-il, dans ce monde, de plus éhonté que celui
Qui cherche pour lui seul la paix du nirvana
En abandonnant dans l'océan de souffrance du samsara
Les mères qui, depuis toujours, avec amour ont pris soin [de lui ?

Pendant des ères innombrables, les êtres les plus clair- [voyants,

Les bouddhas et les bodhisattvas, ont avec soin cherché
Par le pouvoir de leur sagesse, et vu que seul
Était bénéfique le précieux esprit d'Éveil.

C'est pourquoi si, parmi toutes les voies qui mènent au but,
C'est celle de l'esprit d'Éveil que tu prends,
S'ouvrira devant toi le trésor de ton bien et de celui des
[autres :
De quel autre témoignage aurais-tu besoin ?

Engendre donc l'esprit d'Éveil en intention et en action
Suivant l'une ou l'autre des deux coutumes ;
Apprends-en les préceptes, détaillés ou concis,
Généraux ou spécifiques, et mets-les en pratique : c'est
[essentiel.

Regarde la différence entre les bouddhas,
Qui font le bien des autres, et ceux qui, comme nous,
Ne pensent qu'à eux-mêmes ; et, même au péril de ta vie,
N'abandonne jamais le suprême esprit d'Éveil !

L'esprit d'Éveil étant la source même
De l'océan d'activités des bodhisattvas,
Sache que c'est le point crucial de tout entraînement
Et la racine du Grand Véhicule !

Avec lui, tu prendras l'authentique chemin
Et tout ce que tu feras ne créera que mérites ;
Même les actes neutres se transformeront en bien
Et sur la voie de la libération parfaite, jamais tu ne
[reviendras sur tes pas. [...]

Depuis des temps sans commencement, mon ennemi,
La croyance au moi, s'est logée dans mon cœur
Et dans l'effrayante geôle du devenir m'enferme
Sans que je lui aie fait le moindre mal.

Par centaines il m'a infligé des tortures,
Mais au lieu de lui en vouloir, je lui ai accordé
Ma confiance et en son pouvoir je suis tombé.
Y a-t-il pire calamité ? Peut-on commettre pire méprise ?

Ma tolérance à son égard est digne de mépris.
Désormais je prendrai pour renforts les Trois Joyaux,
Pour monture la parfaite détermination de me libérer,
Et comme armure, je revêtirai les quatre incommensu-
[rables !

Mobilisant l'armée des six vertus transcendantes,
Je pourfendrai dès aujourd'hui cet ennemi
Avec l'arme acérée de la vacuité et de la compassion !

Si je ne vaincs pas mon adversaire,
C'est d'infinis effrois que je connaîtrai encore
Tels que ceux de l'enfer aux tourments sans égal.
Quel être sain d'esprit s'abstiendrait de réagir ?

Cherche donc la nature de ce « moi ».
Où demeure-t-il ? Où s'en va-t-il ?
Comme tu ne lui trouveras point une once d'existence,
Une fois vaincu, comment pourrait-il jamais s'en relever ?

C'est en vainquant cet adversaire que les héros authentiques,
Les meilleurs des hommes, ont atteint la félicité.
Celui qui, sachant ce qui est en jeu,
Ne laisse pas cet ennemi en faire à sa tête
Est le plus sage d'entre les sages,
Le plus brave d'entre les braves.
Qui peut-il y avoir de plus avisé que lui ? [...]

La croyance au moi de l'individu
Consiste à prendre la pensée du « je » pour une réalité.
Elle résulte de l'attachement erroné
Aux cinq agrégats périssables*.

Examine attentivement l'assemblage que forment
Ces cinq agrégats, multiples et aussi transitoires
Que l'éclair, la chute d'eau ou la lampe à huile.

* Les différents éléments dont l'ensemble constitue le « moi » (les formes, les sensations, les perceptions, les volitions et la conscience), périssables parce qu'eux-mêmes résultant de causes et de conditions, et par conséquent éphémères.

Tu comprendras que le « moi » n'est rien d'autre
Qu'une perception fausse, comme le fait de voir
Dans ce qui n'est qu'une corde un serpent :
Il n'a aucune existence propre !

Le « soi » des choses résulte des concepts de sujet et [d'objet.
Tous objets intérieurs ou extérieurs auxquels on s'attache
Sont des perceptions trompeuses dues aux tendances habi- [tuelles
Et semblables aux défauts visuels, aux reflets
De la lune sur l'eau, aux illusions d'optique.
Sans les examiner on les prend pour plaisants,
Mais en les observant ils se révèlent vides.

Ils ne sont pas identifiables en tant qu'atomes,
Instants ou quoi que ce soit d'autre.
Comme des atomes ou des instants,
Tu comprendras que nul sujet ou objet
N'a d'existence en soi.

En poursuivant sans répit l'analyse,
Tu acquerras la certitude que ni le « soi » des êtres
Ni celui des choses n'ont de réalité.

Un jour viendra où tu seras certain que les deux vérités :
Les phénomènes illusoires surgissant en interdépendance
Et la vacuité au-delà de toute affirmation,
Ne surviennent pas en alternance
Mais forment un tout inséparable. […]

DUDJOM RINPOTCHÉ (1904-1987)[38]

En bref, depuis toujours la conscience éveillée n'a jamais été une entité substantielle pourvue des caractéristiques fabriquées par l'esprit. Son essence est la grande vacuité omniprésente, pure depuis toujours ; mais cette vacuité, à l'image du soleil, rayonne sans obstruction, et se manifeste spontanément sous la forme de l'infinité des phénomènes du samsara et du nirvana. La conscience éveillée n'est donc jamais un néant : son expression naturelle est la grande présence spontanée des qualités de la sagesse primordiale.

La méditation

RIDZIN CHÖKYI DRAKPA (1595-1659)[39]

Si tu n'as pas acquis une expérience intérieure
Ni parfaitement élucidé la vue par la méditation,
Tu n'y parviendras pas à force de débats philosophiques ou
[de simples lectures.
Médite continuellement : tel est mon conseil du cœur.

VIIe DALAÏ-LAMA, KELZANG GYATSO (1708-1757)[40]

En méditation, garde l'esprit libre comme l'espace.
Entre les méditations, vois le flux des événements
Comme étant de même nature que l'arc-en-ciel :
Les séductions du monde t'apparaîtront alors
Comme autant d'hallucinations éphémères.

Joies et peines sont des spectacles vus en rêves ;
Les formes illusoires, des cités produites par un magicien ;
Les sons, des échos de voix dans une grotte ;
Et vous, mortels rivés à ces sortilèges,
Vous n'êtes que des enfants écervelés !

Tout comme celui qui se regarde dans un miroir
Voit une image distinctement apparaître,
Les choses sont vides tout en apparaissant clairement ;
Et pour cette raison même, infaillible est la causalité.

RIDZIN CHÖKYI DRAKPA (1595-1659)[41]

L'esprit en soi est depuis toujours libre de fabrications men-
[tales :
Nul besoin de ruminer le passé ni d'anticiper fébrilement
[l'avenir.
Demeurant au-delà du mental, sans saisie ni distraction quoi
[qu'il se passe,
Libère les pensées à l'instant même où elles surgissent :
Tel est le conseil de mon cœur.

Sans bloquer une à une les perceptions des sens,
Sans les appréhender comme réelles ni leur donner suite,
Quoi que tu perçoives, libère-le dans l'état naturel
De ton esprit : tel est le conseil de mon cœur.

DRIGOUNG DÖNDROUP CHÖGYAL (1668-1718)[42]

L'esprit tout-puissant est comme un magicien
Qui fait tout surgir, les malheurs du samsara comme les
[bonheurs du nirvana.
Préserve avec soin la reconnaissance de la nature de l'esprit :
Tel est le conseil de mon cœur.

DUDJOM RINPOTCHÉ (1904-1987)[43]

Conseils pour la retraite (deuxième partie)

Une fois tranchés de l'intérieur les doutes et les conceptions erronées concernant la vue, maintenir cette vue continuellement est ce que nous appelons « méditation ». Toutes les autres méditations qui se donnent un objet sont des méditations conceptuelles, construites par la pensée. Ce n'est pas la manière dont, nous autres, nous procédons.

Tout en restant inébranlablement établis dans la vue que nous venons de définir, laissez les perceptions des cinq sens telles qu'elles surviennent, tout en restant libres et détendus.

Ne méditez pas sur quoi que ce soit de spécifique en vous disant : « C'est ceci, c'est cela. » Si vous « méditez », vous faites appel à l'intellect. Il n'y a rien à méditer. Ne vous laissez pas non plus distraire, ne serait-ce qu'un instant. Si vous êtes distraits, vous cessez d'être dans la conscience éveillée. Et l'égarement, c'est justement cela. Ne soyez donc pas distraits ! Laissez venir les pensées, quelles qu'elles soient, mais ne les suivez pas ni ne les arrêtez.

Vous vous demandez peut-être : « Alors, que faut-il faire ? » Quels que soient les objets que vous percevez, demeurez dans un état de fraîcheur naturelle, sans aucun attachement, comme un petit enfant qui regarde l'intérieur d'un temple. Tous les phénomènes continuent à surgir, sans cesser d'être à leur place, sans que leur aspect soit modifié, sans que leurs couleurs changent ou que leur éclat disparaisse, mais les perceptions et les pensées, n'étant pas contaminées par des croyances et des attachements, se manifestent dans toute leur nudité en tant que conscience originelle vide et lumineuse.

Puisque les êtres d'intelligence limitée restent confondus devant le grand nombre d'enseignements qu'on qualifie de « très vastes et très profonds », voici, en peu de mots, comment mettre le doigt sur le point essentiel. Lorsque les pensées passées ont cessé et que les pensées futures n'ont pas encore surgi, n'y a-t-il pas dans cet intervalle une perception du présent, une fraîcheur claire, éveillée, nue, qui n'a jamais changé, ne serait-ce que d'un cheveu ? Voilà ! Cela, c'est l'état naturel de la conscience éveillée.

Or cet état ne durera pas : une pensée ne surgit-elle

pas soudain ? C'est le pouvoir de manifestation même de la conscience éveillée. Mais si vous ne le reconnaissez pas comme tel dès que surgit une pensée, et si les pensées ordinaires se mettent à proliférer, c'est ce que l'on appelle » l'enchaînement de l'illusion », la source même du samsara.

Si, au moment même où les pensées surgissent, vous vous contentez de les reconnaître en les laissant à elles-mêmes, sans que d'autres viennent s'y greffer, toutes les pensées se libéreront naturellement et sans difficulté dans l'espace de la conscience éveillée du corps absolu.

Voilà pour la partie principale, qui combine en une seule pratique la vue et la méditation du tranchement de la solidité*.

GARAB DORJÉ** (dates inconnues, sans doute VIIIe siècle av. J.-C.)

Lorsque la conscience éveillée surgit depuis la dimension
[originellement pure,
Cet instant de conscience est comparable à la découverte
D'un joyau au fond de l'océan : voilà le corps absolu,
Ni construit ni altéré par quoi que ce soit.

Voilà ce sur quoi il faut méditer, assidûment, sans distraction, de jour comme de nuit. Ramenez donc tout à la conscience éveillée, sans laisser la vacuité au rang de simple objet de compréhension intellectuelle.

* *Khregs chod*, l'une des pratiques de la Grande Perfection qui vise à trancher la solidité de l'attachement de l'esprit aux notions de sujet et d'objet et à ne pas surimposer aux phénomènes des projections mentales.

** Garab Dorjé est à l'origine de la lignée de transmission des enseignements de la Grande Perfection.

Gampopa (1079-1153)[44]

La méditation sans la connaissance
Peut, pour un temps, procurer des bienfaits,
Mais elle n'atteindra pas son véritable but.
On a beau fondre l'or ou l'argent,
Une fois le feu éteint, à nouveau ils durcissent.

Mogchokpa Rinchen Tsöndu (1110-1170)[45]

Le maître est la montagne de joyaux
D'où jaillit la source des instructions sacrées.
Ceux qui, pourvus d'une foi inlassable, savent s'y désaltérer
Seront libérés de toutes fautes,
Soyez-en certains !

Le corps composé est un vase
Dans lequel brille une flamme innée.
Ceux qui, l'ayant conquise par la méditation, ne cherchent
[pas ailleurs,
Verront extérieur et intérieur comme le corps absolu :
Soyez-en certains !

Le corps illusoire est une montagne
Sur laquelle s'ébat le lionceau de la conscience.
Ceux qui savent purifier les six facultés des sens par le
[non-attachement
Dépasseront à la fois le samsara et le nirvana,
Soyez-en certains !

L'ignorance est le nid
Où demeure l'aiglon de la conscience.
Ceux qui savent voler avec les ailes de la méthode et de la
[sagesse
S'élèveront au-dessus des six sphères de renaissance,
Soyez-en certains !

Toi, l'ami, regarde le monde extérieur avec les yeux de
[l'esprit !
Du simple fait de porter ton regard sur lui, tu le verras
Comme aussi dépourvu de réalité
Qu'un reflet dans un miroir.

Toi, l'ami, regarde la dimension intérieure avec les yeux
[de l'esprit !
Du simple fait de porter ton regard sur elle,
Tu verras que l'esprit est clarté libre de concepts,
Pareil à une flamme abritée du vent.

Toi, l'ami, observe avec l'esprit la frontière entre extérieur
[et intérieur !
Du simple fait de porter ton regard sur elle,
Tu verras s'estomper dans leur propre nature les marques
[de la dualité,
À l'image des ombres au lever du soleil.

Toi, l'ami, médite, l'esprit centré sur la voie profonde des
[moyens !
Quand tu auras médité sur cette voie,
À l'image d'un excellent guide
Tu conduiras l'esprit où tu le désires.

Toi, l'ami, médite sur le grand symbole* !
Quand tu auras médité sur le grand symbole,
Toutes les apparences deviendront des aides
À l'image de la forêt pour le feu qui s'y propage.

Toi, l'ami, sois comme le vagabond sans but !
Quand tu y seras parvenu,
Les pensées se dissoudront sur-le-champ,
Comme la neige tombant sur un lac.

* Voir appendice, p. 321.

MIPHAM RINPOTCHÉ (1846-1912)[46]

Dans ce monde, les myriades de phénomènes
Transitoires sont la magie de l'esprit.
Hors le flot des pensées ordinaires,
Il n'existe aucune souffrance du samsara.

Le bonheur vient de l'esprit, la souffrance de même.
Les mondes supérieurs et inférieurs, les dieux et les [démons,
Tout ce qui est bon et tout ce qui est mauvais
Ne sont rien d'autre que la magie de l'esprit.

Abandonnant tout désir de faire ceci, de pratiquer cela,
Élucide avec certitude la nature de l'esprit, cette source de [tout.
Lorsque tu reconnais l'état naturel immuable de l'esprit en [soi,
Demeure dans le continuum de cette présence :
Tu as là le point essentiel de toutes les instructions. […]

Les armées des quatre Maras t'assailleraient-elles, que ce [serait encore l'esprit ;
Les dieux et démons surgissent-ils soudain ? C'est toujours [l'esprit ;
Même le déséquilibre des éléments du corps a la même [origine. […]
C'est la force de l'habitude, depuis des temps immémo-[riaux,
Qui rend le flux continuel des pensées agitées si réel, si [solide ;
Pourtant leur armée illusoire aux assauts difficiles à repous-[ser
N'ont, en fin de compte, pas plus de pouvoir que les [mirages. […]

Lorsque, heureux et la conscience vaste,
Comme on se guérit d'une maladie,
Le yogi reconnaît le réel, la nature de l'esprit,
Et se souvient des mauvaises habitudes de ses pensées,

Ces valets qui dressaient leur tête plus haut que celle du [maître,
Il voit le soleil de la félicité en son cœur se lever.

Lorsque tu as soumis l'ennemi que sont les pensées,
Il n'y a, dans les trois sphères du samsara, plus aucun [ennemi,
Aucun démon ni aucune grande peur.
Yogi, tu as remporté la victoire suprême.

Une fois percé le secret de l'esprit et connue l'expérience [du réel,
Cogitations et pratiques nombreuses sont causes d'épuise-[ment.
Quelle que soit ta pratique, son fruit se ramène à un point [essentiel :
L'esprit retrouvant sa propre nature. [...]

L'action

RAHULABHADRA (VIe siècle)[47]

Extrait du Soutra de l'action parfaite

À tout instant, priez inlassablement pour le bien des êtres. Au moment de dormir, pensez : « Puissent tous les êtres atteindre la nature absolue ! » Quand vous vous réveillez le matin : « Puissent-ils se réveiller bouddhas ! » Quand vous vous levez : « Puissent-ils obtenir un corps de bouddha ! » Quand vous vous habillez : « Puissent-ils revêtir la capacité d'avoir honte de mal agir et la retenue vis-à-vis d'autrui ! » Quand vous allumez un feu : « Puissent-ils consumer le bois des émotions négatives ! » Quand vous mangez : « Puissent-ils absorber la nourriture de la concentration ! » Quand vous ouvrez une porte : « Puissent-ils ouvrir l'accès à la cité de la délivrance ! » Quand vous fermez une porte : « Puissent-ils fermer l'accès aux renaissances inférieures ! » Quand vous sortez : « Puissé-je prendre le chemin de la délivrance pour tous les êtres ! » Quand vous montez quelque part : « Puissé-je conduire tous les êtres dans les mondes supérieurs ! » Quand vous descendez : « Puissé-je libérer les êtres des mondes inférieurs ! » Quand vous voyez quelqu'un d'heureux : « Puissent tous les êtres trouver le bonheur de la bouddhéité ! » Quand vous êtes témoins de la souffrance des autres : « Puissent tous les êtres cesser de souffrir ! »

GAMPOPA (1079-1153)[48]

Ne discute pas avec les vaniteux,
Ne te mesure pas avec les fortunés,
Ne dénigre pas celui qui veut se venger,
N'en veux pas au puissant.

Abandonne une coutume mauvaise, même si elle vient de
[ton père ou de tes ancêtres ;
Adopte une coutume bonne, même si elle est pratiquée par
[tes adversaires ;
Ne prends pas de poison, même de la main de ta mère ;
L'or, même donné par un ennemi, a encore toutes ses qua-
[lités. […]
Certains ne s'émerveillent pas de voir les autres porter des
[montagnes
Mais considèrent un fil de laine comme un lourd far-
[deau pour eux-mêmes !

Dilgo Khyentsé Rinpotché (1910-1991)[49]

La cessation des émotions négatives

Il est dit : « Le signe que l'on a acquis la sagesse est le contrôle de soi, et le signe que son expérience spirituelle a mûri est l'absence d'émotions conflictuelles. » Cela signifie que, lorsqu'on est parvenu à une réalisation spirituelle authentique, on doit, dans la même proportion, être devenu serein, paisible et discipliné, et non pas négligent, arrogant et gonflé d'orgueil. Au fil des années, si excellente que devienne votre pratique, vous ne vous soucierez pas du confort et bannirez tout orgueil. Vous serez toujours en paix, humble, sans espoir ni crainte ; les événements extérieurs ne vous troubleront pas, et les huit préoccupations mondaines – gains et pertes, plaisir et douleur, critique et louange, gloire et opprobre – vous laisseront indifférent.

Selon un dicton : « Dans la pratique spirituelle, les difficultés surviennent au début, et dans les affaires du monde, à la fin. »

En renonçant aux activités ordinaires et en vous consacrant corps et âme à la pratique, vous rencontrerez peut-être des obstacles, à la fois en vous et à l'extérieur de vous ; mais plus vous persévérerez, plus vous serez heureux. À l'inverse, les activités du monde commencent par apporter une éphémère et superficielle satisfaction, mais elles finissent généralement par d'amères désillusions.

N'ayez donc qu'un désir, à l'exclusion de tout autre : celui de vous transformer intérieurement par la pratique. Ne vous souciez ni de la gloire, ni du pouvoir, ni des richesses. Cultivez plutôt l'humilité, et cela, pas seulement pour quelques mois mais pour la durée de votre vie.

Vérifiez constamment si vous avez réussi à intégrer les enseignements afin de dompter vos émotions négatives. Si quelque pratique donne un résultat contraire, et que s'accroissent votre égoïsme et vos émotions conflictuelles, il vaut mieux l'abandonner, elle n'est pas faite pour vous.

Une fois que vous avez commencé à pratiquer les enseignements du Bouddha, ne suivez plus les conseils de n'importe qui.

Soyez comme l'animal sauvage qui s'échappe d'un piège et s'enfuit aussi loin qu'il peut. Ce qu'il vous faut, c'est vous libérer entièrement du samsara, et non pas rester à moitié dehors, à moitié dedans.

Quand vous vous trouvez au milieu d'une foule, ne vous laissez pas distraire ; préservez la simplicité inaltérée de l'esprit, et rappelez-vous les instructions de votre maître.

Soyez comme la mère à qui l'on a enlevé son nouveau-né. Une mère est très douce et attentive envers son bébé ; lorsqu'on le lui enlève, même pour un instant, elle ne peut s'empêcher de penser à lui. De la même façon, ne relâchez pas votre attention et n'abandonnez jamais votre vigilance.

Même si la mort devait vous frapper aujourd'hui comme un éclair, soyez prêt à mourir sans tristesse ni regret. Ne gardez aucun attachement pour ce que vous laissez derrière vous.

Sans cesser de reconnaître la vue authentique du réel, quittez cette vie tel un aigle s'élevant dans l'azur. Quand l'aigle prend son vol dans l'immensité de l'espace, il ne pense jamais : « Mes ailes ne vont pas me porter », ou « Je n'arriverai pas à voler aussi loin ». De la même façon, au moment de la mort, souvenez-vous de votre maître et de ses instructions, et remettez-vous-en à lui avec une confiance totale.

DUDJOM RINPOTCHÉ (1904-1987)[50]

Conseils pour la retraite (troisième partie)

Comment progresser dans la méditation par l'action, et comment évaluer celle-ci à l'aune de votre expérience intérieure

Le plus important, comme nous l'avons dit, est de prier son maître avec une ferveur inébranlable, sans cesser un instant de le percevoir comme le Bouddha en personne. On donne à cette pratique le nom de « foi fervente qui à elle seule peut tout ». C'est un remède universel, supérieur à n'importe quel autre, pour dissiper les obstacles et faire des progrès. Il permet de parcourir puissamment les niveaux et les voies de la libération.

Pour remédier aux défauts de la méditation, si vous tombez dans la torpeur, ravivez la conscience éveillée. Si votre esprit se disperse et devient sauvage, détendez-le de l'intérieur. Qu'à tout moment votre attention soit présente, dans le sens où elle ne perd jamais la reconnaissance de sa propre nature, et non dans le sens d'une contrainte exercée par l'attention aux aguets de celui qui « médite ». C'est cette pratique que vous devez maintenir en toutes circonstances, que vous mangiez, dormiez, marchiez ou restiez assis, que ce soit pendant ou après les séances de méditation formelle.

Si des pensées se manifestent, qu'elles soient heureuses, malheureuses, liées aux émotions négatives ou autres, évitez absolument de les rejeter, de les adopter ou encore de les réprimer au moyen d'un antidote. Qu'elles vous procurent une sensation agréable ou désagréable, laissez-les telles quelles, dans leur disposition naturelle, nue, claire, vaste et limpide. C'est le point essentiel et unique qui s'applique dans tous ces cas. Ne vous laissez donc pas abuser par toutes sortes de réflexions. Il n'est pas nécessaire de méditer sur la vacuité en tant qu'antidote distinct des pensées indésirables et des émotions négatives*. Si, grâce à la pleine conscience éveillée, vous reconnaissez la nature véritable de ce qui doit être abandonné, aussitôt les pensées se libéreront d'elles-mêmes, comme se défait un nœud sur le corps d'un serpent.

La plupart des gens savent parler de l'ultime sens caché de la lumineuse essence adamantine**, mais ils ne savent pas en faire l'expérience intérieure. C'est devenu chez eux comme les litanies d'un perroquet. Quelle chance immense nous avons, nous autres qui le pratiquons !

Écoutez encore attentivement, car il reste autre chose à comprendre ! Les deux ennemis mortels qui nous enchaînent au samsara depuis les temps immémoriaux sont le sujet et l'objet. Maintenant que, grâce à la bonté d'un maître spirituel, vous êtes entrés en contact avec le corps absolu qui réside en vous, n'est-il pas délectable de vous débarrasser de ces deux malfaiteurs, sans qu'ils laissent plus de traces que des plumes d'oiseau jetées au feu !

Lorsqu'on a reçu les instructions profondes d'une voie aussi rapide, ne pas en faire l'expérience par la

* Les émotions négatives et les voiles de l'esprit étant par nature vides, il est inutile de leur appliquer comme remède une vacuité conceptuelle, qui leur serait, en quelque sorte, surimposée.

** Tib. : *od gsal rdo rje snying po*, synonyme de Grande Perfection (voir glossaire), désigne l'essence de l'esprit, la conscience éveillée. « Lumineuse » se réfère à sa capacité spontanée de tout connaître sans être obscurcie par les voiles de l'ignorance, et « adamantine », au fait que rien ne peut la détruire.

pratique reviendrait à placer le joyau qui comble les souhaits dans la bouche d'un cadavre : quel gâchis ! Ne laissez pas votre cœur tomber en putréfaction, pratiquez donc !

Si vous êtes débutants, vous serez vraisemblablement envahis de pensées négatives qui disperseront votre attention, et de nombreuses pensées se mouvront de manière sous-jacente, en une succession rapide et ininterrompue. Lorsque surviendra un moment d'attention claire, vous penserez avec regret : « J'ai été distrait ! » Mais quand ce phénomène se produit, n'essayez pas d'arrêter le cours de vos pensées, ne regrettez pas non plus d'avoir divagué : il vous suffit de garder présente, au sein même de l'attention claire, la continuité de l'état naturel.

Suivez le conseil bien connu selon lequel il ne faut pas rejeter les pensées, mais les percevoir comme la dimension absolue. Néanmoins, tant que vous ne maîtriserez pas la vision profonde, si vous vous contentez de penser : « Voilà la dimension absolue » et demeurez dans un calme mental hébété, vous courrez le risque de stagner dans un état neutre, indifférencié, dépourvu de clarté. C'est pourquoi, au début, regardez tout droit les pensées qui surgissent, sans procéder à la moindre réflexion ou la moindre analyse, et établissez-vous dans « ce qui reconnaît les pensées », en n'accordant pas la moindre importance au contenu de ces dernières, à l'image d'un vieillard qui regarde des enfants jouer. Lorsque vous aurez procédé ainsi, votre esprit restera naturellement et de plus en plus longtemps sans pensée, et si, brusquement, vous « brisez » cette expérience*, à

* Pour éviter de stagner dans un état sans pensée dénué de clarté, il existe des pratiques méditatives, transmises de maître à disciple, qui permettent de « briser » cet état et de rendre plus claire la présence de la conscience éveillée.

l'instant même apparaîtra la connaissance originelle, nue, fraîche, limpide, au-delà du mental.

Sur la voie, votre pratique sera immanquablement mêlée d'expériences de félicité, de clarté et d'absence de pensées, mais si alors vous demeurez sans le moindre sentiment de fierté, d'attachement, d'espoir ou de doute, vous éliminerez le risque de vous fourvoyer. Évitez sans cesse toute distraction : il est essentiel de méditer avec une application sans faille.

Si vous vous relâchez au point que votre pratique devient discontinue et que votre compréhension reste purement théorique, vous serez infatués d'avoir atteint un début de calme mental, mais vous n'aurez fait aucune expérience décisive. Être expert en paroles seulement n'est d'aucun profit. Comme on peut le lire dans les textes de la Grande Perfection : « La compréhension théorique est comme une pièce rapportée sur un vêtement : elle finit par se détacher. » Et encore : « Les expériences sont comme la brume, elles ne peuvent que se dissiper. » C'est ainsi que de nombreux méditants, leurrés par quelques bonnes ou mauvaises circonstances, s'égarent plus encore.

Même lorsque la méditation aura pénétré le courant de votre esprit, vous devrez continuer de la cultiver régulièrement. Faute de quoi, les instructions profondes resteront sur les pages des livres. Votre esprit deviendra blasé et votre pratique spirituelle figée, et vous ne connaîtrez jamais la méditation authentique. Vous, les vieux méditants, faites extrêmement attention : vous risquez de mourir novices dans la pratique, avec « seulement le goût du sel dans la bouche* ».

* Expression voulant apparemment dire que l'on dispose de ce qu'il faut (en l'occurrence le Dharma) et que l'on souhaite l'utiliser, mais qu'en fin de compte, on n'en fait rien.

Quand vous vous serez entraînés longtemps et avec constance, un jour viendra où, par le fait de votre dévotion ou de quelque autre circonstance, les expériences méditatives se transformeront en réalisation et vous verrez la conscience éveillée de façon nue et parfaitement limpide. Ce sera comme si vous retiriez le masque qui recouvrait votre visage : vous éprouverez un vaste sentiment de liberté que rien ne pourra entraver ! C'est ce qui s'appelle « la non-vision, vision suprême ». Dès lors, les pensées ne seront pas distinctes de votre méditation, immobilité et mouvement de l'esprit* se libéreront conjointement.

En premier lieu, les pensées se libèrent parce qu'on les reconnaît, comme lorsqu'on rencontre une personne qui nous est familière. Ensuite, elles se libèrent d'elles-mêmes, à la manière d'un nœud sur le corps d'un serpent. À la fin, les pensées se libèrent sans causer ni bien ni mal, comme un voleur dans une maison vide. De l'intérieur surgit alors la ferme et claire conviction que tous les phénomènes ne sont que la manifestation de la conscience éveillée. Des vagues de compassion-vacuité s'élèvent en soi. On cesse de choisir entre samsara et nirvana. On comprend que les bouddhas et les êtres ne sont pas les uns bons et les autres mauvais. Quoi qu'on fasse, l'esprit apaisé ne peut plus s'écarter de la nature des choses et y demeure jour et nuit, sans discontinuer.

On dit dans les enseignements de la Grande Perfection que « la réalisation est semblable au ciel, c'est-à-dire immuable ».

* Ces deux termes se réfèrent aux deux états de l'esprit : immobile lorsqu'il est sans pensée, et en mouvement lorsque des pensées se manifestent.

PADMASAMBHAVA (VIIIe-IXe siècle)[51]

N'obéissez pas aux cinq poisons mentaux. Les libérant au moment même où ils se manifestent, ne leur accordez aucune d'importance. Si vous vous adonnez sans retenue à ces toxines mentales, vous préparez votre propre malheur. Pour pratiquer le Dharma, vous devrez dompter votre esprit. Le brasier de la haine, éteignez-le avec l'eau de l'amour bienveillant. Le fleuve de l'attachement, traversez-le sur le pont des puissants antidotes. Les ténèbres de l'ignorance, éclairez-les avec le flambeau de la Connaissance. Le rocher de l'orgueil, délogez-le avec le levier du courage. Le vent violent de la jalousie, protégez-vous-en en vous revêtant de patience. Et puisque, de façon générale, on détruit son propre esprit en laissant libre cours aux cinq poisons, ne laissez pas ces poisons en faire à leur guise : ce point est de la plus haute importance.

PATRUL RINPOTCHÉ (1808-1887)[52]

Un jour Patrul Rinpotché demanda à son fidèle disciple Nyoshul Loungtok :

« Quel lama invoques-tu dans tes prières ?

— Malheureusement, je ne suis pas capable de prier longtemps.

— Bon, parfois tu n'y arrives pas, voilà tout ; mais qui invoques-tu quand tu peux te concentrer ?

— Vous-même.

— Pourquoi moi ? Ce pays ne manque pourtant pas de lamas !

— S'il me vient des pensées positives, ne serait-ce qu'un bref instant, je sais que c'est à vous et à vos enseignements que je le dois. Alors, je pense à l'inépuisable bonté dont vous faites preuve à mon égard.

— Si c'est comme ça, ça va, tu peux continuer de prier. »

DUDJOM RINPOTCHÉ (1904-1987)[53]

Conseils pour la retraite (quatrième partie)

Tant que vous n'avez pas parfaitement maîtrisé les qualités de votre réalisation intérieure, il n'est pas approprié de relater vos expériences à tous ceux qui veulent les entendre. Gardez la bouche close, ne vous vantez pas d'avoir passé tant de mois ou d'années en retraite. Adonnez-vous à la pratique avec persévérance et n'en fixez la durée qu'en termes de vie humaine.

Ne dédaignez pas de faire le bien en respectant la causalité de la vérité relative, ne vous abusez pas vous-mêmes avec des propos creux sur la vacuité. Ne vous attardez pas dans les lieux habités pour gagner votre pitance avec des rituels de longue vie, des exorcismes et autres pratiques de ce genre. Réduisez au minimum les activités inutiles, les paroles superflues et les cogitations vaines. Ne trompez pas les autres par toutes sortes d'impostures et de leurres contraires au Dharma. Ne gagnez pas votre vie de manière incorrecte en prodiguant des flatteries et des compliments intéressés. N'abusez personne pour assouvir votre convoitise. Ne vivez pas avec ceux dont les vues et les actes ne s'accordent pas aux vôtres, ni avec des compagnons malfaisants. Exposez vos propres défauts mais ne révélez pas les manquements d'autrui.

Quand ceux qui ont mis en vous leur confiance vous servent et que d'autres, incrédules, vous critiquent et vous maltraitent, transformez en voie spirituelle ces relations, qu'elles soient bonnes ou mauvaises, sans leur accorder d'importance, et prenez soin des êtres qui se conduisent ainsi en faisant à leur intention des prières pures.

À tout moment comportez-vous extérieurement avec humilité, mais, intérieurement, fortifiez-vous sans jamais perdre espoir ; portez des vêtements simples ; considérez tous les autres, qu'ils soient bons, mauvais ou entre les deux, comme vos supérieurs. Vivez simplement et demeurez résolument dans la solitude des montagnes. Restez inspirés par la condition de vagabond et prenez exemple sur la vie des êtres accomplis du passé. Suivez l'enseignement de manière irréprochable, sans vous y dérober en prenant votre karma passé comme excuse. Soyez fermes et constants quoi qu'il arrive, n'incriminez pas les circonstances qui surviennent à l'improviste.

En bref, prenez votre esprit à témoin et consacrez votre vie entière au Dharma, de sorte qu'au moment de votre mort vous n'ayez pas un sentiment d'inachevé, ni honte de vous-même : c'est là un point crucial qui s'applique à toute pratique.

Lorsque le moment de mourir sera venu, distribuez tous vos biens sans conserver le moindre attachement, pas même à une aiguille. Au moment de mourir, dans le meilleur des cas, vous serez joyeux. Dans le cas intermédiaire, vous n'aurez aucune appréhension. Au pire, vous n'aurez aucun regret.

Le fruit

SHABKAR (1781-1851)[54]

À contempler son propre esprit,
La source de tous les phénomènes,
L'on ne contemple rien
Que la claire vacuité,
Rien de substantiel
Qui puisse être pris pour réel.
Présence transparente,
Ouverture sans limites,
Sans dehors ni dedans,
Embrassant tout
Sans frontières ni direction.

Immensité infinie de la vue,
Véritable condition de l'esprit
Qui, à l'image de l'espace,
N'a ni centre, ni périphérie,
Ni référence.

Laissant tel quel ce qui apparaît,
Serein, je suis parvenu
À la vaste plaine
De l'immensité absolue.

Dissous dans l'infinie vacuité,
Sans limites ni pourtour,
Les sons, les formes,
Mon esprit, le ciel, toutes choses
Ne font plus qu'un,
Au-delà même des concepts
De « un » ou de « multiple ».

Dans l'immensité absolue de la présence éveillée,
Toutes choses se ramènent à une saveur unique,
Tandis que, sur le plan relatif,

Chaque phénomène se manifeste
En sa lumineuse vacuité.
Merveille !

Ivresse de la béatitude
Issue de la clarté radieuse,
Vive, étincelante, immaculée.
Je danse d'allégresse !

Jaillit alors en moi, spontanément, une compassion sans limites
Pour tous les êtres, sous tous les cieux,
Qui de cette réalisation sont privés ;
Et s'élève de lui-même l'impérieux désir
D'entonner ce chant !

Sans passer par l'étroit défilé
De l'observation de l'esprit
Tour à tour calme et agité,
Sans se laisser prendre dans les filets
De la « vue » et de la « méditation »
Tissées par l'intellect,
Sans traverser les opaques nuées de l'hébétude
Ni être emporté par la tempête des pensées débridées,
Le grand *garuda* qu'est mon esprit
A pris librement son essor
Dans l'espace de la dimension absolue.

Les yeux grands ouverts, embrassant mille horizons,
En toute liberté vole mon esprit.
Quel bonheur !

Dans l'étendue infinie de la dimension
Impartiale, pareille au ciel,
Les phénomènes, formes ou sons,
Du samsara comme du nirvana
Bien que manifestes sont vides,
Sans substance et pourtant perceptibles.

Les phénomènes apparaissent
Tout en étant vides d'existence propre,
Transcendant par là même toute notion d'éternité.

Bien que vides par nature, ils se manifestent,
Dépassant par là même toute idée de néant.

Aussi, la vastitude de cette vue
Est-elle libre de ces deux limites conceptuelles.
Spontanément jaillit alors cet hymne d'allégresse !

Plus vaste encore que le ciel est la vue de la vacuité
Où se lèvent le soleil de l'amour et la lune de la compassion.
Sans trêve, je prie pour l'épanouissement
Des êtres sensibles et de l'enseignement du Mouni*.

Que cessent maladies, épidémies
Famines et guerres !
Que tous connaissent joie et bonheur !

RANGRIK RÉPA KUNGA LODRÖ (1619-1683)[55]

Lorsque j'arrivai au lieu sacré de la Reine des Montagnes enneigées**, j'eus une expérience décisive de la conscience éveillée, claire comme un ciel sans nuages, profondément lumineuse, vaste et sereine, transcendant toute notion d'asservissement et de libération, transparente, sans extérieur ni intérieur, dans laquelle les phénomènes ne cessaient en rien de se manifester. Mais tout ce qui apparaissait, tout ce qui se manifestait, tous les mouvements de pensées étaient, dans la conscience directe que j'en avais, limpidement clairs et transcendaient toutes limites. Plus les phénomènes surgissaient

* Épithète du Bouddha Shakyamouni signifiant, selon les commentaires, « sage », « silencieux », « ascète », « capable ».

** Le mont Kaïlash (6 714 m), au Tibet oriental, l'une des plus importantes montagnes sacrées d'Asie. De nombreux méditants y vécurent en ascètes dans des grottes, parmi lesquels Milarépa (1040-1123), Gyalwa Götsangpa (1189-1258) et Lingjé Répa (?-1188).

ainsi sans obstruction, plus l'expérience devenait claire. Je comprenais que tout ce qui se manifestait n'était rien d'autre que la luminosité spontanée. Quant à l'incessant mouvement sous-jacent des pensées, je le perçus comme la présence ininterrompue de la conscience éveillée. Une conviction surgie du plus profond de moi-même, et différente de tout ce que j'avais compris jusqu'alors, se fit jour. Les termes mêmes de pensées grossières ou subtiles, de bon et de mauvais, ne s'appliquaient plus. Tout ce qui se manifestait, tout ce que je percevais ne pouvait plus me faire ni bien ni mal, et ne suscitait plus ni espoir ni crainte.

Il n'y avait plus de différence entre manifestation et non-manifestation, mais mon esprit restait parfaitement clair, même devant la multiplicité des phénomènes et des pensées. Même sautant ou courant, même si ma bouche et mes yeux étaient distraits, je gardais l'esprit vaste et détendu. Tous les discours sur ce qui est ou n'est pas, sur le fait d'être ou ne pas être en méditation, s'étaient effondrés. Continuellement présente était la conscience éveillée, ineffable, surgie d'elle-même, dans laquelle s'abîme toute activité.

Sans qu'il fût nécessaire de distinguer entre périodes de méditation et de non-méditation, j'éprouvais une certitude surgie des profondeurs de mon esprit.

GAMPOPA (1079-1153)[56]

Peu de chose est une goutte d'eau,
Mais versée dans un lac, quand donc séchera-t-elle ?

IV

ÉCARTER LES OBSTACLES ET PROGRESSER DANS LA PRATIQUE

1

Traquer les fautes

Les grands maîtres kadampas avaient l'habitude de dire que le maître le plus bienveillant est celui qui révèle nos défauts cachés, et nous permet ainsi de prendre conscience de ce qui nous empêche de progresser sur la voie. Nous flatter ne servirait qu'à entretenir notre ignorance, notre vanité et nos souffrances. Les remontrances d'un véritable maître, celui dont le seul but est d'éveiller ses disciples, n'ont donc rien à voir avec du mépris ou une tendance à ne voir que des fautes dans le comportement des autres. Comme l'aiguille d'une boussole qui indique le nord obstinément et sans ambiguïté, elles constituent de précieuses indications qui évitent au disciple de perdre son temps en prenant de fausses directions ou en s'enlisant dans ses propres faiblesses.*

À la lecture de certains des textes qui suivent, on pourrait penser que les auteurs s'autoflagellent. Mais il ne s'agit que d'une forme d'humilité, en même temps que d'un procédé traditionnel. Le disciple n'est en général pas dupe, il sait que le maître est en train de lui tendre un miroir.

* Voir appendice p. 319.

Tant que l'on n'est pas capable d'intégrer à la vie de tous les jours ce que l'on a compris par la méditation, le moindre obstacle fait trébucher, et l'on est incapable de faire face aux aléas de l'existence tout en continuant de progresser spirituellement. Les périodes de méditation et de postméditation doivent donc se renforcer mutuellement ; sinon, le fruit de la voie spirituelle restera hors d'atteinte.

Afin d'appliquer tous ces conseils, il est indispensable de maintenir une vigilance de tous les instants. Pour reprendre les paroles d'un maître kadampa :

L'épée de l'attention garde la porte de mon esprit !
Que les passions menacent, je les menacerai à mon tour !
Qu'elles relâchent leur emprise, je relâcherai la mienne !

La pratique nécessite un effort soutenu. Si d'emblée nous étions libres d'attachement et de colère et si nous pensions constamment à l'infinité des êtres, nous serions des personnes accomplies et nous n'aurions pas besoin de pratiquer. Comme ce n'est généralement pas le cas, nous devons garder présent à l'esprit le sens des enseignements et observer attentivement ce que nous faisons, disons ou pensons. Ce n'est que par une discipline assidue que le pratiquant du Dharma peut transformer sa façon d'être en profondeur et de façon durable.

DILGO KHYENTSÉ RINPOTCHÉ (1910-1991)[1]

Tous les enseignements du Bouddha convergent vers un seul objectif : la maîtrise de l'esprit. Celle-ci, en effet, entraîne naturellement celle du corps et de la parole et, à elle seule, peut mettre définitivement fin à la souffrance.

Quelle que soit la perfection apparente de nos actes et de nos paroles, si notre esprit est empli de mauvaises intentions, nous sommes loin de la voie. Aussi nous faut-il en permanence rester conscients de nos actes, mais aussi de nos pensées. Examinez encore et toujours votre esprit, et dès qu'une pensée malveillante s'y manifeste, appliquez l'antidote approprié. Renforcez vos pensées altruistes en les dédiant à l'Éveil de tous les êtres. Maintenez cette vigilance quand vous vous entraînez au calme intérieur (sanskrit : *shamatha*) et à la vision pénétrante (*vipasyana*), et vous pourrez reconnaître la sagesse au cœur même des activités et des distractions ordinaires. La vigilance est donc fondamentale, c'est le remède à toutes les afflictions du samsara.

Si l'on vous critique, saisissez cette occasion pour reconnaître vos fautes cachées et être plus humbles. Les critiques sont comme des maîtres, car elles détruisent votre attachement et votre orgueil. Si vous savez les intégrer à la voie, elles stimuleront votre pratique et renforceront votre discipline. Comment, alors, ne pas remercier leur auteur pour la faveur qu'il vous a faite ?

La joie et la souffrance causées par les louanges et les blâmes sont éphémères. Quand on vous fait des compliments, ne vous laissez pas envahir par la fierté ; dites-vous que ce sont des paroles entendues en rêve ou simplement l'effet de votre imagination. Ou bien pensez que ce n'est pas de vous que l'on fait l'éloge, mais des qualités que vous avez acquises grâce à la pratique spirituelle. En vérité, les seuls individus réellement dignes d'éloge sont les êtres sublimes qui ont atteint la libération. [...] Lorsqu'on est imbu de sa propre supériorité et que l'on ne supporte pas la moindre contrariété, on ne peut jamais devenir un pratiquant authentique. [...]

Quand on pointe nos défauts, nous nous irritons, même contre nos propres parents ou nos maîtres. Si en revanche on nous flatte en nous attribuant des qualités que nous n'avons pas, nous sommes ravis. Selon le dicton : « Ceux qui abondent toujours dans notre sens caressent notre orgueil, mais ne nous aident pas à développer nos qualités spirituelles. » En revanche, ceux qui mettent nos défauts en lumière et nous montrent comment les corriger sont d'une aide précieuse. C'est en fondant et en martelant l'or qu'on le raffine. De même, c'est en prenant conscience de nos incohérences et en appliquant les instructions d'un vrai maître que nous finirons par transformer nos faiblesses et nos mauvaises habitudes en auxiliaires sur la voie de l'Éveil.

Une fois le fauteur de troubles identifié et appréhendé, la paix revient au village. De même, quand un maître bienveillant révèle nos défauts et nous permet ainsi de les reconnaître, il nous donne la possibilité de nous en débarrasser pour que la paix revienne dans notre esprit. Le vrai maître spirituel est celui qui nous parle de façon directe en mettant le doigt sur le moindre de nos travers pour nous mettre sur la bonne voie. [...]

Même dans la vie de tous les jours, les gens respectent ceux qui font preuve de droiture et d'honnêteté, alors qu'ils n'accordent aucune confiance aux personnes malhonnêtes. Invoquons donc notre maître spirituel pour qu'il nous montre clairement notre inconduite et nos erreurs ; et, quand il le fait, sachons accepter ses critiques avec gratitude et utilisons-les pour nous améliorer.

SHABKAR (1781-1851)[2]

L'aiguille pointue

Maître, du haut de l'invisible royaume,
Veuillez considérer le misérable individu que je suis !

Je me propose de dénoncer mes propres défauts
Comme, de son doigt, on montre des poux,
Et d'extirper résolument mes erreurs
Comme on s'enlève une épine du pied.

Toi, Shabkar,
Tu jouis de cette précieuse et libre naissance humaine,
Tu as rencontré un maître, incarnation des bouddhas,
Tu as reçu ses vastes et profonds enseignements
Qui résultent de l'écoute du Dharma
Et de la contemplation de son sens.
De ce fait, tu aurais dû dompter
Et pacifier ton corps, ta parole et ton esprit ;
Au lieu de cela, tu vas de mal en pis !

Tes sombres émotions auraient dû décroître ;
Au lieu de cela, elles n'ont fait qu'augmenter !

Ton esprit aurait dû s'affiner ;
Au lieu de cela, il est encore plus fruste !

Voilà ce que tu es :
Un sac bourré de biens religieux et de nourriture offerte
[par les fidèles,
Un buffle endormi aux allures de cadavre,
Un serpent sifflant de haine,
Un oiseau se trémoussant de désir,
Un cochon abruti de stupidité,
Un lion rugissant d'arrogance,
Un chien fou de jalousie,
Un spectre brûlant de convoitise,
Un boucher inconscient d'infliger la douleur,
Un cannibale se délectant de chair et de sang.

Envers le maître, quintessence des bouddhas,
Tu manques de la vraie dévotion
Qui fait monter les larmes aux yeux.

Envers tes frères et sœurs de diamant,
Tu es incapable de garder la pure perception
Qui permet de les voir comme des déités.

Envers tous les êtres, tes mères de jadis,
Tu n'éprouves pas l'authentique compassion
Qui fait frémir et touche le cœur.

Tu connais de vastes et puissantes instructions,
Mais tu es incapable de l'effort diligent
Qui te servirait d'éperon et te permettrait
De mettre ces instructions en pratique.

Dénué de confiance et de respect,
Tu as depuis longtemps brisé les liens sacrés.

Dépourvu de vision pure,
Tu as perdu toute retenue.

Manquant de compassion,
Ton cœur s'est cuirassé.

Faute d'entraînement à la méditation,
Tu es totalement avachi.

À force de ne pas voir tes fautes,
Tu es comme un aveugle.

À ne parler que des bassesses d'autrui,
Tu es devenu un colporteur de ragots.

Tu t'es forgé, telle une pierre qui t'entraîne
Au fond de l'enfer, un bien mauvais karma,
Toi le malfaisant mortel sans foi ni loi,
Toi le traître qui as dupé jusqu'à ton maître,
L'incarnation même des bouddhas des trois temps.

Tu as abusé tes frères et sœurs de diamant,
Eux qui préservent avec respect leurs purs liens spirituels.

Tu as corrompu les enseignements
Et terni l'image de la doctrine.

Tu n'es vraiment qu'un charlatan :
De l'extérieur, tu ressembles à un pratiquant,
Mais tu agis à l'encontre des préceptes
Et oses te plaindre des fautes de tes amis.

Tu n'es qu'un mort-vivant, un spectre, un cadavre ambu-
[lant.
Tu n'es peut-être pas possédé par les hordes de Mara,
Mais tu es complètement fou.

D'où viens-tu, pantin empaillé ?
D'où viens-tu, homme de mauvais augure ?

Qu'en est-il de ta vigilance ?
Tu ne fais rien d'autre
Que manger, boire,
Et dormir comme un loir.

Vois comment, renâclant tel un âne éreinté,
Tu refuses obstinément de prendre la voie du bien !

Tu sais bien comment, plus rapide que quiconque,
Tu dévales comme une cascade la pente vers le mal !

De plus, tu ne tolères aucune remarque :
Vois comment ton visage se convulse aussitôt de rage !

Tu n'es qu'un amas de fautes et de transgressions :
À qui as-tu rendu tes vœux ?

Tu portes le lourd fardeau du vice :
Où sont passées tes vertus ?

Tu n'es qu'une vessie enflée de confusion :
Qui donc t'a dérobé tes qualités ?

Tu es lesté des huit préoccupations mondaines :
Qu'as-tu fait des saintes instructions ?

Tu ne ressembles en rien à un vrai pratiquant :
N'as-tu pas honte ?

Vieux chien sans queue,
Tu ferais mieux de rejoindre la meute !

Bœuf affublé de dents supérieures*,
Pars donc à la recherche d'un troupeau !

Si jamais tu voulais rester parmi tous,
Oserais-tu encore te conduire comme jadis ?

Mon pauvre vieux,
S'il te reste une once de respect pour toi-même,
Du courage au cœur,
Un peu de cervelle dans la tête
Et une certaine dignité,
Puisses-tu regretter tes actes passés
Et corriger ton attitude !
Il est grand temps ! Il est même déjà bien tard !

Comprends que tout ce qui naît meurt,
Que tout ce qui est amassé se disperse,
Que tout ce qui est uni au bout du compte se sépare
Et que tout, sans exception, est dénué d'essence.
Renonce à l'absurdité des activités mondaines !

Avec pour but de pratiquer les enseignements essentiels et
[sublimes,
Œuvre de tout ton être, en restant en accord
Avec les paroles de ton maître et des Vainqueurs !
Ô maître, ô Trois Joyaux, daignez me regarder avec com-
[passion !

* Un homme ignare qui ne diffère d'un bœuf que parce que, contrairement aux bovidés, il possède des dents supérieures.

PATRUL RINPOTCHÉ (1808-1887)[3]

Le goût unique

Si l'on se trompe en éprouvant
De l'attachement pour des fantasmagories,
Les illusions trompeuses pourront nous leurrer.
Mais si l'on comprend qu'esprit et apparences
Sont comme l'eau et le reflet de la lune,
Les deux n'ont plus qu'une seule saveur.

Si le vieillard a l'œil attiré
Par la jeunesse épanouie,
Le goût empoisonné de l'attachement en lui pourra surgir.
Quand, dans la dimension absolue, l'attachement au corps
[se libère,
Jeunesse et vieillesse n'ont plus qu'une seule saveur.

Si l'on s'attache trop aux trois âges de la vie
Comme s'ils étaient permanents,
Cruelles pourront être les affres de la mort.
Dans l'essence de la conscience éveillée,
Naissance et mort ont une saveur unique.

Si trop serrés sont les liens de l'affection
Pour les parents et les proches,
Déchirante sera sans doute la séparation.
Quand on connaît la nature illusoire du samsara,
Union et séparation n'ont plus qu'une seule saveur.

Si dans la déité on place trop d'espoir,
La crainte des démons surgira d'autant plus.
Quand on sait que le monde et les êtres sont la déité,
Dieux et démons n'ont plus qu'une seule saveur.

Si l'on court après les pensées,
Mille activités se présentent à soi.
Si l'on observe l'esprit sans pensée
On peut se détendre dans le non-agir.

Si l'on écoute tout ce qui sort de la bouche des autres,
Il n'y a pas de limites à ce qu'il faut faire.
Quand on se détermine par soi-même,
On peut résolument circonscrire ses projets.

Même si les autres nous perçoivent sous un jour admirable,
Quand nous voyons nos propres fautes
Il est absurde de feindre l'excellence.

Il est temps pour le mauvais de cacher son cadavre*.
La royauté s'est trouvée aux mains du renard**.
Il en a savouré le fruit quelque temps,
Mais quand le renard est inutilement mordu par la bise
[glacée,
Le moment est venu pour lui de gagner son terrier.

Si l'on fait tout ce que disent les gens de Marwa,
Il sera difficile de voir le pays de Do***,
Mais pour celui qui décide du moment de partir,
Do et Marwa ne sont que les deux versants d'un même col.

Ah ! Ah ! Quel misérable discours que voilà !
Eh ! Eh ! Tout simplement dénué de sens !
Oh ! Oh ! Spontanément jailli !

* À partir d'ici, Patrul Rinpotché parle de lui-même.

** Ce vers fait allusion à une légende selon laquelle un renard tomba un jour dans le chaudron d'un teinturier et en ressortit d'une superbe couleur bleue. Lorsqu'il revint dans la campagne, les autres animaux, ne le reconnaissant pas, le prirent pour un être divin et l'entourèrent des plus grandes marques de respect, au point qu'il fut bientôt promu au rang de roi des animaux. Jusqu'à un soir de pleine lune où, tandis que le renard trônait fièrement devant sa cour, d'autres renards se mirent à glapir dans le lointain. Malheureusement, le roi bleu ne put s'empêcher de glapir lui aussi, et l'imposteur démasqué n'eut que le temps de s'enfuir pour avoir la vie sauve.

*** Deux vallées adjacentes du Tibet oriental.

« Chassez-les avec des pierres... ! »[4]

Je me prosterne aux pieds de mon maître !
Lorsque le vieux chien que je suis demeurait dans la solitude,
En me rappelant les paroles de mon suprême refuge,
J'ai eu moi-même envie de parler de la sorte :

La première fois que j'ai rencontré mon maître,
J'avais le sentiment que tous mes vœux étaient exaucés,
Comme le navigateur qui aborde une île d'or pur.
C'est ce qui s'appelle prendre à cœur le sens des enseigne-
[ments.

Plus tard, quand j'arrivais en présence de mon maître,
J'avais le sentiment d'être coupable,
Comme le malfaiteur qui rencontre un juge.
C'est ce qui s'appelle se faire rappeler à l'ordre.

Maintenant, lorsque je rends visite à mon maître,
Guère plus impressionné qu'un pigeon qui niche dans un
[temple,
J'ai l'impression de me trouver avec un égal.
C'est ce qui s'appelle avoir pris ses distances.

La première fois que j'ai reçu des instructions spirituelles,
J'avais hâte de les mettre en œuvre,
Comme un affamé qui trouve de la nourriture.
C'est ce qui s'appelle avoir l'air de pratiquer.

Plus tard, quand j'écoutais les enseignements,
J'étais la proie d'une grande incertitude,
Comme lorsqu'on entend quelqu'un qui parle au loin.
C'est ce qui s'appelle ne pas avoir clarifié ses doutes.

Maintenant, lorsque j'écoute le Dharma,
J'ai un sentiment de répulsion,
Comme si on me forçait à manger mon vomi.
C'est ce qui s'appelle avoir perdu l'envie de demander des
[enseignements.

La première fois que je me suis trouvé dans un lieu solitaire,
Je me suis senti parfaitement à l'aise,

Comme un voyageur qui revient chez lui.
C'est ce qui s'appelle se réjouir d'être au bon endroit.

Plus tard, telle une belle qui vit seule,
Je n'ai plus supporté
De rester dans un endroit désert.
C'est ce qui s'appelle ne plus tenir en place.

Maintenant, quand je suis dans un lieu retiré,
Je me dis que c'est plutôt un bon coin,
Comme un vieux chien moribond sous une corniche.
C'est ce qui s'appelle se cacher pour mourir.

Au début, lorsque je pensais à la vue,
Plus elle était élevée, plus j'étais heureux,
Comme un vautour qui cherche un endroit pour nicher.
Cette vue se bornait à de simples mots.

Plus tard, lorsque j'envisageais la vue,
Je craignais de me tromper,
Comme lorsqu'on arrive à une croisée de chemins.
C'est ce qui s'appelle rester perplexe.

Maintenant, quand je pense à la vue,
J'ai l'impression d'être trompé,
Comme un enfant à qui un vieux raconte des balivernes.
C'est ce qui s'appelle ne plus savoir où on en est.

Au début, quand je pensais à méditer,
J'étais plein d'enthousiasme,
Tels un garçon et une fille sous le charme de leur rencontre.
C'est ce qui s'appelle être assoiffé de méditation.

Plus tard, à la pensée de méditer,
Je me sentais épuisé,
Comme une personne frêle courbée sous un lourd fardeau.
C'est ce qui s'appelle une méditation de courte durée.

Maintenant, lorsqu'il me vient l'envie de méditer,
Je suis incapable de rester un instant tranquille,
Comme une aiguille que l'on essaie de faire tenir droite sur
[une pierre.
C'est ce qui s'appelle n'avoir plus envie de méditer.

Au début, quand je pensais à la conduite à suivre,
Je me sentais contraint par mes vœux,
Comme un cheval sauvage que l'on vient d'attacher.
C'est ce qui s'appelle un faux-semblant de discipline.

Plus tard, quand je pensais à la conduite,
Je me sentais libre d'en faire à ma guise,
Comme un vieux chien ayant arraché le piquet qui le retenait.
C'est ce qui s'appelle abandonner ses vœux.

Maintenant, quand je pense à la façon d'agir,
Je n'ai aucune retenue,
Comme une femme qui ne se soucie plus de son apparence.
C'est ce qui s'appelle se moquer de sa condition.

Au début, lorsque je pensais au but de la voie,
Je me disais qu'une bonne affaire était en perspective,
Tel un charlatan qui vante sa marchandise.
C'est ce qui s'appelle nourrir de grands espoirs.

Plus tard, à la pensée du but,
Je me disais qu'il était bien éloigné,
Comme les deux rives de l'océan.
C'est ce qui s'appelle ne pas brûler d'envie.

Maintenant, quand je pense au fruit de la voie,
J'ai l'impression de n'avoir aucune chance de l'atteindre,
Comme le voleur attardé qui voit poindre l'aube.
C'est ce qui s'appelle perdre tout espoir.

Au début, lorsque je m'apprêtais à faire un discours,
J'étais très satisfait de mon talent,
Comme une belle femme qui arrive sur la place du marché.
C'est ce qui s'appelle être enclin à palabrer.

Plus tard, lorsque j'entamais un exposé,
Je me disais que je savais tout,
Comme un ancien qui raconte des histoires de jadis.
C'est ce qui s'appelle avoir la langue bien pendue.

Aujourd'hui, lorsque je fais un exposé,
J'ai l'impression d'étaler mes défauts au grand jour,

Comme un esprit malin frappé par un exorciste.
C'est ce qui s'appelle se couvrir de honte.

Dans mes premiers débats philosophiques,
J'avais très envie de sortir vainqueur,
Comme lorsqu'on se trouve au tribunal pour une sale affaire.
C'est ce qui s'appelle céder souvent à la colère.

Plus tard, lorsque je débattais,
J'avais le sentiment de chercher le sens ultime,
Tel un médiateur qui s'efforce d'avoir une juste vision des [choses.
C'est ce qui s'appelle mobiliser toute son intelligence.

À présent, lorsque je débats,
J'ai l'impression que je peux dire n'importe quoi,
Comme un bonimenteur qui fait le tour du pays.
C'est ce qui s'appelle avoir perdu toute retenue.

Lorsque j'ai commencé à composer des textes,
J'avais l'impression que cela me venait spontanément,
À la manière des grands adeptes qui improvisent des chants [d'Éveil.
C'est ce qui s'appelle avoir la plume facile.

Plus tard, quand je me mettais à écrire,
J'avais l'impression de faire un effort de style,
Comme un poète expérimenté qui cisèle ses vers.
C'est ce qui s'appelle faire de la bonne littérature.

Aujourd'hui, quand je compose un texte,
J'ai le sentiment que cela ne sert à rien,
Comme d'écrire le guide d'un lieu qu'on ne connaît pas.
C'est ce qui s'appelle ne pas vouloir gaspiller de l'encre et [du papier.

Au début, lorsque je retrouvais mes codisciples,
J'étais animé par un intense esprit de compétition,
À l'instar des jeunes gens réunis pour un concours de tir à [l'arc.
C'est ce qui s'appelle être le jouet du désir et de l'aversion.

Plus tard, lorsque j'étais avec mes compagnons,
Je me sentais l'intime de tous,
Comme une fille de joie qui rejoint une fête.
C'est ce qui s'appelle avoir beaucoup d'amis.

De nos jours, quand je suis avec mes semblables,
Je ne me sens pas à ma place,
Comme un lépreux dans une foule.
C'est ce qui s'appelle se sentir solitaire.

Au début, lorsque je voyais des richesses,
J'éprouvais simplement une joie passagère,
Comme un enfant qui cueille des fleurs.
C'est ce qui s'appelle ne pas chercher à engranger des biens.

Plus tard, en voyant des richesses,
J'avais l'impression qu'il était impossible d'en avoir assez,
Comme lorsqu'on verse de l'eau dans un vase percé.
C'est ce qui s'appelle ne plus être très motivé.

Maintenant, quand je vois une abondance de biens,
Je me dis que c'est là une lourde charge,
Comme celle d'un vieux mendiant à la nombreuse progé-
[niture.
C'est ce qui s'appelle préférer ne rien avoir. [...]

La première fois que j'ai eu des disciples,
J'ai eu envie de grandeur,
Comme un valet qui prend la place du maître.
C'est ce qui s'appelle s'autocongratuler.

Plus tard, lorsque des disciples m'ont rejoint,
J'avais l'impression de leur être indispensable,
Comme à des pèlerins qui arrivent dans un lieu sacré.
C'est ce qui s'appelle faire de son mieux pour les autres.

Maintenant, lorsque des disciples m'approchent,
J'ai envie de les admonester
Comme lorsqu'on rencontre des démons dans un endroit
[sauvage.

C'est ce qui s'appelle avoir envie de les chasser avec des [pierres.

Telle est la conclusion de cette admonition intitulée « Chas- [sez-les avec des pierres ».

Que du mérite s'ensuive !

KALDEN GYATSO (1607-1677)[5]

Les inepties de l'ignorance ne font que croître ;
Toi, la sagesse, as-tu le cœur à dormir ?

Le désir se fait de plus en plus grossier ;
Toi, le sentiment de répulsion, dans quel marécage es-tu [tombé ?

La splendeur de la haine est plus grande que jamais ;
Toi, l'amour altruiste, où t'es-tu donc enfui ?

L'orgueil vocifère toujours plus bruyamment ;
Toi, l'humilité, es-tu devenue sourde ?

Les affres de la jalousie se font de plus en plus tangibles ;
Toi, la vision pure, je te cherche partout en vain.

Les vues fausses sont de plus en plus perfides ;
Vous, la foi et le respect, vous êtes-vous totalement évanouis ?

Les repas de funérailles sont de plus en plus savoureux ;
Vous, les pratiques vertueuses, êtes-vous sur le point de [disparaître ?

Fautes et transgressions s'abattent comme pluie ;
Vous les vœux et les préceptes, je me demande si vous êtes [encore là.

Le nœud de l'avarice se resserre toujours plus ;
Toi, la générosité, ta main est-elle cassée ou paralysée ?

Moi, Kalden Gyatso, natif de Rongpo, j'ai écrit ces paroles de remontrances pour m'aider à distinguer les fautes de leurs remèdes.

GOUROU CHÖKYI WANGCHOUK (1212-1270)[6]

*Om mani padmé houng hri**

*Voici le « mani*** *qui expose les défauts et les fautes cachées », quelques conseils donnés par Chökyi Wangchouk à Pajo Thogden Chapchol et à tous ses enfants spirituels.*

Hri ! Pensez à nous, ô Grand Compatissant !
Inconcevable est le fait d'avoir franchi le seuil du Dharma,
Mais sans se lasser du samsara, cela ne sert à rien ;
C'est pourquoi il vaut mieux réciter le mani !

Tu as beau rester des années dans la solitude,
Sans te libérer du désir cela ne sert à rien ;
C'est pourquoi il vaut mieux réciter le mani !

Tu as beau t'adonner aux pratiques ascétiques
Et vivre de l'essence des éléments***,
Sans trancher ta soif de nourriture, ce serait inutile ;
C'est pourquoi il vaut mieux réciter le mani !

Tu as beau t'évertuer à écouter, réfléchir et méditer,
Si ton esprit n'en retire aucun bienfait, cela ne sert à rien ;
C'est pourquoi il vaut mieux réciter le mani !

Tu as beau comprendre le sens des neuf véhicules graduels,
Si tu n'as pas de compassion, cela ne sert à rien ;
C'est pourquoi il vaut mieux réciter le mani !

* Le mantra d'Avalokiteshvara, bouddha de la compassion. Ce mantra est le plus fréquemment récité par les Tibétains.

** Le *mani* est le terme habituel par lequel les Tibétains désignent le mantra précédent.

*** Pratique particulière consistant à extraire, par des moyens physiques ou méditatifs, l'essence des éléments (espace, eau, terre, feu et vent) afin de régénérer et d'accroître sa force vitale. Cela permettait aussi à certains ascètes vivant loin de tout de survivre pendant des années sans disposer de nourriture ordinaire.

Tu as beau être expert dans la vue, la méditation et l'action,
Si tu n'as pas renoncé au monde ordinaire, cela ne sert à rien ;
C'est pourquoi il vaut mieux réciter le mani !

Tu as beau avoir une force, un pouvoir et des qualités
[inconcevables,
Si tu n'as pas dompté ton esprit, cela ne sert à rien ;
C'est pourquoi il vaut mieux réciter le mani !

Tu as beau être habile à enjoliver de mots les doctrines
[philosophiques,
Si c'est après les mots que tu cours, cela n'a pas d'utilité ;
C'est pourquoi il vaut mieux réciter le mani !

Tu as beau vivre continûment dans des lieux retirés,
Si tu ne renonces pas aux activités, cela ne sert à rien :
C'est pourquoi il vaut mieux réciter le mani !

Tu as beau renoncer à toute compagnie et être célibataire,
Si tu n'abandonnes pas les distractions, cela ne sert à rien ;
C'est pourquoi il vaut mieux réciter le mani !

Tu as beau comprendre le sens de la Grande Perfection,
Si tes pensées ne se libèrent pas, cela ne sert à rien :
C'est pourquoi il vaut mieux réciter le mani !

Tu as beau être habile à comprendre le sens
De l'égalité de soi et d'autrui,
Si ce n'est que faux-semblant, cela ne sert à rien ;
C'est pourquoi il vaut mieux réciter le mani !

Tu as beau être toujours resté avec ton maître,
Si tu n'as pas acquis ses qualités, cela ne sert à rien ;
C'est pourquoi il vaut mieux réciter le mani !

Tu as beau recevoir de vastes initiations,
Si ton esprit ne mûrit pas, cela ne sert à rien ;
C'est pourquoi il vaut mieux réciter le mani !

Tu as beau posséder des milliers d'instructions cruciales,
Sans expérience intérieure, cela ne sert à rien ;
C'est pourquoi il vaut mieux réciter le mani !

Tu as beau avoir des milliers de maîtres,
Sans les servir, cela n'est pas utile ;
C'est pourquoi il vaut mieux réciter le mani !

Tu aurais beau écouter le Dharma pendant des ères cos-
[miques,
Sans la foi, cela ne servirait à rien ;
C'est pourquoi il vaut mieux réciter le mani !

Tu as beau avoir pratiqué dans de nombreuses grottes,
Si tu n'as pas d'accomplissement, cela ne sert à rien ;
C'est pourquoi il vaut mieux réciter le mani !

Tu as beau proclamer que tu as réalisé la Grande Perfection,
Si tu as encore des rêves ordinaires*, cela ne sert à rien ;
C'est pourquoi il vaut mieux réciter le mani !

Tu as beau savoir commenter les textes, les raisonnements
[et les instructions,
Si tu ne connais pas ta propre nature, cela ne sert à rien :
C'est pourquoi il vaut mieux réciter le mani !

RINCHEN PHÜNTSOK (1509-1602)[7]

Conseil à moi-même

Hommage au maître !
Resplendissant de précieuses et glorieuses qualités,
Vous êtes le refuge de tous les êtres, y compris des dieux,
Puissant Vainqueur, vous dont la simple pensée dissipe
[toute souffrance,
À vos pieds de lotus je me prosterne !

* À mesure que le pratiquant progresse sur le chemin spirituel, il devient capable de savoir qu'il rêve lorsqu'il rêve (rêve lucide), puis de modifier la nature de ses rêves au point de ne plus avoir de rêves ordinaires.

Les multiples graines de karma une fois semées
Dans le champ de la conscience fondamentale, support des
[tendances habituelles,
Donnent pour récolte toutes les apparences illusoires.
Bénissez-moi pour que ces illusions soient purifiées dans
[l'espace de la vacuité !

Les apparences du monde sont comme un rêve confus.
Bien qu'irréelles, elles engendrent les nombreux bonheurs
[et malheurs.
Sans les poursuivre en les prenant pour solides,
Élimine l'attachement de l'intérieur, toi l'ermite errant.

Tu ne vois pas de sens aux choses du samsara,
Mais tu enchaînes fébrilement d'interminables activités
Sans pour autant trouver de satisfaction.
Toi, l'indolent, ne te soucie pas d'être en accord avec les
[autres !

Si tu es au sommet, tu t'enivres d'orgueil ;
Si tu te trouves en bas, tout le monde te méprise ;
Et entre les deux, tu suscites la jalousie.
Toi, l'engourdi, réfléchis au bien-fondé de toutes ces acti-
[vités !

Si tu agis avec franchise, tu n'as que des ennemis,
Si tu es hypocrite, ta conscience se charge de dettes kar-
[miques,
Si ta conduite varie, on te traite de girouette.
Toi, l'indécis, contemple le résultat de tes actes !

Si tu parles beaucoup, tu passes pour un bonimenteur,
Si tu ne dis rien, on te prend pour un abruti ; et si tu es
Tantôt silencieux tantôt volubile, les gens te tiennent pour
[un instable.
Toi, Rinchen, réfléchis à la vanité des mots !

Patrul Rinpotché (1808-1887)[8]

Conseils à lui-même

Sur le pistil exquis bordé de vastes étamines d'un lotus aux
[pétales déployés
Repose l'orbe d'une pleine lune, trône de blanche lumière,
[où vous siégez, inébranlable,
Vous la manifestation de la félicité-vacuité sous l'aspect
[d'une déité :
Maître Vajrasattva, unique déité, je m'en remets à vous !

Toi, Abou Shri*, le distrait au mauvais karma, écoute donc !
Te rappelles-tu comment, à force de méprises, tu t'es fait
[duper ? Le comprends-tu ?
En ce moment même, tu persistes dans tes erreurs, prends-y
[garde !

Renonce à mener une vie trompeuse et vide ; rejette
[désormais
Les impostures de ton propre esprit et les mille projets dont
[tu n'as nul besoin !

Ne te laisse pas duper par le tenaillant fardeau
Des kyrielles de pensées qui jamais ne se réalisent
Ni par les activités distrayantes qui n'ont pas plus de fin
Que les vagues sur l'eau : reste donc tranquille !

Écouter des enseignements ?
Tu l'as fait des centaines de fois.
À quoi bon, si tu ne saisis pas
Le sens d'un seul d'entre eux ?
Réfléchir sur ce que tu as étudié ne sert à rien si,
Quand tu en as besoin, tu ne l'as pas présent à l'esprit.

* L'un des surnoms de Patrul Rinpotché. *Abou* pourrait être traduit par « compère », et *shri* est l'équivalent sanskrit du terme tibétain *pal* (« glorieux »), la première syllabe de Palgyé, alias de Patrul.

Quant à la méditation, si elle ne remédie pas
À tes émotions négatives, laisse-la tomber !

Tu as récité le bon nombre de mantras,
Mais tu n'as pas maîtrisé la phase de création.
Tu visualises comme déités les phénomènes tenus pour [solides,
Mais tu n'as pas détruit la dualité.
Tu as l'air de dompter les démons,
Mais ton esprit, tu ne l'as pas dompté :
Tes quatre séances de pratique bien organisées,
Jette-les donc aux orties !

Quand tu es de bonne humeur,
Ta pratique te semble limpide,
Mais tu es incapable d'y détendre ton esprit.

Quand tu es déprimé,
Tu as l'air de ne pas avoir de pensées
Mais la clarté te fait défaut.

L'aspect de claire conscience semble chez toi inébranlable,
Mais ce qui est bien stable, ce sont tes concepts :
Jette donc aux orties ton regard aussi fixe
Qu'un piquet fiché dans le sol !

Les beaux discours sont doux à l'oreille,
Mais ils n'aident pas ton esprit ;
La logique donne l'impression d'être pénétrante,
Mais ce qu'elle engendre, c'est une double illusion ;
Les instructions ont l'air profondes,
Mais tu ne les mets pas en pratique ;
Laisse donc tomber la lecture des livres
Qui distrait ton esprit et t'abîme les yeux !

Tu as beau faire résonner ton petit tambour : tom ! tom !
Ce n'est que du bruit pour te donner bonne image.
Tu cries : « Emportez ma chair ! Emportez mon sang ! »
Mais tu n'as pas fini de chérir ces derniers.
Tu frappes tes cymbales : tsing ! tsing !
Mais tu n'as pas la moindre concentration.

Laisse donc tomber ce bel attirail
Qui te donne une superbe apparence !

En ce moment, ils semblent s'échiner à apprendre,
Mais ils finissent par abandonner ;
Aujourd'hui, ils ont l'air d'avoir tout compris,
Mais peu à peu il n'en reste rien ;
Apprendraient-ils cent choses
Qu'ils ne les appliqueraient pas à leur esprit :
Laisse donc tomber ces disciples
Qui ont l'air si importants ! [...]

Les bavardages sans fin sont cause
D'attachements et de haines ;
On semble s'étonner, approuver,
Mais en fait, on médit d'autrui ;
Ce que l'on dit sonne bien,
Mais les autres s'en irritent :
Laisse donc tomber les papotages
Tout juste bons à donner soif !

Enseigner sans expérience personnelle,
C'est comme danser en ayant appris dans un livre ;
Même si on semble t'écouter avec dévotion,
C'est, de ta part, pure tromperie ;
Si tu trahis les enseignements,
Tôt ou tard tu auras honte de toi :
Laisse donc tomber les homélies
Qui ont l'apparence de beaux discours !

Euphoriques aujourd'hui,
En colère demain,
Les gens en proie aux sautes d'humeur
Ne sont jamais satisfaits ;
Même s'ils le sont, quand tu as besoin d'eux,
Ils te sont inutiles et te désespèrent :
Laisse donc tomber les politesses,
Les flatteries et l'obséquiosité !

Ce sont les gens capables qui s'occupent
Des affaires religieuses ou profanes ;

Après de tels compagnons
Ne soupire pas, mon vieil Abou ;
Ne vois-tu pas que le vieux buffle dans son étable
N'aspire au fond qu'à dormir ?

Tu ne peux pas te passer de manger, dormir et déféquer ;
Ne te mêle pas de plus que cela, le reste n'est pas de ton [ressort ;
Fais ce qui est dans tes capacités et reste tranquille dans [ton coin ! […]

Lâche prise ! Lâche tout, absolument tout : voilà l'essen- [tiel !

Conseils écrits par le yogi Drimé Lodrö (Patrul Rinpotché) pour son ami intime Abou Shri (qui n'est autre que lui-même) afin de lui fournir les recommandations sur mesure qu'il doit pratiquer. Et même s'il n'y a rien à mettre en pratique, le point essentiel est de lâcher prise sur tout. Et qu'il ne s'irrite pas, même s'il ne récolte pas le fruit des enseignements !

DODROUP TENPAI NYIMA (1865-1926)[9]

Donner un conseil de façon concise ne le rend parfois que plus difficile à comprendre. Je vais donc m'exprimer dans la langue quotidienne. De toute façon, je suis incapable de beaux discours.

Bon, venons-en à ce que je veux dire. Suppose que le Seigneur de la mort se présente devant toi aujourd'hui. Il tranche le fil ténu de ton existence, interrompt le mouvement continu de ton énergie vitale, et ton dernier souffle s'échappe comme une étincelle. Voilà ton corps bien-aimé, que tu as tant choyé, abandonné sur ta couche. Tes amis et tes proches ne peuvent t'accompagner et tu es contraint de laisser derrière toi tous les biens que tu avais passé ta vie à accumuler.

Dans l'état intermédiaire, le bardo, une multitude de fantasmagories, aussi nombreuses que les étoiles de la nuit, t'apparaîtront, et tu pénétreras dans une effrayante obscurité. Te voilà maintenant engagé sur un redoutable et douloureux sentier où t'apparaîtront clairement toutes les preuves de ton mauvais karma. Pourras-tu encore rester à l'aise et détendu ?

On a beau se dire : « Demain je mourrai », on a beau dire que la vie est éphémère, en fait, lorsque, le matin, on pense à écouter ou enseigner le Dharma, et que, l'après-midi, on est tout occupé à échafauder des plans à long terme, pense-t-on vraiment à la mort ? La réponse est claire.

Le passé est révolu. Désormais, à chaque instant, de l'aube au crépuscule, garde à l'esprit cette question : « Que dois-je faire pour n'avoir aucun regret au moment de mourir ? » Ne l'oublie pas ! C'est important, penses-y dès maintenant !

Parler, marcher, uriner, déféquer, manger ; n'es-tu pas dégoûté jusqu'à la nausée des activités de cette vie ? Qu'as-tu de mieux à faire que de t'appliquer à la pratique spirituelle ? Un éclair de foi envers les Trois Joyaux, un rien de compassion qui surgit en toi, et c'est déjà le Dharma.

Si tu ne fais pas ton possible dès maintenant pour pratiquer la noble voie, une fois ton crâne et tes os sous terre, dis-toi bien que tu ne retrouveras pas une vie humaine aussi facilement que du crottin tombe de la croupe d'un cheval !

L'été, va donc voir dans ton garde-manger combien de mouches sont agglutinées sur les morceaux de viande avariée, et tu comprendras facilement qu'il y a beaucoup plus d'êtres dans les mondes inférieurs que dans celui des hommes.

Si tu marmonnes des prières sans prendre la voie de la libération, comme si tu avais une langue de papier froissée dans une bouche en bois, et que la vieille peste des tracas ordinaires sommeille encore en toi, dis-moi un peu ce qui peut sortir de ce simulacre de pratique ? Réfléchis bien et décide-toi, une fois pour toutes, à consacrer ton temps au Dharma.

Ne te fie pas aux faux bouddhas trompeurs, ne cherche pas la protection des fantômes qui peuplent les airs, ne demande pas conseil aux amis néfastes et autres êtres puérils. Donne tout ton être aux Trois Joyaux, le seul refuge infaillible. N'oublie jamais d'avoir une dévotion telle que tu perçoives ton maître comme le Bouddha en personne. Ne critique pas les grands sages. Si des amis te font du tort, ne laisse pas le ressentiment gagner ton esprit. Si un ennemi te fait du mal, ne te laisse pas envahir par les lamentations.

Quand on te parle durement, si tu te demandes : « Pourquoi cet individu m'a-t-il dit de telles méchancetés ? » et que cette pensée lancinante te tenaille, c'est qu'un démon virulent a surgi en toi. Dis-toi que c'est ce démon-là qui veut te nuire. Constate tout le mal qu'il t'a fait et comprends que tu as bien besoin du remède de la sagesse.

Amasser des richesses et les mettre de côté, flatter amis et proches tout en nourrissant des pensées malveillantes à l'égard des autres, tous ces comportements ne font que renforcer l'attachement et l'aversion, et te condamnent à devenir le valet des émotions négatives. Et si tu te mets à servir les émotions négatives, il n'y aura pas de limites aux maux qui t'accableront.

Ne vois-tu pas qu'après avoir servi ces émotions depuis les temps immémoriaux que tu te trouves dans le samsara, te voilà maintenant dans une situation pitoyable, tandis que ton corps d'agrégats impurs attire toutes les souffrances ! Désormais, considère les émotions négatives comme tes ennemies et ceux qui te font du tort comme tes amis.

Lorsqu'un taon te pique dans le dos, tu ne peux le supporter et tu t'exclames : « *Atsatsa !* Maudite bestiole ! » et que dire s'il s'agit d'une plus grande souffrance ? Eh bien, c'est pareil pour les autres êtres, qui tous veulent être heureux et ne pas souffrir. Les gens ordinaires exultent au moindre succès et se morfondent pour des broutilles. Aussi tâche d'avoir bon cœur ! N'oublie pas ce point ! Ne l'oublie pas ! Longue vie à toi !

Ainsi parla le mendiant Jigmé pour répondre au souhait de Guéguén Palgyé.

LONGCHEN RABJAM (1308-1363)[10]

Voici un chant pour m'exhorter, moi-même autant que mes semblables, à considérer que les activités ordinaires de cette vie et les illusions de ce monde n'apportent ni bienfait ni refuge.

Sur la montagne des tendances accumulées depuis des [temps immémoriaux,
Le filet de l'ignorante dualité voile la claire lumière de [l'esprit.
Puisque dans ce monde du samsara tu n'éprouves pas la [moindre lassitude,
Toi l'inconscient, j'ai un conseil à te donner.

Si tu ignores le caractère trompeur de cette vie éphémère,
À quoi bon avoir tant réfléchi ?

Si, cette fois-ci encore, tu ne prends pas le chemin de la [libération,
À quoi bon avoir obtenu une existence humaine ?

Si tu ne cultives pas la vertu et ne purifies pas tes fautes,
À quoi bon avoir franchi la porte du Dharma ?

Si tu ne gardes pas présentes à l'esprit les souffrances des [mondes inférieurs,
À quoi bon un semblant de pratique spirituelle ?

Si tu n'es pas intimement convaincu de la vanité des choses [de cette vie,
À quoi bon avoir accumulé de prétendus mérites ?

Si, au tréfonds de toi, tu ne connais pas le contentement et [l'absence de besoins,
À quoi bon prétendre avoir peu de désirs ?

Si, faute d'avoir maîtrisé ton esprit, tu es incapable d'humi- [lité,
À quoi bon faire semblant de méditer sur la patience ?

Si tu n'as pas vaincu de l'intérieur ta colère et ton orgueil,
À quoi bon feindre la maîtrise de soi ?

Si tu n'intègres pas le Dharma au plus profond de toi,
À quoi bon te piquer de connaître les soutras et les tantras ?

Si, du fond du cœur, tu n'engendres pas un esprit d'Éveil [sans bornes,
À quoi bon t'afficher comme un adepte du Grand Véhi- [cule ?

Si tu ne gardes pas parfaitement purs tes vœux et tes liens [spirituels,
À quoi bon prétendre pratiquer le véhicule des Mantras [secrets ?

Si tu ne t'es pas incité à être profondément las du samsara,
À quoi bon faire semblant de pratiquer dans des lieux soli- [taires ?

Si tu n'as pas sincèrement renversé ton attachement à la [réalité des choses,
À quoi bon te targuer d'être un bon pratiquant du Dharma ?

Si tu ne prends pas honnêtement ton esprit à témoin,
À quoi bon passer pour un homme de bien aux yeux d'autrui ?

Si tu n'es pas dégoûté des huit préoccupations mondaines,
À quoi bon te considérer comme un pratiquant hors pair ?

Si tu n'as pas abandonné les dispersions engendrées par le [désir de prestige et de renommée,
À quoi bon tout cet entourage de disciples ?

Si tu n'as pas renoncé au désir de gloire, à la vanité et à la [partialité,
À quoi bon prendre des airs altruistes ?

Si tu n'as d'yeux que pour toi-même,
À quoi bon faire semblant d'être généreux ?

Si ton altruisme n'est pas entièrement dénué de désirs [égoïstes,
À quoi bon prétendre faire le bien des autres ?

Si tu n'es pas émerveillé par ton maître et ses enseigne-[ments,
À quoi bon entretenir une foi artificielle ?

Si tu n'éprouves pas en toi une profonde certitude,
À quoi bon les conseils d'autrui ?

Si, de l'intérieur, tu ne vois pas les émotions négatives [comme tes ennemis,
À quoi bon les remèdes extérieurs ?

Si tu n'as pas à l'esprit la lassitude, le renoncement et [l'inévitabilité de la mort,
À quoi bon t'évertuer à atteindre l'Éveil ?

Si tu ne t'adonnes pas à la pratique dans la solitude,
À quoi bon avoir écouté les enseignements et y avoir réflé-[chi ?

Si, las et dégoûté des choses du monde, tu échafaudes
[encore des plans à long terme,
À quoi bon méditer dans la solitude ?

Si tu n'as pas rencontré un maître spirituel authentique,
À quoi bon faire comme si tu suivais un ami spirituel ?

Si tu n'éprouves pas sincèrement une infinie dévotion,
À quoi bon faire semblant de t'en remettre à ton maître
[spirituel ?

Si les bénédictions du maître ne pénètrent pas ton cœur,
À quoi bon t'engager sur le chemin de la libération ?

Si tu n'es pas capable de pratiquer en renonçant aux choses
[de ce monde,
À quoi bon connaître la nature ultime des phénomènes ?

Si tu n'as pas acquis une vision pure non feinte,
À quoi bon faire montre d'une grande ferveur ?

Si tu n'éprouves pas un sincère et fervent respect,
À quoi bon avoir l'air d'honorer tes compagnons spiri-
[tuels ?

Si tu ne te familiarises pas avec ta propre conscience éveil-
[lée,
À quoi bon avoir reçu de profondes instructions ?

Si tu n'as pas acquis une assurance intérieure libérée de la
[dualité,
À quoi bon une vue qui n'est que compréhension générale ?

Si tu ne sais pas méditer en restant libre de l'adoption et
[du rejet,
À quoi bon méditer en utilisant des références concep-
[tuelles ?

Si tu ne comprends pas que tes propres perceptions sont
[vides, sans réalité,
À quoi bon pratiquer la non-dualité ?

Si tu ne reconnais pas que l'Éveil-vacuité sans obstruction
[est le corps absolu,
À quoi bon essayer d'atteindre le fruit de la voie ?

Si tu n'appliques pas les antidotes utiles à ton esprit,
À quoi bon les bla-bla intellectuels ?

Si tu ne purifies pas les pensées sans les rejeter
Mais en les laissant se dissoudre dans l'espace de la
[conscience éveillée,
À quoi bon les bonnes pensées doublement illusoires ?

Si tu ne purifies pas les cinq poisons en éliminant
Les pensées nuisibles dès qu'elles pointent,
À quoi bon la vacuité du non-agir ?

Si tu n'as pas d'assurance intérieure concernant la vue, la
[méditation et l'action,
À quoi bon errer d'un lieu sacré à l'autre ?

Si tu n'as pas épuisé l'intellect et perçu, dans sa nudité,
La nature véritable des choses,
À quoi bon te considérer comme un yogi accompli ?

Si tu ne sais pas reposer continuellement dans l'Éveil-
[vacuité,
À quoi bon te considérer comme un grand méditant ?

Si tu ne réalises pas la transparence des phénomènes
En reconnaissant qu'ils n'ont aucune existence propre,
À quoi bon la présentation de la nature de l'esprit ?

Si tu n'es pas las du samsara au point de renoncer à tout,
À quoi bon méditer dans la solitude ?

Si tu n'abandonnes pas espoirs et craintes, et que tu
[continues
À redouter la souffrance et à t'inquiéter du futur,
À quoi bon t'enorgueillir d'avoir atteint une haute réalisa-
[tion ?

Si tu n'as pas discipliné ton esprit par un comportement
[scrupuleux,

À quoi bon prétendre agir en yogi libéré ?

Si tu n'erres pas dans des lieux inhabités et sauvages,
À quoi bon les retraites et les serments ?

Si tu ne jettes pas aux vents tes ambitions pour cette vie,
À quoi bon paraître un bon pratiquant ?

Si tu restes imbu de ton nom et infatué de ton apparence
[extérieure,
À quoi bon avoir l'apparence d'un bon lama ?
Si tu ne délaisses pas les distractions engendrées par la vie
[en société,
À quoi bon simplement recevoir les louanges de tous ?
Maintenant, le moment est venu pour toi de suivre l'exem-
[ple
Des maîtres du passé en t'appliquant à la voie de la libé-
[ration.

Ces conseils, je te les ai donnés du fond du cœur :
Tourne ton esprit vers l'intérieur et tu verras que j'ai dit
[vrai.
La première étape bénéfique est de tourner le dos au sam-
[sara ;
La deuxième est de détruire l'erreur de prendre les choses
[pour réelles,
Et la dernière, de conquérir le royaume immuable de la
[conscience éveillée.
Ainsi accompliras-tu naturellement ton propre bien et celui
[de tous.

Ceci conclut le troisième chapitre des conseils donnés à moi-même sous forme de chants adamantins, lequel chapitre traite du renversement de l'attachement aux choses de cette vie.

SHECHEN GYALTSAP (1871-1926)[11]

Les six conceptions erronées de la vertu

Supporter les souffrances que l'on rencontre en écrasant ses adversaires, en défendant ses proches, en faisant de l'agriculture ou du commerce, mais en revanche ne pas supporter les difficultés liées à la pratique spirituelle, c'est avoir une conception erronée de la patience.

Aspirer au bonheur, au bien-être et à la prospérité dans cette vie, mais ne pas aspirer à pratiquer la voie authentique, c'est avoir une conception erronée de l'aspiration.

Se délecter des richesses matérielles mais ne pas se délecter de l'étude, de la réflexion et de la méditation, c'est avoir une conception erronée du plaisir.

Éprouver de la compassion pour ceux qui traversent des difficultés dans la pratique de la voie spirituelle, mais ne pas en éprouver pour ceux qui commettent des actes nuisibles, c'est avoir une conception erronée de la compassion.

Engager les êtres qui dépendent de soi à rechercher la renommée dans cette vie, mais ne pas les engager dans la pratique de la voie spirituelle, c'est avoir une conception erronée de la sollicitude.

Se réjouir du malheur de ses ennemis mais pas du bonheur et de la vertu des êtres qui sont dans le samsara comme de ceux qui ont atteint le nirvana, c'est avoir une conception erronée de la joie altruiste.

2

Déjouer les démons intérieurs

Lorsque, au cours du Ve siècle avant notre ère, le Bouddha Shakyamouni médita sous les longues branches de l'arbre de la Bodhi, à l'emplacement de la ville actuelle de Bodh Gaya, il subit dans les mois qui précédèrent son Éveil les violents assauts de quatre* Maras, *ou démons. Les démons dont parle le bouddhisme ne sont pas des êtres extérieurs effrayants, fantômes ou autres, mais des forces intérieures engendrées par notre perception erronée du monde et assez puissantes pour causer de sérieux obstacles au pratiquant.*

Les textes font mention de quatre démons : le démon des agrégats (les éléments physiques et mentaux hérités du karma et constituant temporairement notre personne ; ils forment le support de la souffrance), le démon du moi, le démon de la mort et le démon des émotions perturbatrices.

Lorsque ces quatre démons lancèrent leur assaut final sur le Bouddha en se manifestant sous différentes formes apparemment extérieures, le Bouddha, grâce à sa compréhension de la nature ultime des choses et

* L'arbre (*Ficus religiosa*) sous lequel le Bouddha atteignit l'Éveil (*bodhi* en sanskrit).

à sa compassion sans limites, demeura imperturbable et atteignit l'Éveil.

Le démon des émotions négatives ne se révèle généralement à nous que lorsqu'il atteint une certaine intensité : notre colère explose, la jalousie nous ronge, l'ignorance nous aveugle. Mais, en réalité, c'est un ennemi de longue date avec lequel nous avons inconsciemment appris à pactiser. Il peut même prendre des apparences vertueuses, raisonnables, logiques, comme dans le cas de la haine fondée sur des raisonnements sectaires.

C'est lorsqu'on progresse sur la voie spirituelle et que de profondes transformations s'effectuent en soi que les démons-obstacles se manifestent avec le plus de force. Un maître disait en forme de boutade : « Les démons ne prennent pas la peine de s'intéresser à ceux qui stagnent dans leur pratique. » Dans toute entreprise, en général, les risques sont proportionnels aux enjeux. Il est donc normal que, dans notre cheminement intérieur, nous nous trouvions confrontés à toutes sortes de forces qui s'opposent à notre progrès. Correctement gérés, ces obstacles peuvent servir de catalyseurs et se transformer en accomplissements, mais ils peuvent aussi interrompre notre pratique ou la faire dévier de son but.

Seuls la lucidité de la sagesse, l'altruisme impartial, la confiance dans un maître spirituel authentique et l'inébranlable intention d'atteindre l'Éveil peuvent venir à bout de ces obstacles, qu'ils prennent une forme subtile ou grossière.

MATCHIK LAPDRÖN (1055-1153)[12]

La source du « démon » est notre propre esprit.
Quand celui-ci appréhende les phénomènes et s'y attache,
Il devient la « proie du démon ».
Lorsqu'il se prend lui-même pour un « objet », il s'empoi-
[sonne.

JATSÖN NYINGPO[13] (1585-1656)

*Conseils donnés par Padmasambhava à Nyang Ben Tindzin Zangpo**

Il y a autant de pratiquants du Dharma que d'étoiles dans le ciel, mais ceux qui parmi eux ignorent les obstacles tendus par les « démons » sont encore plus rares que le soleil et la lune. Sans ces obstacles, il serait plus facile d'atteindre la libération que d'accomplir des actes méritoires pendant une seule année. Aussi est-il nécessaire d'identifier ces démons et de les déjouer.

Au début, alors que vous êtes prisonniers dans le monde de souffrance du samsara, vous avez peut-être un peu de foi dans le Dharma, mais voici que le démon de l'attachement à la réalité grossière et celui de la paresse emportent cette foi. Haïssant vos ennemis, attachés à ceux qui vous sont chers, obsédés par l'esprit de compétition, emportés par les activités mondaines, sans plus penser à la mort vous remettez toujours à plus tard votre pratique pour vous livrer à d'illusoires occupations. Voilà ce qu'on appelle le « démon ».

* Nyang Ben Tindzin Zangpo, l'un des principaux disciples de Padmasambhava, le maître qui introduisit le bouddhisme au Tibet, et ministre du roi tibétain Trisong Detsen, au VIIIe siècle.

Pour confronter ce démon, mettez-vous en quête d'un maître qualifié qui suscitera en vous une foi indéfectible, réfléchissez sur l'impermanence et la mort pour engendrer un courage sans faille, et délaissez les activités mineures pour vous consacrer à la grande tâche du Dharma.

C'est alors que surgira le « démon du retournement d'attitude ». Il pourra parfois prendre l'apparence d'un ami ou d'un proche qui vous dissuadera de pratiquer le Dharma et dressera devant vous toutes sortes d'obstacles dans ce but. D'autres fois, il pourra se manifester comme la crainte d'ennemis, ou l'esprit de compétition, ou encore sous forme de richesses. Il vous poussera à gaspiller votre vie. Remettant toujours votre pratique au lendemain, puis au surlendemain, vous finirez enlisés dans le marécage du samsara. Pour soumettre ce démon, vous devrez accorder votre confiance à votre maître et aux Trois Joyaux, et prendre vous-mêmes vos décisions sans demander l'avis des autres.

Tandis que vous restez auprès de votre maître, surgit le démon qui vous fait douter de celui-ci et vous pousse à le considérer comme un égal. Le signe que ce démon s'est introduit en vous est que vous ne voyez plus les qualités du maître, mais, en revanche, percevez ses plus infimes défauts, avez des idées fausses sur ce qu'il fait dans un but particulier, et vous arrangez par ailleurs pour vous faire nourrir et donner des biens sous des prétextes spirituels. Partir pour le Dharma et prendre ainsi le chemin des enfers, c'est être emporté par le démon. Pour vaincre ce dernier, cultivez la pensée que votre maître est le Bouddha en personne.

C'est alors qu'apparaît le « démon du retour en arrière ». Vous ne pensez qu'au sexe, à l'argent, aux affaires et aux moyens de tromper les autres et de vous enrichir. Le signe que ce démon-là s'est introduit en vous est que vous abandonnez votre pratique du Dharma, vos compagnons spirituels, vos vêtements monastiques et le reste. Vous n'avez plus envie d'écouter les enseignements et votre comportement est motivé par les attachements et les aversions du monde ordinaire. Vous avez soif d'alcool et de plaisirs sensuels, et vous vous détournez des paroles du Bouddha. Pour soumettre ce démon-là, il est important de cultiver la détermination de pratiquer le Dharma, de vous concentrer assidûment sur les enseignements profonds qui vous inspirent, de laisser tomber le sexe et toutes les activités qui vous détournent du Dharma, et de penser à la vie des maîtres du passé.

Le démon qui apparaît alors est le « démon du pratiquant blasé ». Le signe qu'il s'est introduit en vous est que vous vous enorgueillissez d'avoir reçu tel ou tel enseignement, bien que, n'en connaissant pas le sens, vous ne les comprenez pas. Vous connaissez quelques bribes de Dharma, mais vous exposez dans les villes et les villages les enseignements secrets. Chaque fois qu'on vous donne un enseignement profond, vous dites que vous l'avez déjà entendu. Être ainsi incapable d'accéder au sens ultime du Dharma, c'est être emporté par le démon. Pour y remédier, réfléchissez encore et toujours sur les enseignements que vous avez reçus, et imprégnez-vous de leur sens.

Survient ensuite le « démon de la recherche des connaissances pour le gain et les privilèges », qui prend la forme de disciples et de bienfaiteurs. Sans vous consacrer à la pratique, vous vous targuez d'être érudits, vous avez une haute opinion de vous-mêmes et vous avez soif de richesses. Se dressent alors des obstacles qui vous écarteront de la voie du Dharma. Pour dompter ce démon-là, faites le vœu de rester longtemps dans un ermitage solitaire, et ne faites rien d'autre que pratiquer le Dharma.

C'est alors que s'élève le « démon des théories philosophiques ». Vous faites une discrimination partisane entre vos points de vue et ceux des autres, et le Dharma prend la forme des cinq poisons mentaux. Comme remède, abandonnez toute jalousie envers les autres systèmes de pensée et entraînez-vous à tout percevoir impartialement et de façon pure. [...]

Une fois libres, tandis que vous méditerez sur la vacuité, apparaîtra le « démon du vide transformé en ennemi ». Rien n'existe, direz-vous, et dans vos actions vous mélangerez le bien et le mal. Vous n'aurez plus ni foi en les Trois Joyaux ni compassion pour les êtres. Accomplissez alors davantage d'actes positifs et libérez-vous des actes négatifs. Exercez-vous à la vision pure et à la dévotion, et entraînez-vous à reconnaître l'inséparabilité de la vacuité, de l'interdépendance et de la compassion.

Viendra aussi le « démon de la compassion devenue nuisible ». Vous vous hâterez prématurément de faire le bien des autres sans être vous-mêmes libérés, et vous remettrez à plus tard votre pratique intérieure. Contre ce défaut, cultivez l'esprit d'Éveil sous sa forme d'aspiration et mettez temporairement moins l'accent sur l'engagement au service d'autrui.

En bref, il est dit que, tant que l'on n'a pas atteint le parfait Éveil, les obstacles des « démons » surgissent continuellement. Mais si, abandonnant toute préoccupation matérielle, vous vous adonnez tout entiers à la pratique *[de la voie]*, aucune sorte d'obstacle n'aura raison de vous.

Notes

I – Tourner son esprit vers le chemin spirituel

1. Shabkar Tsogdrouk Rangdrol (*zhabs dkar tshogs drug rang grol*, extrait de *chos bshad gzhan phan nyi ma*, SH60, in *zhabs dkar tshogs drug rang grol gyi bka' 'bum,* Shechen Publications, Delhi, 2003, vol. 10 (THA), pp. 16-17.

2. Extraits de *rdo rje theg pa'i thun mong gi sngon 'gro spyi la sbyor chog pa'i khrid yig kun mkhyen zhal lung rnam grol shing rta* (*Le Chariot de la complète libération, transmission orale des omniscients, instructions applicables à toutes les pratiques préliminaires du Véhicule Adamantin)*, vol. 7 de « Collected Works of *zhe chen rgyal tshab padma rnam rgyal* », Paro, Dilgo Khyentsé Rinpotché, 1975 à 1994, pp. 66-67.

3. Extraits révisés de *Au Seuil de l'Éveil*, Dilgo Khyentsé Rinpotché, Padmakara, 1991.

4. Jamgön Kongtrul Lodrö Thayé Yonten Gyatso (*'jam mgon kong sprul blo gros mtha' yas yon tan rgya mtsho*), extrait de *bla med nang rgyud sde gsum gyi rgyab chos padma'i zhal gdams lam rim ye snying 'grel pa ye shes snang ba*, commentaire de Jamgön Kongtrul sur le *lam rim ye shes snying po*, inclus dans le *rin chen gter mdzod chen mo*, vol. 63, Paro, Ngodrup and Sherab Drimey, 1976, et Shechen Publications, nouvelle édition sous presse.

5. Extraits de *rdo rje theg pa'i thun mong gi sngon 'gro spyi la sbyor chog pa'i khrid yig kun mkhyen zhal lung rnam grol shing rta*, *op. cit.*, p. 361.

6. *Louange à la dimension ultime* (skt. *dharmathustava ;* tib. *chos dbyings bstod pa)* composée par Nagarjuna.

7. Transcrit par l'auteur d'après un conseil donné oralement.

8. Minling Terchen Terdag Lingpa, Gyourmé Dorjé (*smin gling gter chen gter bdag gling pa 'gyur med rdo rje*). In *smin*

gling gter chen rig 'dzin gyur med rdo rje'i gsung 'bum, Dehra Dun, D. G. Khochhen Tulku, 1998, vol. 6 (CHA), pp. 90-91. Traduit à Yan-nga, dans les collines de l'ouest de la Chine, le 8 août 1988.

9. Extraits de *rdo rje theg pa'i thun mong gi sngon 'gro spyi la sbyor chog pa'i khrid yig kun mkhyen zhal lung rnam grol shing rta*, *op. cit.*, pp. 77-78.

10. Nagarjuna, *Lettre à un ami (shes pa'i spring yig)*, verset 55.

11. Verset cité dans de nombreux ouvrages tibétains.

12. *Les Cent Conseils de Padampa Sangyé*, Padmakara, 2003, commentaire du verset 33.

13. Dilgo Khyentsé Rinpotché, *Le Trésor du cœur des êtres éveillés*, Le Seuil, coll. « Points Sagesse », 1996, p. 67.

14. Cité par Shechen Gyaltsap dans *theg pa chen po'i blo sbyong gi man ngag zab don sbrang rtsi'i bum bzang*, vol. 6 (CHA), dans « Collected Works of *zhe chen rgyal tshab padma rnam rgyal* », publié par Shechen Publications, New Delhi, 1975-1985.

15. *Le Trésor du cœur des êtres éveillés*, *op. cit.*, p. 73.

16. Extrait de *byang chub kyi sems bsgom pa'i rim pa bdag 'dzin 'dzoms pa'i sman chen*, dans « Collected Works of *zhe chen rgyal tshab padma rnam rgyal* », *op. cit.*, vol. 5 (CA), pp. 41-56.

17. Extraits des *Chants de la vision pure, une anthologie de la poésie mystique tibétaine*, choix et traduction de Thubten Jinpa, traduit en français par Catherine Saint-Guily, éditions Kunchap, 2004, p. 51.

18. Tennyi Lingpa, Péma Tséwang Gyalpo (*bstan gnyis gling pa padma tshe dbang rgyal po*). Extraits du *Kunzang Nyingthig* (*kun bzang snying thig*) cité dans *gter gsar rdzogs chen gyi khrid yig ma rig mun sel ye shes sgron me* de Chögyal Ngakyi Wangpo, Ngawang Dargyé (*chos rgyal ngag gi dbang po ngagdbang darr gyas*), Paro, Ngodrup Lama and Sherab Demy, 1979, pp. 55-63.

19. Bouddha Shakyamouni, *Udanavarga* (*ched du mjod pa'i mtshoms*), une collection de versets extraits du canon bouddhique compilé par Dharmatrata.

20. VIIe dalaï-lama, Kelzang Gyatso (*skal bzang rgya mtsho*), d'après la traduction anglaise de Glenn Mullin, *Songs of Spiritual Change*, Ithaca, Snow Lion Publications, 1982, p. 46.

21. Gyalwa Kodrakpa (*ko-brag-pa bsod nams rgyal mtshan,* 1170-1249). Traduit à partir du texte tibétain inclus dans, *Hermit of Go Cliffs : Timeless Instructions of a Tibetan Mystic*, traduit et

préfacé par Cyrus Stearns, Wisdom Publications, Boston, 2000, p. 303.

22. Gampopa Sonam Rinchen (*sgam po pa dwags po lha rje bsod nams rin chen*), cité oralement par Dilgo Khyentsé Rinpotché.

23. Jetsün Milarépa (*rje btsun mi la ras pa*), extrait des *Cent Mille Chants* (*mi la'i mgur 'bum*), édité par Tsang Nyön Heruka (*gtsang smyon he ru ka rus pa'i rgyan can*, 1452-1507), Gangtok, Sherab Gyaltshen, 1983.

24. *Le Trésor de précieuses qualités (yon tan rin po che'i mdzod)*, de Jigmé Lingpa, commenté par Kangyour Rinpotché, Longchen Yéshé Dorjé, Éditions Padmakara, 2010, p. 42.

25. Extrait de *Accords sur l'absence de complications*, dans *Chants de la vision pure, une anthologie de la poésie mystique tibétaine*, *op. cit.*, p. 47.

26. Raconté à l'auteur par Nyoshul Khen Rinpotché, Jamyang Dorjé (*smyo shul mkhan po 'jam dbyangs rdo rje*).

27. Shantidéva, *Bodhicaryavatara, La Marche vers l'Éveil*, nouvelle traduction par le Comité de traduction Padmakara, 2007, chap. I, p. 28.

28. Jetsün Mingyour Paldrön (*mi 'gyur dpal sgron*), extraits de *bka' gsang rdzogs pa chen po dkon mchog spyi 'dus khrid yig man ngag gsal sgron snying po*, publié par D. G. Khochhen Tulku, Mindroling Monastery, Clement Town, Inde, pp. 17-18.

29. Dilgo Khyentsé Rinpotché, *Au cœur de la compassion*, Éditions Padmakara, 1995, p. 52.

30. Enseignements oraux donnés à Schneverdingen, en Allemagne, 1998.

31. Commentaire du verset 44 de la *Lettre à un ami*, de Nagarjuna, par Kangyour Rinpotché. Pour une version complète de ce texte et du commentaire, voir *Lettre à un ami*, Éditions Padmakara, 2007.

32. Enseignements oraux donnés à Schneverdingen, en Allemagne, 1998.

33. Asanga, extrait du *gdams ngag rin po che'i mdzod*, rassemblé et édité par Jamgön Kongtrul Lodrö Thayé (*'jam mgon kong sprul blo gros mtha' yas*), Shechen Publications, Inde, 1999, vol. 3, pp. 458-459.

34. *Au cœur de la compassion*, *op. cit.*, p. 102.

35. *Le Trésor du cœur des êtres éveillés*, *op. cit.*, p. 128-129.

36. VIIe dalaï-lama, Kelzang Gyatso, *op. cit.*

37. XIVe dalaï-lama, Tendzin Gyatso, enseignements donnés à Amaravati, Inde, 2005.

38. *Le Trésor de précieuses qualités*, *op. cit.*, p. 51.

39. *Ibid.*, p. 182.

40. Enseignements oraux donnés à Schneverdingen, en Allemagne, 1998.

41. *Le Trésor du cœur des êtres éveillés*, *op. cit.*, p. 66.

42. Nyoshul Khen Rinpotché, enseignement oral donné à Paro, au Bhoutan, en 1987.

43. Enseignements oraux donnés à Toronto, en 2004.

44. Shabkar, *'jam dbyangs sprul pa'i glegs bam*, dans *zhabs dkar tshogs drug rang grol gyi bka' 'bum*, vol. 8 (NYA), pp. 404-405.

45. Extrait des *Cent Mille Chants* (*mi la'i mgur 'bum*), *op. cit.*

46. Drigoung Jigten Gonpo, Rinchen Pal (*'jig rten mgon po rin chen dpal*, également connu sous le nom de Drigoung Kyopa et Drigoung Palzin), extrait de *snying gtam gces bsdus*, p. 88.

47. Jamgön Kongtrul Lodrö Thayé, extrait de *rgya chen bka' mdzod*, Shechen Publications, New Delhi, 2000, vol. 6, pp. 17-24.

48. Péma Lingpa, *rig 'dzin padma gling pa yi zab gter chos mdzod*, Thimphu, Kunzang Tobgay, 1975-1976, vol. 13 (PA), pp. 200-205. Traduit au monastère de Nyimalung, dans la province natale de Péma Linpga, Bumthang, au Bhoutan, en 1983.

49. Raconté à l'auteur par Nyoshul Khen Rinpotché.

II – Les fondements de la pratique

1. Enseignements oraux donnés à Toronto en 2004.

2. D'après *Dakini Teachings*, traduit du tibétain par Erik Péma Kunsang, North Atlantic Books, 2e édition, 2004, p. 20.

3. *Bonheur de la méditation*, de Yongey Mingyour Rinpotché, Fayard, 2007.

4. *Bodhicaryavatara, La Marche vers l'Éveil*, *op. cit.*, chap. 8, versets 129-130.

5. Enseignements oraux donnés à Schneverdingen, en Allemagne, 1998.

6. Nyoshul Khen Rinpotché, enseignement oral donné à Paro, Bhoutan, 1987.

7. *Shabkar, autobiographie d'un yogi tibétain*, traduit par Matthieu Ricard et Carisse Busquet, Albin Michel, 1998, tome 2, pp. 218-219.

8. *Le Trésor de précieuses qualités*, *op. cit.*, p. 74.

9. Extrait de *byang chub kyi sems bsgom pa'i rim pa bdag 'dzin 'joms pa'i sman chen*, dans « Collected Works of *zhe chen rgyal tshab padma rnam rgyal* », *op. cit.*, vol. 5 (CA), pp. 41-56.

10. *Le Trésor du cœur des êtres éveillés*, *op. cit.*, pp. 15, 16, 53, 60, 79.

11. Adapté de *Songs of Spiritual Change*, *op. cit.*, p. 41.

12. *Bodhicaryavatara, La Marche vers l'Éveil*, *op. cit.*, chap. 3, versets 18-22.

13. Commentaire de la *Lettre à un ami*, de Nagarjuna, *op. cit.*, pp. 122-123.

14. Cité dans *theg pa chen po'i blo sbyong gi man ngag zab don sbrang rtsi'i bum bzang*, vol. 5 (CHA), dans « Collected Works of *zhe chen rgyal tshab padma rnam rgyal* », *op. cit.*, pp. 340-341.

15. Extrait résumé et adapté des *Voies spirituelles du bonheur*, Presses du Châtelet, Paris, 2002, Le Seuil, « Points Sagesse », 2004.

16. Version résumée d'après *Au cœur de la compassion*, *op. cit.*, pp. 121-127.

17. Extraits de la biographie de Gyalsé Thogmé par Paldèn Yéshé (*dpal ldan ye shes*), qui figurent en introduction de *Au cœur de la compassion*, *op. cit.*, traduit de l'ouvrage tibétain *rgyal sras rin po che thogs med pa'i rnam thar bdud rtsi'i thigs pa*, 23 folios, Thimphu, Bhoutan, Kunzang Topgye.

18. Pratiques où le yogi se concentre sur les canaux (skt. *nadi*), les énergies (skt. *prana*) et l'essence (skt. *bindu*) subtils.

19. Les deux voiles : celui des émotions perturbatrices (skt. *kleshas*) et le voile cognitif.

20. Sakya Pandita (*sa skya pan di ta kun dga' rgyal mtshan*), cité par Shabkar dans *chos bshad gzhan phan zla ba*, œuvres complètes, *op. cit.*, vol. 10 de l'édition de Shechen Publications, pp. 578-579.

21. Döndroup Chögyal (*don grub chos rgyal*), incarnation de Ridzin Chökyi Drakpa, extrait de *snying gtam gces bsdus*, *op. cit.*, p. 207.

22. *Le Trésor de précieuses qualités*, *op. cit.*, p. 96.

23. *Le Chemin de la Grande Perfection*, Éditions Padmakara, 1987, p. 302.

24. Extrait des *Paroles des maîtres kadampas, mkha' gdams kyi skyes bu dam pa rnams kyi gsung bgros thor bu ba rnams* (manuscrit en 119 pages), p. 4. Cité dans *Le Chemin de la Grande Perfection*, *op. cit.*

25. Extrait de *tshig lab ring mo*, cité par Shabkar dans *o rgyan sprul pa'i glegs bam*.

26. Extrait de *snying gtam gces bsdus*, *op. cit.*, p. 196.

27. Extrait de *The Expanded Redaction of the Complete Works of 'Ju Mi-pham*, vol. 27, *The Rdzong-sar prints of the writings of 'Jam-mgon 'Ju Mi-pham-rgya-mtsho*, Shechen Publications, Delhi, 1984.

28. *Le Trésor de précieuses qualités*, *op. cit.*, pp. 343-347.

29. *Ibid.*, p. 349.

30. Citation recueillie oralement.

31. *Le Trésor de précieuses qualités*, *op. cit.*, pp. 393-396.

32. Chengawa Lodrö Gyaltsen (*spyan snga ba blo gros rgyal mtshan*), cité par Shabkar, dans *bka' gdams sprul pa'i glegs bam*, fol. 177b.

33. *Bodhicaryavatara*, *La Marche vers l'Éveil*, *op. cit.*, chap. 5, versets 12-13, et chap. 6, versets 1-2, 10, 22, 41, 107-108.

34. Shechen Gyaltsap, *theg pa chen po'i blo sbyong gi man ngag zab don sbrang rtsi'i bum bzang*, *op. cit.*, pp. 441-444.

35. Raconté à l'auteur par Nyoshul Khen Rinpotché (*smyo shul mkhan po 'jam dbyangs rdo rje*).

36. Anecdote citée par Shabkar dans *chos bshad gzhan phan zla ba*, œuvres complètes, *op. cit.*, vol. 10 de l'édition de Shechen Publications, et vol. 8 de l'édition de Xining.

37. *Ibid.*

38. *Le Trésor de précieuses qualités*, *op. cit.*, pp. 397-398.

39. Extrait des *Cent Mille Chants* (*mi la'i mgur 'bum*), *op. cit.*

40. Raconté par Dilgo Khyentsé Rinpotché.

41. Gyalwa Yangönpa (*rgyal ba yang dgon pa*), citation orale recueillie par l'auteur.

42. Extrait des *Cent Mille Chants* (*mi la'i mgur 'bum*), *op. cit.*

43. *Le Trésor de précieuses qualités*, *op. cit.*, pp. 402-408.

44. Extrait de *sgom phyogs dris len*, p. 5.

45. Extrait du *Vase d'Amrita* de Dzatrul Ngawang Tendzin Norbou (*dza sprul ngag dbang bstan 'dzin nor bu*), *rgyal sras lag len so bdun ma'i 'grel pa gzhung dang gdams ngag zung 'jug bdud rtsi'i bum bzang*, commentaire des *Trente-Sept Stances sur la pratique des bodhisattvas*, édition xylographique, monastère de Thubten Choeling, Solokhumbu, Népal, folio 87 et suivants.

46. *Le Trésor de précieuses qualités*, *op. cit.*, pp. 427-429.

47. Extrait de *snying gtam gces bsdus*, *op. cit.*, p. 100.

48. Ratna Lingpa Rinchen Pal (*ratna gling pa rin chen dpal*). Extrait de *Collected Rediscovered Teachings of Ratna gling pa*

(chos rgyal ratna gling pa'i gter chos), Darjeeling, Takloung Tsétrul Péma Wangyal, 1977-1979, vol. 1 (*Ka, rnam thar*), p. 190.

49. *Le Trésor du cœur des êtres éveillés*, *op. cit.*, pp. 81-83.

50. Enseignement oral donné à Paro, au Bhoutan, en 1987.

51. Poème envoyé par Jigmé Khyentsé Rinpotché à Trungpa Rinpotché. D'après la traduction anglaise du Nalanda Translation Committee.

52. Extrait de *nyon mongs pa lam du blangs pa'i chos*, in *gdams sngags mdzod*, *op. cit.*, vol. 4, pp. 89-90.

53. Extrait de *sgom phyogs dris len*, *op. cit.*, p. 139.

54. *Le Trésor de précieuses qualités*, *op. cit.*, pp. 252-253.

55. *Ibid.*, pp. 222-231.

56. Extrait de *La Fontaine de grâce*, Éditions Padmakara, 1995.

57. Extrait de *bla med nang rgyud sde gsum gyi rgyab chos padma'i zhal gdams lam rim ye snying 'grel pa ye shes snang ba*, *op. cit.* (Voir note 4, I.)

58. Cité dans de nombreux ouvrages, dont le *rdzogs pa chen po klong chen snying thig gi sngon 'gro'i khrid yig kun bzang bla ma'i zhal lung*, de Patrul Rinpotché, traduit en français sous le titre *Le Chemin de la grande perfection*, Éditions Padmakara, 2e édition, 1997.

59. Extrait des *Chants de Shabkar*, *bya btang tshogs drug rang grol gyis rang dang skal ldan gdul bya la mgrin pa gdams pa'i dang mdzod nas glu dbyangs dga' ston 'gyed pa rnams*, vol. 3-5, Shechen Publications, Delhi, 2003.

60. *Le Trésor de précieuses qualités*, *op. cit.*, pp. 231-236.

61. Raconté au traducteur par Dilgo Khyentsé Rinpotché.

III – La voie principale

1. *Le Trésor du cœur des êtres éveillés*, *op. cit.*, p. 104.

2. *Ibid.*, p. 88.

3. *Cintamani*, Collection d'instructions de Mipham Rinpotché, publié par Tarthang Tulku, Varanasi, 1967, p. 129.

4. Extrait de *sde gzhung sprul sku rin po che 'jam dbyangs kun dga' bstan pa'i rgyal mtshan la sog pa'i zhal gdams khag bzhugs*, publié par le vénérable Khenpo Appey, Katmandou, pp. 67-68.

5. *Le Trésor du cœur des êtres éveillés*, *op. cit.*, pp. 136-137.

6. *Tshig gsum ngad kyi man ngag*, extrait des œuvres complètes de Mipham Rinpotché (*The Expanded Redaction of the*

Complete Works of 'Ju Mi-pham), Lama Ngodrup and Sherab Drimey, Shechen Publications, 1993, vol. 19, pp. 415-416.

7. Extrait du chant 7 de *'od gsal rdzogs pa chen po'i khregs chod lta ba'i glu dbyangs sa lam ma lus myur du bgrod pa'i rtsal ldan mkha' lding gshog rlabs* [Le Vol du Garouda] dans *zhabs dkar tshogs drug rang grol gyi bka' 'bum*, Shechen Publications, Delhi, 2003, vol. 13 (PA).

8. *Au cœur de la compassion*, *op. cit.*, p. 136 et 151.

9. *Shabkar, autobiographie d'un yogi tibétain*, *op. cit.*, tome 2, pp. 210-211.

10. *Les Cent Conseils de Padampa Sangyé*, *op. cit.*, extraits des commentaires des versets 51, 52, 55 et 74.

11. Extrait de *smin gling gter chen rig 'dzin 'gyur med rdo rje'i gsung 'bum*, Dehra Dun, D. G. Khochhen tulku, 1998, vol. 6 (CHA), pp. 106-107. Traduit à Yan-nga, dans les collines de l'ouest de la Chine, le 8 août 1988.

12. Raconté au traducteur par Nyoshul Khen Rinpotché (*smyo shul mkhan po 'jam dbyangs rdo rje*). Traduit du tibétain d'après un enregistrement sonore.

13. Sangyé Onré Dharma Sengyé (*sangs rgyas dbonras dharma seng ge*). Extrait de *byang chub dom du gnyer ba'i gcod yul ka rnams lam mkho ba'i ri chos rtsibs stong 'khor lo*, in *rtsib-ri spar-ma*, une collection d'instructions des traditions *dkar-brgyud-pa* et *snying-ma-pa* (*dkar rnying gi skyes chen du ma'i phyag rdzogs kyi gdams ngag gnad bsdus nyer mkho rin po che'i gter mdzod rtsibs ri'i spar ma*), vol. 23 (a'), pp. 1-3.

14. Extrait de *rgyal sras thogs med kyi gsung thor bu* (recueil d'écrits de Gyalsé Thogmé), Thimphu, National Library of Bhutan, 1985.

15. *Hermit of Go Cliffs*, *op. cit.*

16. Cité dans le *ri chos bslab bya nyams len dmar khrid go bder brjod pa grub pa'i bcud len*, de Dudjom Rinpotché.

17. Extrait de *sgom phyogs dris len*, *op. cit.*, p. 258.

18. Extrait de *snying gtam gces bsdus*, *op. cit.*, p. 194.

19. Extrait du *gdams ngag mdzod*, *op. cit.*, vol. 6.

20. *Shabkar, autobiographie d'un yogi tibétain*, *op. cit.*, tome 1, p. 105.

21. *Ibid.*, p. 92-93.

22. *Ibid.*, p. 70 et 93.

23. *Shabkar, autobiographie d'un yogi tibétain*, *op. cit.*, tome 2, p. 56.

24. Extrait de *snying gtam gces bsdus*, *op. cit.*, p. 157.

25. Texte manuscrit, collection de l'auteur.

26. Extrait de *ri chos bslab bya nyams len dmar khrid go bder brjod pa grub pa'i bcud len*, traduit et publié par Konchog Tendzin (M. Ricard), Ogyen Kunsang Chöling Monastery, 1976.

27. Extrait de *snying gtam gces bsdus*, *op. cit.*, p. 199.

28. *Ibid.*

29. « The Complete Works of *rdzong gsar mkhyen brtse rin po che 'jam dbyangs chos kyi blo gros* », Gangtok, 1981-1985, vol. 2 (KHA), pp. 351-354. Traduit au monastère de Dzongsar Tashi Lhazé, Tibet oriental, 1988.

30. Tiré du *man ngag rin po che'i mdzod* in *klong chen mdzod bdun*, édition *a 'dzom chos sgar*, section Ka du vol. 3 (GA), p. 52.

31. *Ibid.*, p. 397.

32. Extrait de *rje btsun ta' ra na' tha'i zhal gdams mgur 'bum gyi skor*, Œuvres complètes, (« The Collected Works of *Jo-nang rje btsun Taranatha* », *sman rtsis shes rig dpe mdzod*, publié par C. Namgyal et Tsewang Taru, Leh, Ladakh, India, 1982, vol. 1, p. 723.

33. Cité dans *Le Vase d'Amrita* de Dzatrul Ngawang Tendzin Norbou, *op. cit.*

34. Extrait des *Paroles des maîtres kadampas*, *op. cit.*, p. 89.

35. D'après *Songs of Spiritual Change*, *op. cit.*

36. Extrait de *ngang pa'i dri lan sprin gyi snying po*, dans *Klong-chen gsung thor bu* par *Klong chen Rab 'byams pa Dri-med 'od-zer*, imprimé à partir des xylographes de *a 'dzom chos sgar*, 2 vol., Delhi ; Sanjé Dorjé, 1973, vol. 1, pp. 351-352.

37. Extrait de *byang chub kyi sems bsgom pa'i rim pa bdag 'dzin 'djoms pa'i sman chen*, dans « Collected Works of *zhe chen rgyal tshab padma rnam rgyal* », *op. cit.*, vol. 5 (CA), pp. 41-56. Traduit au monastère de Shechen au Tibet oriental, 1988.

38. Extrait de *ri chos bslab bya nyams len dmar khrid go bder brjod pa grub pa'i bcud len*, *op. cit.*, p. 19.

39. Extrait de *snying gtam gces bsdus*, *op. cit.*, p. 157.

40. *Songs of Spiritual Change*, *op. cit.*, p. 54.

41. Extrait de *snying gtam gces bsdus*, *op. cit.*, pp. 159-160.

42. *Ibid.*, p. 207.

43. Extrait de *ri chos bslab bya nyams len dmar khrid go bder brjod pa grub pa'i bcud len*, *op. cit.*, pp. 19-23.

44. Citation recueillie oralement.

45. Extrait de *gdams ngag rin po che'i mdzod*, *op. cit.*, vol. 12, p. 499, traduction revue et modifiée en se référant au tibétain, avec la permission de l'éditeur, à partir des *Chants de l'immor-*

talité, traduits du tibétain par Ngawang Zangpo, et de l'anglais par Christiane Buchet et Tcheuky Sengyé, Éditions Claire Lumière, Collection Tsadra, 2003, p. 103.

46. *Cintamani*, *op. cit.*, p. 191.

47. Extrait d'un enseignement oral de Dilgo Khyentsé Rinpotché fondé sur le *byang chub sems dpa'i spyod yul yongs su dag pa'i mdo'i don mdor bsdus pa, Bodhisattva yoga cara parishuddhisu-tra-rthasam-graha* de Rahulabhadra, dans Golden Tenjur, vol. 120, ff. 358r-361r (pp. 715-721), Tianjing Édition, 1988.

48. Extrait de *blo ldan dga' ba'i rgya mtsho.*

49. Commentaire oral sur le *ri chos* de Jigmé Lingpa, traduction non publiée.

50. Extrait de *ri chos bslab bya nyams len dmar khrid go bder brjod pa grub pa'i bcud len*, *op. cit.*, pp. 23-33.

51. Cité par Shechen Gyaltsap dans *theg pa chen po'i blo sbyong gi man ngag zab don sbrang rtsi'i bum bzang*, *op. cit.*, pp. 517-518.

52. Raconté à l'auteur par Nyoshul Khen Rinpotché (*smyo shul mkhan po 'jam dbyangs rdo rje*).

53. Extrait de *ri chos bslab bya nyams len dmar khrid go bder brjod pa grub pa'i bcud len*, *op. cit.*, pp. 23-33.

54. *Shabkar, autobiographie d'un yogi tibétain*, *op. cit.*, tome 2, pp. 278-280.

55. Cité par Shabkar dans *o rgyan sprul pa'i glegs bam*, *op. cit.*, p. 421. Voir également *rje btsun khyab bdag chen po rang rig ras chen gyi gsung 'gur dang zhal gdams 'chi med bdud rtsi'i rlabs 'phreng* (KHA), Ugyen Dorjé, New Delhi, 1976.

56. Citation recueillie oralement.

IV – Écarter les obstacles et progresser dans la pratique

1. *Le Trésor du cœur des êtres éveillés*, *op. cit.*, pp. 169-170.

2. *Shabkar, autobiographie d'un yogi tibétain*, *op. cit.*, tome 2, pp. 178-182.

3. Extrait de *dpal sprul o rgyan 'jigs med chos kyi dbang po'i gsung 'bum*, publié par *si khron mi rigs dpe skrun khang*, vol. 8 (NYA), p. 286.

4. *Ibid.*, p. 280.

5. *Yab rje bla ma skal ldan rgya mtsho'i gsung 'bum,* publié par *kan su'u mi rigs dpe skrun khang*, vol. 1, pp. 115-116.

6. Extrait de *ma ni bka' 'bum chen mo*, Kunzang Topgey, Thimphu, 1976, pp. 54-56.

7. Extrait de *snying gtam gces bsdus*, *op. cit.*, p. 141.

8. Extrait de *dpal sprul o rgyan 'jigs med chos kyi dbang po'i gsung 'bum*, *op. cit.*, p. 140.

9. Extrait de « The Collected Works *(gsung 'bum)* of *rdo grub chen 'jigs-med-bstan-pa'i-nyi-ma* », Dodrub Chen Rinpotché, Gangtok, 1974-1975, vol. 3 (GA), pp. 208-211.

10. *Klong chen gsung thor bu* par *klong chen rab 'jams pa dri med 'od zer*, *op. cit.*, p. 303.

11. Extrait de *theg pa chen po'i blo sbyong gi man ngag zab don sprang rtsi'i bum bzang*, *op. cit.*, p. 513.

12. Extrait du *shes rab kyi pha rol tu phyin pa zab mo bcod kyi man ngag gi gzhung bka' tshoms chen mo*, dans *gdams ngag mdzod*, *op. cit.*, vol. 13 (PHA), p. 7.

13. Extrait de « The Collected Revelations of *rig-'dzin 'ja'-tshon-snying-po* in *'ja' tshon pod drug* », publié par Takloung Tsétrul Péma Wangyal, Darjeeling, 1979, pp. 307-335. Traduit au palais de Grande Félicité, Déchen Chöling Phodrang, au Bhoutan, en 1983.

Appendice

Les Huit Grands Chars de la Lignée d'Accomplissement du bouddhisme tibétain

Bien qu'il ait atteint le Tibet dès le Ve siècle après J.-C., le bouddhisme ne s'y est implanté que deux siècles plus tard. Au VIIe siècle tout d'abord, sous le règne du roi Songtsen Gampo, et surtout aux VIIIe et IXe siècles, après que le roi Trisong Detsen eut invité l'abbé Shantarakshita, puis Gourou Padmasambhava, le Maître-Né-du-Lotus. Ce dernier termina la construction du monastère de Samyé, transmit au roi et à de nombreux disciples les initiations du Vajrayana et dispensa les enseignements qui ont trait à l'essence de la réalité. Sous sa direction, des traducteurs tibétains accompagnés de nombreux pandits indiens traduisirent dans la langue tibétaine l'intégralité des Trois Corbeilles, l'ensemble des paroles du Bouddha, ainsi que d'innombrables volumes relevant des tantras, de leurs commentaires et des textes rituels afférents.

Rétrospectivement, on donna le nom d'Anciens – *Nyingmapas* – aux tenants des enseignements de cette première période de traduction. L'ensemble des enseignements bouddhistes fut divisé en neuf « véhicules » (sanskrit : *yana*) contenant les différents aspects de la philosophie et de la pratique spirituelle bouddhiste.

Le terme de « véhicule » désigne un ensemble de moyens permettant d'atteindre le but du chemin spirituel, le parfait Éveil. La multiplicité et la gradation des véhicules répondent à la diversité des prédispositions naturelles et des capacités des différents êtres. Chaque véhicule constitue une étape qui intègre les véhicules précédents. Selon la tradition des Nyingmapas, tous les véhicules culminent dans la « lumineuse essence adamantine » de la Grande Perfection, ou Dzogchen. « Perfection » veut dire que l'esprit, dans sa nature essentielle, contient spontanément toutes les qualités de l'Éveil. « Grande » exprime le fait que cette complétude embrasse naturellement l'ensemble des phénomènes.

Les trois principales modalités de transmissions de la tradition Nyingma sont la longue transmission des textes canoniques, ou *kama*, la courte transmission des trésors spirituels, ou *terma*, et la transmission directe des « visions pures et profondes », ou *danang*.

Il y eut, au XIe siècle, une deuxième phase de propagation du bouddhisme, lorsque des traducteurs rapportèrent de l'Inde de nouveaux textes. Cette période dite des Nouveaux (*sarma*), ou des « Nouvelles Traductions », commence avec le grand traducteur Rinchen Zangpo (957-1055). L'apparition d'érudits remarquables et de grands saints donna naissance à de nouvelles écoles philosophiques et lignées spirituelles.

Le bouddhisme tibétain comprend aujourd'hui quatre traditions principales appelées Nyingma, Kagyu, Sakya, et Kadam-Guélouk, qui perpétuent la transmission du riche héritage philosophique et contemplatif du Tibet. Il existe quatre autres lignées, à savoir : Shangpa Kagyu, Tcheu-Shitché, Kalachakra, et Orgyen

Nyendroub, qui se sont le plus souvent maintenues en s'associant à l'une ou l'autre des quatre écoles principales. Toutes ces traditions constituent ce que l'on appelle les Huit Grands Chars de la Lignée d'Accomplissement.

La lignée des Kadampas – ou des « suprêmes préceptes » – fut fondée par Atisha Dipamkara (982-1054). Elle met l'accent sur « l'entraînement de l'esprit » (*lojong*) qui fait principalement appel au renoncement et à la compassion. Atisha naquit au Bengale et étudia auprès de nombreux maîtres spirituels. À la suite d'une prophétie qu'il reçut, il alla jusqu'en Indonésie où il étudia pendant douze ans auprès du sage Serlingpa qu'il considéra comme son maître principal. À son retour en Inde, il devint l'abbé de la grande université bouddhique de Vikramashila. Puis il fut invité au Tibet par les rois Yéshé Ö et Tchangchoup Ö, et il y vécut jusqu'à sa mort. Le plus éminent de ses innombrables disciples, Drom Tönpa Gyalwé Joung-né (1004-1064), continua son œuvre en propageant la voie graduelle enseignée par son maître.

L'école Kadampa devint plus tard celle que l'on appela Guélouk – ou « tradition vertueuse –, qui vit le jour au monastère de Ganden grâce au rayonnement d'un maître hors du commun, Tsongkhapa Lobsang Trakpa (1357-1419). Ce dernier fut l'instigateur d'une grande réforme dont le but était de renforcer le respect de la discipline monastique et l'étude des textes. Parmi ses nombreux écrits, *La Grande Voie graduelle* explicite avec une grande clarté les étapes du véhicule fondamental (Hinayana) et du véhicule des bodhisattvas (Mahayana). Ses deux principaux disciples furent Gyaltsap Jé (1364-1432) et Khédroup Jé (1385-1438). C'est la réincarnation de ce dernier qui devint le premier dalaï-lama, dont la lignée a profondément marqué l'histoire du Tibet jusqu'à nos jours.

La tradition Sakya, fondée sur l'enseignement de « la Voie et le Fruit » (*lamdré*) du grand maître indien Virupa, fut introduite au Tibet par le charismatique traducteur Drokmi Lotsava (993-v. 1077). La lignée spirituelle qui transmit ces instructions fut appelée Sakya, littéralement : « terre grise », en raison de la couleur du paysage qui entoure le siège monastique érigé par les cinq maîtres fondateurs : Kunga Nyingpo (1092-1158), Sonam Tsémo (1142-1182), Jetsün Drakpa Gyaltsen (1147-1216), Sakya Pandita (1182-1251) et Chögyal Phakpa (1235-1280).

Par son rayonnement spirituel, Sakya Pandita, qui était considéré comme une incarnation de Manjushri, le boddhisattva de la connaissance, devint l'un des grands maîtres à penser de son époque. Les enseignements de « la Voie et le Fruit » ont pour base le point de vue métaphysique de l'unité fondamentale du samsara et du nirvana, pour voie le mûrissement opéré par les quatre initiations, et pour fruit l'épanouissement des cinq sagesses. Ces enseignements ont pour thème central la « libération des quatre attachements » (l'attachement aux préoccupations de cette vie, au cycle des renaissances, aux désirs égocentriques et aux fixations conceptuelles).

La lignée Kagyu, celle des « instructions orales », remonte aux *mahasiddhas*, ou grands maîtres accomplis de l'Inde, Tilopa (988-1069) et Naropa (1016 ou 1060-1100). Marpa le traducteur (1012-1097) fit trois fois le périlleux voyage du Tibet en Inde afin de recevoir l'enseignement de Naropa. Il eut pour disciple l'héroïque Jetsün Milarépa (1040-1123), qu'il mit à rude épreuve avant de lui transmettre les initiations et l'ensemble des instructions spirituelles qu'il avait reçues. La vie extraordinaire de Milarépa, au cours de laquelle il s'astreignit à une ascèse exceptionnelle de douze ans, fait de lui le plus célèbre yogi du Tibet. Quant à ses enseignements, il les prodigua sous forme de magnifiques chants de réalisation spirituelle improvisés qui constituent, de nos jours encore, une puissante source d'inspiration.

Parmi les nombreux maîtres et disciples de Milarépa figurent Rétchoungpa (1084-1161) et Gampopa (1079-1153). Ce dernier fut le maître de Phagmo Droupa (1110-1170) et du premier Karmapa, Dusoum Khyenpa (1110-1193). L'école Kagyu vit éclore en son sein quatre lignées majeures et huit lignées mineures, dont celles qui portent le nom de Karma Kagyu, Drigoung Kagyu, Takloung Kagyu et Droukpa Kagyu. Les enseignements de cette école comprennent notamment les six yogas de Naropa – les yogas du feu intérieur, du corps illusoire, du rêve, de la luminosité, du bardo (l'état intermédiaire entre la mort et la vie suivante), et du transfert de la conscience au moment de la mort. Ces enseignements culminent dans le Mahamoudra, le « grand sceau », ou « grand symbole », expression signifiant que, lorsqu'on reconnaît de façon stable la nature ultime de l'esprit, on comprend que cette nature embrasse l'ensemble des phénomènes, apposant ainsi son « sceau » sur tout ce que l'on perçoit.

L'école Shangpa fut fondée par Khyongpo Naldjor (né vers 990). Bien qu'elle ait préservé sa spécificité jusqu'à nos jours grâce à d'éminents maîtres spirituels, elle est intimement associée, dans sa transmission historique, à la tradition Kagyu.

La profonde et complexe tradition de la Roue du Temps, issue des tantras de Kalachakra, est encore très vivante de nos jours. Transmise et pratiquée par de nombreux adeptes d'autres traditions, elle a inspiré une vaste littérature. Elle n'a cependant jamais donné naissance à une école ayant élaboré un ensemble de pratiques spécifiques.

La pratique du Tcheu fut introduite au Tibet par la yogini Matchik Lapdrön (1055-1153), l'une des plus grandes figures féminines du bouddhisme tibétain. Le mot *tcheu* signifie « trancher ». Le tranchement dont il est question ici est celui de l'attachement à l'ego et aux autres formes de dépendance qui en dérivent. Quant à la pratique du Shitché, ou « pacification » (de la souffrance), elle fut propagée par Padampa Sangyé (mort en 1117).

La tradition du mahasiddha Orgyenpa (1230-1309) doit sa survie aux efforts inlassables déployés par Jamyang Khyentsé Wangpo (1820-1892) et Jamgön Kongtrul (1813-1899), deux grands maîtres surnommés les « grands phares » du XIXe siècle qui se donnèrent pour tâche de rassembler toutes les traditions encore existantes au Tibet. La tradition du mahasiddha Orgyenpa ne possède cependant plus, dans la pratique, de lignée spirituelle autonome.

Ainsi que le présent dalaï-lama l'a souvent fait remarquer, la tradition tibétaine intègre harmonieusement les trois niveaux graduels et complémentaires du bouddhisme, à savoir le Hinayana, le Mahayana et le Vajrayana. Ces trois véhicules correspondent par ailleurs à trois pratiques fondamentales : le renoncement, la compassion et la vision pure.

Le renoncement, fondement du Petit Véhicule (Hinayana) et donc aussi des deux autres véhicules, désigne ici la profonde aspiration à se libérer des souffrances du samsara.

La compassion, cœur du Grand Véhicule (Mahayana), conduit le pratiquant à faire le vœu d'atteindre l'Éveil pour libérer tous les êtres qui errent dans le samsara sous l'emprise de l'ignorance.

La vision pure, l'extraordinaire point de vue du Véhicule Adamantin (Vajrayana), consiste à reconnaître la nature de Bouddha présente en tous les êtres, ainsi que la pureté originelle de toute chose.

Glossaire

Accomplissement (*dngos grub*) (skt. : *siddhi*) – Litt. : « ce qui est réellement accompli » (par la pratique de la voie). On distingue deux types d'accomplissements : l'accomplissement suprême, qui désigne le parfait Éveil, et les accomplissements dits « ordinaires » par rapport au précédent, mais extraordinaires du point de vue commun, comme par exemple la connaissance de situations ou d'événements imperceptibles aux sens.

Acquisitions (les deux) (*tshogs gnyis*) – L'acquisition des mérites (voir ce terme) et de la sagesse (voir ce terme). Les deux sont dits indispensables pour réaliser l'Éveil, les mérites fournissant l'énergie bénéfique permettant de vaincre les obstacles ; la sagesse, la lumière nécessaire pour mettre fin à l'ignorance.

Acte bénéfique, positif, vertueux (*dge ba*) – Toute pensée, toute parole et tout acte physique qui, à court ou à long terme, sont cause de bien-être ou de bonheur authentiques.

Acte neutre (*lung ma bstan gyi las*) – Toute pensée, toute parole et tout acte physique qui ne sont *a priori* ni vertueux ni non vertueux, car ils ne sont sous-tendus par aucune intention soit bienveillante soit malveillante, comme le fait de se lever, de manger, de penser à acheter du pain, etc.

ACTE NUISIBLE, NÉGATIF, NON VERTUEUX (*sdig pa, mi dge ba*) – Toute pensée, toute parole et tout acte physique qui, à court ou à long terme, sont cause de souffrance.

AGRÉGATS (CINQ) (*phung po lnga*) – Cinq ensembles éphémères constituant l'individu que nous considérons comme notre « moi » réel et permanent. Ils sont appelés, dans le vocabulaire bouddhiste, « formes », « sensations », « perceptions », « facteurs conditionnants » et « conscience », mais ces termes recouvrent un grand nombre de sens.

ANTIDOTE (*gnyen po*) – Remède susceptible de contrecarrer les émotions négatives. La générosité, par exemple, est l'antidote de l'avarice ; la patience, celui de la colère, etc. Plus subtilement, la connaissance de la vacuité est l'antidote contre toutes les émotions négatives et contre la souffrance.

AUDITEUR (*nyan thos*) (skt. : *shravaka*) – Pratiquant du Véhicule Fondamental à l'époque du Bouddha ; celui qui écoute les enseignements du Bouddha et les met en pratique dans la seule intention d'atteindre la libération pour lui-même.

BARDO (*bar do*) – Litt. : « état intermédiaire ». Désigne le plus fréquemment le moment qui s'écoule entre la mort et la prochaine renaissance.

BODHICITTA Voir Esprit d'Éveil.

BODHISATTVA (*byang chub sems dpa'*) – Litt. : « héros de l'esprit d'Éveil ». Un être qui, par compassion, met tout en œuvre afin d'atteindre le parfait Éveil de la bouddhéité pour le bien de tous les êtres. On distingue les bodhisattvas « ordinaires », simples pratiquants du Grand Véhicule qui font leur possible pour progresser sur la voie de l'Éveil, et les bodhisattvas « sublimes » qui ont atteint l'une des dix « terres », ou niveaux de réalisation.

BOUDDHA (*sangs rgyas*) (skt. : *bodhi*) – Celui qui a atteint l'Éveil (*bodhi*). Le terme tibétain, plus précis, signifie celui qui s'est affranchi ou purifié (*sangs*) des deux voiles (le voile des émotions et le voile masquant la connaissance), et en qui s'est épanouie (*rgyas*) la connaissance des choses dans leur nature essentielle et dans leur infinie variété.

CALME MENTAL (*zhi gnas*) (skt. : *shamatha*) – La base de toutes les concentrations : état mental stable, à la fois détendu et sans distraction, dans lequel l'esprit reste focalisé sur son objet.

CERCLE DES EXISTENCES, DE LA SOUFFRANCE – Synonyme de samsara (voir ce terme).

COMPOSÉ, PHÉNOMÈNE COMPOSÉ (*'dus byas*) – Tout ce qui est créé par un concours de causes et de conditions, c'est-à-dire tout phénomène du samsara (voir ce terme).

CORPS ABSOLU (*chos sku*) (skt. : *dharmakaya*) – Dimension ultime de l'état de bouddha, au-delà de tout concept et de toute représentation, perceptible uniquement par les bouddhas eux-mêmes et comportant deux aspects, la vacuité et la sagesse – ou Connaissance – primordiale (voir ce terme).

CORPS D'APPARITION (*sprul sku*) (skt. : *nirmanakaya*) – Toute forme, fréquemment perceptible par l'ensemble des êtres, sous laquelle se manifeste un bouddha ou un bodhisattva pour guider les êtres selon leurs perceptions.

CORPS DE PARFAITE JOUISSANCE (*longs spyod rdzogs sku*) (skt. : *sambhogakaya*) – Corps formel (voir ce terme) d'un bouddha se manifestant spontanément à partir du corps absolu. Il n'est perçu que par les bodhisattvas ayant atteint les plus hauts degrés de réalisation.

CORPS FORMELS (*gzugs sku*) (skt. : *rupakaya*) – Le corps d'apparition (voir ce terme), celui du Bouddha historique par exemple, que tout le monde peut percevoir, et le corps de parfaite jouissance (voir ce terme), qui n'est perceptible qu'aux bodhisattvas les plus accomplis.

DAKINI (*mkha' 'gro ma*) – Litt. : « celle qui parcourt l'espace ». Être féminin associé à la sagesse. On distingue les dakinis ordinaires, qui ont un certain degré d'accomplissement spirituel, et les dakinis de sagesse, pleinement éveillées.

DÉMON (*bdud*) (skt. : *mara*) – Dans le cadre de la pratique et de la méditation bouddhistes, est appelé « démon » tout ce qui fait obstacle à l'Éveil. Dans les soutras, le terme désigne un esprit malfaisant ou, symboliquement, une force négative ou un fauteur d'empêchement sur la voie. Les « quatre démons » appartiennent à la seconde catégorie. Ce sont : 1) le démon des agrégats (constituants physiques et mentaux de la personne), qui constitue le support de la souffrance dans le samsara (voir ce terme) ; 2) le démon des émotions négatives, qui est la cause de la souffrance ; 3) le démon de la mort, qui ne désigne pas seulement la mort mais aussi le caractère momentané de toutes choses, l'impermanence subtile qui est également souffrance ; et 4) le démon divin, qui désigne la distraction et l'attachement aux choses agréables, que l'on croit réelles.

DEVENIR (*srid pa*) (skt. : *bhava*) – Condition des êtres qui errent sans fin dans le cercle des existences conditionnées par la souffrance. Ses causes sont l'ignorance et les émotions négatives. Le terme tibétain, qui veut dire « possible », s'explique par le fait que, de même que les rêves aussi longtemps que l'on reste endormi, toutes les formes d'existence sont possibles, dans le samsara, tant que l'on n'a pas atteint l'Éveil.

DHARMA (*chos*) – Ce mot n'a pas moins de dix sens principaux, dont « les phénomènes », « les objets de perception » et « l'enseignement du Bouddha ». Dans ce dernier sens, il est souvent qualifié de sublime ou suprême, car, parmi tous les dharmas, il est celui qui libère de la souffrance.

DIEUX, OU DEVAS (*lha*) – Êtres dont le bonheur et les plaisirs semblent parfaits par rapport à ceux des autres mondes du samsara, mais qui n'en sont pas moins sujets à l'impermanence et à la souffrance.

DIX FORCES (*stobs bcu*) – Dix qualités ou pouvoirs d'un bouddha, à savoir, sommairement : le pouvoir de connaître ce qui est fondé et ce qui ne l'est pas, les effets karmiques de tout acte, les différentes aspirations des êtres, les différents types d'êtres, les différentes facultés des êtres, les différentes voies et leur résultat, les différentes concentrations et libérations parfaites, les vies passées des êtres, la mort des êtres et leur prochaine renaissance, et les moyens de mettre fin à tout ce qui fait chuter dans le samsara (voir ce terme).

ÉMOTION NÉGATIVE OU PERTURBATRICE (*nyon mongs*) (skt. : *klesha*) – État mental résultant de l'ignorance de la nature de l'esprit et du monde. Les émotions, prises dans leur sens étymologique d'ébranler ou mettre en mouvement, perturbent l'esprit et le poussent à commettre des actes nuisibles (voir ce terme) qui sont sources de souffrance. Les trois émotions négatives fondamentales sont l'ignorance, l'aversion et le désir-attachement. On parle de cinq émotions négatives lorsqu'on ajoute à ces trois-ci l'orgueil et la jalousie. Les émotions négatives sont aussi appelées « poisons mentaux ».

ENTRAÎNEMENT DE L'ESPRIT (*blo sbyong*) – Apprentissage qui, dans le contexte de l'esprit d'Éveil, a pour but de renverser l'habitude de considérer uniquement son propre intérêt pour donner, au contraire, la priorité au bien-être et au bonheur des autres.

ESPRIT D'ÉVEIL (*byang chub kyi sems*) (skt. : *bodhicitta*) – Terme ayant différents sens selon les niveaux d'enseignement. On distingue généralement l'esprit d'Éveil relatif et l'esprit d'Éveil absolu. Le premier comporte lui-même deux aspects : l'intention d'atteindre l'Éveil pour le bien de tous les êtres, associé à un entraînement de l'esprit visant à acquérir une attitude altruiste véritable, et la mise en œuvre de cette intention par la pratique des six perfections, ou vertus transcendantes (voir ce terme). L'esprit d'Éveil absolu est la sagesse non duelle, la connaissance de la nature essentielle de l'esprit et du monde, au-delà de toute fabrication mentale.

ÉVEIL (*byang chub*) (skt. : *bodhi*) – La fin de l'ignorance et des voiles qui recouvrent l'esprit en général. Il y a plusieurs degrés d'Éveil selon les différents véhicules et les niveaux de réalisation intérieure. Seul l'état de bouddha correspond à l'Éveil dit « total et parfait ».

GRAND VÉHICULE (*theg pa chen po*) (skt. : *mahayana*) – Aussi appelé Véhicule des bodhisattvas, le Grand Véhicule a pour caractéristique principale la vue profonde de la vacuité du soi individuel et de tous les phénomènes, associée à la compassion universelle et à la volonté de libérer tous les êtres de la souffrance et de ses causes.

GRANDE FÉLICITÉ (*bde ba chen po*) – Félicité ne dépendant pas de facteurs extérieurs mais inhérente à la nature de l'esprit.

GRANDE PERFECTION, GRANDE COMPLÉTUDE, DZOGCHEN (*rdzogs chen*) (skt. : *mahasandhi* ou *atiyoga*) – Le véhicule ultime selon la classification de l'école Nyingma. « Perfection », ou « complétude », veut dire que l'esprit, dans son essence, contient spontanément toutes les qualités de l'Éveil. « Grande » exprime le fait que cette essence est la nature ultime de tous les phénomènes.

HUIT PRÉOCCUPATIONS MONDAINES (*'jig rten chos brgyad*) – Attention que l'on porte au gain et à la perte, au plaisir et à la souffrance, au renom et à l'infamie, à la louange et à la critique. Ces huit préoccupations suscitent espoirs et craintes et détournent de la voie de l'Éveil.

IGNORANCE (*ma rig pa*) – Dans le contexte bouddhiste, ce terme ne désigne pas la simple absence de connaissances mais la méprise fondamentale concernant la véritable nature des êtres et des choses, et les perceptions erronées qui s'ensuivent.

INITIATION (*dbang bskur*) (skt. : *abhisheka*) – Litt. : « transmission de pouvoir ». Rituel, qui peut être simple ou élaboré, par lequel un maître qualifié ouvre au disciple l'accès à une pratique particulière du Vajrayana (voir ce terme) et en rend possible l'accomplissement.

KARMA (*las*) – Acte mental, verbal ou physique, son pouvoir et ses conséquences. Selon les enseignements du Bouddha, la destinée des êtres, leurs joies, leurs souffrances et leurs perceptions du monde ne sont dues ni au hasard ni à la volonté d'une entité extérieure ; elles sont le résultat de leurs actes passés. De même, leur destinée future est fonction de la qualité, positive ou négative, de leur comportement présent.

LIBÉRATION (*thar pa*) – Le fait de ne plus être assujetti au karma et aux émotions négatives qui maintiennent les êtres dans le samsara (voir ce terme).

MAHAYANA – Voir Grand Véhicule.

MANTRA (*sngags*) – Syllabes contenant parfois le nom d'un bouddha et qui, selon l'étymologie sanskrite (*man* : esprit, *tra* : protège), protègent l'esprit. Les mantras remplissent un grand nombre de fonctions, surtout dans les pratiques du Vajrayana (voir ce terme).

MANTRAS SECRETS (*gsang sngags*) – Synonyme de Véhicule de Diamant (voir ce terme), véhicule ésotérique du bouddhisme fondé sur les tantras. Ce véhicule est « secret » parce que les techniques qu'il enseigne, plus rapides et puissantes que celles du Grand Véhicule, comportent des risques dans la même proportion, et sont donc destinées à ceux qui sont prêts intérieurement.

MARA – Voir Démon.

MÉRITE (*bsod nams*) – Synonyme de karma positif, ou vertueux, qui, temporairement, permet de renaître dans les mondes dits « supérieurs » du samsara (voir ce terme). Les mérites constituent l'une des « deux acquisitions » (voir ce terme) indispensables pour atteindre l'Éveil.

MONDES INFÉRIEURS (*ngan song*) – Voir Six mondes.

MONDES SUPÉRIEURS (*mtho ris*) – Voir Six mondes.

NIRVANA (*myang 'das*) – Litt. : « au-delà de la souffrance ». Au sens large, le but et le résultat de la voie bouddhiste, l'opposé du samsara (voir ce terme). Mais le nirvana ultime, appelé « sans demeure », selon le Grand Véhicule, est au-delà des notions mêmes de samsara et de nirvana.

PHASES DE CRÉATION ET DE COMPLÉTUDE (*bskyed rim* et *rdzogs rim*) – Deux stades de la pratique du Vajrayana (voir ce terme). La phase de création, ou de visualisation, est une méditation dont le but est de se libérer des perceptions et des attachements habituels en assimilant les formes à des déités, les sons à des mantras et les pensées à la sagesse, pour comprendre que les phénomènes se manifestent tout en étant dénués de réalité en soi. La phase de complétude correspond à la méditation qui suit la dissolution de la visualisation précédente, lorsqu'on demeure dans l'état naturel de l'esprit, au-delà de toute fabrication mentale. Ce terme désigne également la méditation sur les canaux subtils, les énergies et les essences du corps.

POISONS MENTAUX (CINQ) (*dug lnga*) – Synonyme d'émotions négatives (voir ce terme).

QUATRE CORPS (*sku bzhi*) – Quatre aspects ou dimensions de la bouddhéité : le corps absolu, le corps de parfaite jouissance et le corps d'apparition (voir ces termes), auxquels s'ajoute le corps d'essentialité, qui n'est pas à proprement parler une dimension nouvelle mais l'essence des trois autres.

QUATRE NOBLES VÉRITÉS (*phags pa bden pa bzhi*) – Lire explications pages 58 et 59.

RENONÇANT (*bya btang ba*) – Moine ou laïc qui abandonne toutes les activités de la vie ordinaire pour se consacrer uniquement à la pratique intérieure.

RINPOTCHÉ (*rin po che*) – Litt. : « précieux ». Titre par lequel on s'adresse habituellement à un maître dans le bouddhisme tibétain.

SAGESSE (*shes rab*) (skt. : *prajña*) – Parfois traduit par « Connaissance » car elle se confond avec la connaissance de la nature des choses, la vacuité (voir ce terme).

SAGESSE PRIMORDIALE (*ye shes*) (skt. : *jñana*) – Aspect cognitif de la nature de Bouddha présent depuis toujours en chaque être, sagesse fondamentale de l'esprit que rien n'altère, même lorsqu'elle n'est pas reconnue en raison des voiles créés par l'ignorance.

SAMSARA (*'khor ba*) – Litt. : « tourner ». Le cercle des existences ou des renaissances dans lequel tournent les êtres du fait de leur karma ; le monde tel qu'il est perçu par les êtres sous l'empire de l'illusion.

SANGHA (*dge 'dun*) – Au sens le plus large, la communauté des êtres qui suivent l'enseignement du Bouddha ; au sens restreint, la communauté monastique. Il y a aussi la Sangha suprême, celle qui est composée, dans le Grand Véhicule, des êtres ayant atteint au moins la première « terre », ou niveau de réalisation, des bodhisattvas.

SHAMATHA (*zhi gnas*) – Voir Calme mental.

SIX PERFECTIONS OU VERTUS TRANSCENDANTES (*phar phyin drug*) – Lirer explications page 131.

SIX MONDES (*'gro drug*) – Six domaines d'existence, ou six catégories d'êtres, au sein du samsara. Ces mondes ne sont que des créations de notre esprit, mais ils apparaissent tout à fait réels à ceux qui les perçoivent en fonction de leur karma (voir ce terme), à la manière des rêves dont on ne reconnaît pas la nature illusoire. On distingue trois mondes dits « supérieurs » ou « heureux » : ceux des dieux (devas), des demi-dieux (asuras) et des êtres humains, et trois dits « inférieurs » (pour les souffrances qu'on y éprouve) : ceux des enfers, des esprits avides (pretas) et des animaux.

SOI (*bdag*) (skt. : *atman*) – Substance ou essence permanente, immuable, attribuée de façon erronée aux individus et aux choses. Cette croyance en un soi réel et indépendant est la base de toutes les illusions du samsara (voir ce terme).

SOUFFRANCE (*sdug bsngal*) (skt. : *duhkha*) – Ce terme, dans l'enseignement du Bouddha, désigne aussi toutes les sensations de mal-être, de frustration, d'imperfection qui nous empêchent toujours d'être vraiment heureux. Les souffrances peuvent toutes se ramener à trois grands types : la souffrance évidente, qui se répète et nous accompagne tout au long de la vie ; la souffrance du changement, le fait que, même si l'on se sent bien à un certain moment, ce sentiment ne durera pas et fera tôt ou tard place au mal-être ; et la souffrance omniprésente, ou en perpétuelle formation, inhérente à toute existence conditionnée dans le samsara (voir ce terme).

SOUTRA (*mdo*) – Texte rapportant les discours du Bouddha.

TANTRA (*rgyud*) – Litt. : « continuité ». Texte de base du Véhicule de Diamant (voir ce terme) qui expose la nature ultime de toute chose, le fondement sans début ni fin, ou la trame ininterrompue, du samsara et du nirvana (voir ces deux termes).

TATHAGATA (*de bzhin gshegs pa*) – Litt. : « ainsi-allé » ou « allé dans l'ainsité ». Synonyme de bouddha, celui qui a atteint l'Éveil en s'appuyant sur la réalité telle qu'elle est (*tathata*).

TATHAGATAGARBHA (*de bzhin gshegs pa'i snying po*) – Litt. : « essence, ou embryon, de l'ainsi-allé ». Essence, nature ou potentiel de bouddha se trouvant en chaque être depuis toujours.

TRÉSOR SPIRITUEL OU TERMA (*gter ma*) – Enseignement (parfois objet) caché par Padmasambhava pour le bien des générations futures et destiné à être découvert

vert au moment opportun par des sages accomplis que l'on appelle « découvreurs de trésors » (tib. : *gter ston*).

TRIPLE ENTRAÎNEMENT (*bslab pa gsum*) – La discipline (ou éthique) ; la concentration ; et la connaissance par l'étude, la réflexion et la méditation.

TROIS CORPS (*sku gsum*) (skt. : *trikaya*) – Le corps absolu, le corps de parfaite jouissance et le corps d'apparition (voir ces termes).

TROIS JOYAUX (*dkon mchog gsum*) – Bouddha, Dharma et Sangha (lire explications page 95).

TROIS SPHÈRES DU SAMSARA (*khams gsum*) – Trois dimensions du samsara (voir ce terme) : celle du désir, où se trouvent les humains mais aussi la plupart des six catégories d'êtres (voir Six mondes), et deux autres sphères d'existence plus subtiles : celle de la forme et celle du sans-forme.

VACUITÉ (*stong pa nyid*) (skt. : *shunyata*) – La véritable nature des êtres et des choses, le fait que ces derniers n'existent pas en soi et par soi, mais en dépendance d'autres choses. Ce terme mal compris n'est pas la négation de l'individu et du monde mais simplement du concept irraisonné de « soi » (voir ce terme) indépendant et immuable.

VAINQUEUR (*rgyal ba*) – Épithète des bouddhas qui ont vaincu les quatre démons (voir ce terme).

VAJRAYANA – Voir Véhicule de Diamant.

VÉHICULE (*theg pa*) (skt. : *yana*) – Ensemble d'enseignements et de pratiques, ainsi nommé parce qu'il conduit à l'Éveil ceux qui l'empruntent.

VÉHICULE DE DIAMANT OU ADAMANTIN, VAJRAYANA (*rdo rje theg pa*) – Encore appelé Mantrayana ou Véhicule des Mantras secrets, ce « véhicule » est un ensemble d'enseignements et de pratiques fondés sur les tantras et caractérisés par des méthodes qui permettent de parcourir la voie de l'Éveil plus rapidement qu'avec les autres véhicules du bouddhisme.

VÉHICULE FONDAMENTAL OU PETIT VÉHICULE (*theg dman*) (skt. : *hinayana*) – Ensemble d'enseignements et de pratiques fondés sur les premiers discours du Bouddha, qui portaient sur les quatre nobles vérités et les douze facteurs de la production interdépendante. Ce véhicule est qualifié de « petit » par rapport au Grand Véhicule, car il s'adresse à ceux qui œuvrent uniquement à leur libération personnelle, et il est « fondamental » car il constitue la base indispensable des autres enseignements du bouddhisme.

VISION PROFONDE (*lhag mthong*) (skt. : *vipashyanā*) – Vision ou compréhension, encore appelée supérieure ou pénétrante, de la nature des choses telle qu'elle est, seul moyen de parvenir à la sagesse, ou connaissance suprême. Pour être possible, la vision profonde doit être associée au calme mental (voir ce terme) qui stabilise l'esprit.

VISION PURE OU PERCEPTION PURE (*dag snang*) – Vision claire des êtres et du monde comme manifestations de la nature ultime, par opposition à la perception ordinaire contaminée par l'ignorance et les émotions négatives.

VUE (LA) (*lta ba*) – Lire explications pages 229-240.

YOGA (*rnal 'byor*) – Litt. : « union à l'état naturel ». Désigne, dans le bouddhisme, la pratique de la voie authentique, celle qui relie à la véritable nature des choses.

YOGI (*rnal 'byor pa*) – Celui qui pratique le yoga (voir ce terme).

Notices biographiques des principaux auteurs cités

ASANGA (*thogs med*, VIe siècle) – L'un des exégètes majeurs de l'enseignement du Grand Véhicule ; cofondateur, avec son frère Vasubandhu, de la philosophie Yogacara, ou Cittamatra ; auteur des *Cinq Enseignements de Maitreya*, appelés ainsi parce qu'il les aurait reçus de Maitreya, le futur bouddha. Ces ouvrages, qui traitent en particulier de la nature de bouddha présente dans tous les êtres, font partie du programme d'études supérieures des quatre écoles du bouddhisme tibétain, malgré quelques différences de point de vue, certains considérant ces textes comme exprimant la véritable pensée du Bouddha, et d'autres le sens provisoire, ou interprétable.

ATISHA, encore appelé Dipamkara Shri Jnana (982-1054) – Érudit et maître bouddhiste indien né dans une famille royale, au Bengale. Il étudia d'abord en Inde avec des maîtres du Véhicule de Diamant, puis à Sumatra où il resta douze ans auprès de son maître principal, qui lui enseigna l'esprit d'Éveil et l'entraînement de l'esprit (voir glossaire) dont il fit le cœur de sa pratique et, plus tard, de son enseignement.

En 1040, à l'invitation d'un roi local, il se rendit au Tibet. C'est là qu'il passa le reste de son existence en jouant un rôle essentiel dans la deuxième période de propagation du bouddhisme, et en particulier dans la transmission des enseignements sur l'entraînement de l'esprit. Il plaida aussi, dans les monastères, pour un retour à la stricte discipline.

On lui attribue plus de deux cents ouvrages (textes originaux et traductions). Son œuvre la plus célèbre est la *Lampe de la voie de l'Éveil* (*byang chub lam gyi sgron ma*), qui est à l'origine de la voie graduelle pratiquée par l'école Guéloukpa.

Il eut pour disciple principal Drom Tönpa, le fondateur tibétain de l'école Kadampa.

BOUDDHA SHAKYAMOUNI (*sangs rgyas sha kya thub pa*, Ve siècle av. J.-C.) – Le Bouddha historique, qui n'est pas vénéré comme un dieu ou comme un saint, mais comme le sage ultime, ou la personnification de l'Éveil à la vérité ultime. Sa vie est généralement connue. La voici dans ses grandes lignes.

Shakyamouni est né prince Siddhartha dans le petit royaume des Shakya, qui avait pour capitale Kapilavastu, sur la frontière actuelle de l'Inde et du Népal. Le sage Asita prédit que l'enfant serait soit un grand roi, soit un grand sage.

Jeune, Bouddha mena une vie de plaisir. Il se maria et eut un fils, Rahoula. À l'âge de vingt-neuf ans, Siddhartha vit un malade, un vieillard, un mort et un ascète, et identifia clairement ce qu'était la vraie souffrance que tout un chacun subit. Il renonça à son statut de prince pour s'adonner à la quête spirituelle et mener une vie de mendiant errant.

Il étudia avec deux fameux maîtres de l'époque mais leur enseignement ne le satisfit pas. Il s'adonna à une ascèse extrême pendant six ans, mais constata que les mortifications du corps ne conduisaient pas à la liberté intérieure. Renonçant à l'ascétisme, Siddhartha Gautama alla s'asseoir au pied de l'arbre qui allait devenir l'arbre de la Bodhi, dans le lieu qui s'appelle de nos jours Bodh-Gaya, dans l'État du Bihar, et fit le vœu de ne pas quitter cet endroit avant d'avoir atteint l'Éveil suprême. À l'aube, après être sorti vainqueur des attaques de Mara, le démon qui personnifie l'ignorance et l'attachement au « moi », il atteignit, à l'âge de trente-cinq ans, l'illumination parfaite de l'esprit et devint le Bouddha, « l'Éveillé ».

À Sarnath, au parc des Biches, il donna son premier enseignement, qui portait sur les Quatre Nobles Vérités.

Un groupe de disciples se forma autour de lui, grossit rapidement, et le Bouddha enseigna sans discontinuer, aussi bien aux laïcs qu'à ceux qui renonçaient à tout pour le suivre.

À quatre-vingt-un ans, il donna son dernier enseignement sur l'impermanence de toute chose en passant dans le nirvana (voir glossaire), l'au-delà de la souffrance.

Le recueil de ses paroles comprend cent trois volumes dans sa traduction tibétaine, le *Kangyour*.

Ve DALAÏ-LAMA, NGAWANG LOBZANG GYATSO, (*ngag dbang blo bzang rgya mtsho*, 1617-1682) – Le Ve dalaï-lama, surnommé « le Grand Cinquième », fut non seulement un maître spirituel éminent, mais aussi un dirigeant éclairé qui devint le maître spirituel du chef mongol Gushri Khan et qui l'aida à unifier les différentes régions du Tibet. De tous les dalaï-lamas, c'est lui qui exerça le plus grand pouvoir politique au Tibet. La structure qu'il donna au gouvernement tibétain resta peu ou prou la même jusqu'à l'invasion chinoise, en 1959.

En 1645, sur une colline de Lhassa où se trouvait un pavillon fondé par le roi Songtsen Gampo (609 ou

613-650), il fit construire l'immense palais du Potala, qui devint le centre du gouvernement tibétain. Il créa également l'école de médecine Chakpori, qui fut très active jusqu'à sa destruction par l'armée chinoise en 1959. Maître visionnaire, il adopta envers les différentes écoles bouddhistes une attitude non sectaire.

VIIe DALAÏ-LAMA, KELZANG GYATSO (*skal bzang rgya mtsho*, 1708-1757) – Grand lettré, poète et méditant dont la vie simple gagna les cœurs de ses contemporains. Le lieu où il naquit fut reconnu grâce à un célèbre poème prophétique de son prédécesseur, le VIe dalaï-lama, Tsangyang Gyatso :

Grue blanche, bel oiseau,
Prête-moi tes ailes !
Je ne m'en vais pas loin :
Un jour je reviendrai
Par le chemin de Lithang.

Privé de pouvoir politique par les conflits entre Mongols et Mandchous, il se consacra à la pratique spirituelle et à l'écriture de commentaires sur les tantras. Quand il put revenir à Lhassa, il instaura le *kashag*, l'équivalent d'un conseil des ministres actuel.

XIVe DALAÏ-LAMA, TENDZIN GYATSO, (*bstan 'dzin rgya mtsho*, né en 1935) – Le dalaï-lama actuel naquit en 1935. À l'âge de deux ans, il fut reconnu comme étant le successeur du XIIIe dalaï-lama, Thubten Gyatso. À vingt-quatre ans, il dut fuir le Tibet à la suite de l'invasion chinoise et de la révolte de Lhassa.

Accueilli par l'Inde, il s'est finalement installé à Dharamsala, où il s'est aussitôt attaché à préserver l'héritage spirituel et culturel tibétain.

Universellement respecté par toutes les traditions du bouddhisme tibétain, le XIVe dalaï-lama est un grand unificateur qui a tenu à étudier, pratiquer et transmettre les enseignements de toutes les écoles du bouddhisme tibétain. Il met l'accent sur l'importance de l'amour altruiste et de la compassion et déclare souvent : « Ma religion, c'est la bonté. » Porte-parole de la cause tibétaine dans le monde, il décrit son engagement comme un combat pour la justice. Il a été l'instigateur d'un système démocratique au sein du gouvernement tibétain en exil.

Depuis trente ans, il a établi de nombreux dialogues avec le milieu scientifique, qui ont notamment débouché sur des programmes de recherche en neurosciences visant à étudier les effets à court et à long terme de l'entraînement de l'esprit sur le cerveau.

Ses efforts pour promouvoir la fraternité et la paix dans le monde, ainsi que le sens de la responsabilité universelle et de la non-violence, ont été récompensés par le prix Nobel de la paix en 1989. Il se décrit lui-même comme un « simple moine bouddhiste. »

DILGO KHYENTSÉ RINPOTCHÉ (*dil mgo mkhyen brtse rin po che bkra shis dpal 'byor*, 1910-1991) – L'un des derniers représentants de la génération des grands maîtres tibétains qui furent éduqués et effectuèrent leur entraînement spirituel exclusivement au Tibet. Il y passa vingt-deux ans en retraite de méditation.

Il fut un découvreur de trésors spirituels (voir glossaire) cachés par Padmasambhava, l'un des principaux maîtres des instructions du Dzogchen, la Grande Perfection. Représentant exemplaire du mouvement non sectaire, il était réputé pour sa capacité à transmettre les enseignements de chaque lignée bouddhiste selon sa propre tradition. Il se trouve peu de lamas contemporains qui n'aient reçu des enseignements de lui, et un très grand nombre d'entre eux, dont l'actuel dalaï-lama, le vénèrent comme l'un de leurs maîtres principaux. Khyentsé Rinpotché ne cessa jamais d'inspirer, par sa présence monumentale, sa simplicité, sa dignité et son humour, ceux qui l'ont rencontré.

Il naquit en 1910 dans la vallée de Denkhok, au Tibet oriental. Son père était un dignitaire local. Encore enfant, Rinpotché manifesta le profond désir de se dévouer entièrement à la vie spirituelle. Son père, qui nourrissait pour lui d'autres projets, s'y opposa fermement. Mais un accident grave survenu à son fils mit fin à son entêtement, car des lamas qu'il respectait prédirent que l'enfant ne vivrait pas longtemps si on ne le laissait pas suivre son aspiration.

À onze ans, Dilgo Khyentsé Rinpotché rencontra son maître principal, Shechen Gyaltsap Péma Namgyal (voir ce nom), qui le reconnut comme étant l'une des réincarnations de l'esprit de sagesse du premier Khyentsé Rinpotché, Jamyang Khyentsé Wangpo (1820-1892). Il étudia aussi auprès d'une cinquantaine d'autres grands maîtres.

De quinze à vingt-huit ans, il passa presque tout son temps à méditer en retraite silencieuse dans des grottes et des ermitages isolés dans la montagne, parfois simplement à l'abri d'un surplomb.

Puis il passa plusieurs années auprès de Dzongsar Khyentsé Chökyi Lodrö (1893-1959), qui était, lui aussi, une réincarnation du premier Khyentsé. Après avoir reçu de lui de nombreuses initiations, Rinpotché lui déclara qu'il souhaitait consacrer le reste de ses jours à la méditation solitaire. Mais son maître lui répondit : « Le moment est venu pour toi de transmettre à d'autres tous les précieux enseignements que tu as reçus. » Dès lors, Rinpotché œuvra constamment au bien des êtres avec cette inlassable énergie qui caractérise les Khyentsé.

Une fois qu'il eut quitté le Tibet en raison de l'invasion chinoise, il voyagea partout dans l'Himalaya, en Inde, en Asie du Sud-Est et en Occident pour transmettre et expliquer le Dharma à une foule de disciples.

Où qu'il se trouvât, il se levait bien avant l'aube pour prier et méditer quelques heures, avant de se lancer dans une suite ininterrompue d'activités, jusque tard dans la nuit. Il abattait chaque jour une impressionnante quantité de travail avec une totale sérénité et, apparemment, sans le moindre effort.

Ce fut aussi un infatigable bâtisseur et restaurateur de stoupas, de monastères et de temples, tant au Bhoutan qu'au Tibet, en Inde et au Népal. Il devint en particulier le maître le plus respecté des Bhoutanais, à commencer par la famille royale. Au cours des dernières années de sa vie, Rinpotché se rendit trois fois au Tibet, où il participa à la restauration de plus de deux cents temples et monastères, notamment ceux de Samyé et Mindroling.

Au Népal, il transplanta la riche tradition de Shechen dans sa nouvelle demeure, un magnifique monastère.

Après la destruction systématique des livres et des bibliothèques au Tibet, beaucoup d'ouvrages n'existaient plus qu'à un ou deux exemplaires. Rinpotché s'employa pendant de nombreuses années à publier tout ce qu'il pouvait parmi l'extraordinaire héritage d'enseignements bouddhistes du Tibet. Il fit réimprimer trois cents titres au total.

En 1975, il se rendit pour la première fois en Occident, où il retourna ensuite régulièrement. Il enseigna dans de nombreux pays et surtout en France, en Dordogne, où il établit son siège occidental.

En 1991, il fut touché par les premiers signes de la maladie. Après avoir fait une ultime retraite de trois mois et demi, il rendit visite à quelques-uns de ses disciples, qui se trouvaient eux aussi en retraite, pour leur parler du maître ultime qui dépasse la naissance, la mort et toute manifestation physique. Peu après, il montra de nouveaux signes de maladie. Le 27 septembre 1991, à la tombée de la nuit, il pria ses serviteurs de l'aider à s'asseoir bien droit. Aux premières heures du matin, sa respiration cessa et son esprit se fondit dans l'espace absolu.

Ses œuvres complètes comprennent vingt-cinq volumes de textes de méditation, de commentaires et de poèmes spirituels.

DODROUP TENPAI NYIMA (*rdo grub chen 'jigs med bstan pa'i nyi ma*, 1865-1926) – Reconnu dès son plus jeune âge comme l'émanation du précédent Dodroupchen, il fut intronisé à l'âge de cinq ans, puis il reçut de nombreux enseignements, en particulier la célèbre *Entrée dans la pratique des bodhisattvas* de la bouche de Patrul Rinpotché en personne, au monastère de Dzogchen. À l'âge de huit ans, il donna lui-même cet enseignement devant une grande assemblée de religieux et de laïcs. Il étudia auprès des plus grands maîtres de son époque et se mit à enseigner sans relâche.

Malade, il dut passer les dernières années de sa vie en retraite solitaire, étudiant, pratiquant, composant d'éminents traités loués par les érudits, mais n'enseignant plus qu'à ses principaux disciples. Son frère, en le voyant étudier sans répit, lui demanda quand il aurait terminé. Il lui répondit : « Lorsque j'aurai atteint le parfait Éveil. »

Ses contemporains le décrivent comme un être quasi enfantin, sans le moindre orgueil et très facile à vivre. Mais comme il avait un contrôle parfait de son esprit, tous ceux qui se trouvaient en sa présence se sentaient subjugués.

Un jour, sans quitter son ermitage, il consacra un stoupa qui était à une distance de deux jours à cheval, et les grains de riz qu'il lança, comme on le fait traditionnellement dans ce rituel, atterrirent sur le stoupa.

Alors qu'il était en train de rédiger un important commentaire, il demanda à son aide d'envelopper le manuscrit en cours et de le laisser sur une étagère jusqu'à ce que son successeur se charge de terminer le travail. Puis il tomba très malade et mourut, tandis que des signes extraordinaires se manifestaient autour de lui.

DRIGOUNG KYOPA JIGTEN GONPO (*'bri gung skyob pa 'jig rten mgon po*, 1143-1217) – Également connu sous le nom de Rinchen Pal ou Jigten Soumgön, il naquit au Tibet oriental, et dès son plus jeune âge manifesta les signes d'un être hors du commun. À huit ans, alors qu'il méditait, il vit que tous les phénomènes du samsara et du nirvana étaient des apparences sans substance, comme des reflets dans un miroir.

Un grand nombre de gens venaient le voir pour recevoir des enseignements. Il entendit un jour le nom de Phagmo Droupa et sut immédiatement que c'était son maître. Il fit aussitôt le long et difficile voyage vers le Tibet central pour aller le voir, et resta deux ans et demi auprès de lui. Celui-ci lui transmit la totalité de ses enseignements et le désigna comme son successeur. Lorsque Phagmo Droupa quitta ce monde, tous les disciples présents virent un vajra (ou sceptre adamentin) lumineux émaner de son cœur et se dissoudre dans le cœur de Drigoung Kyopa. Ce dernier donna ensuite tout ce qu'il possédait et partit méditer dans une grotte pendant sept ans. Plus tard, il fonda le monastère de Drigoung Jangchoubling, le plus grand de l'école Drigoung Kagyu, et passa le reste de sa vie à y enseigner.

DUDJOM RINPOTCHÉ JIGDRAL YÉSHÉ DORJÉ (*bdud 'joms jigs bral ye shes rdo rje*, 1904-1987) – Descendant direct du roi Trisong Detsen (VIIIe siècle), Dudjom Rinpotché eut la particularité de naître alors que sa manifestation précédente était encore en vie. Ce dernier, avant de mourir, donna à ses aides des instructions précises pour retrouver son successeur, en spécifiant qu'il arriverait là-bas avant eux. Lorsque ses aides furent sur place pour trouver l'enfant, celui-ci, qui avait déjà trois ans, les reconnut et les appela par leur nom.

Dès l'âge de quatorze ans, il donna publiquement la transmission du *Recueil des précieux trésors*, une longue transmission qui prend plusieurs mois. Lui-même découvreur de trésors spirituels (voir glossaire), il devint rapidement célèbre à la fois comme érudit et maître spirituel hors norme. L'ensemble de ses œuvres originales et de ses compilations de textes passés comprend vingt-cinq volumes. Il assuma par ailleurs le rôle d'autorité suprême de l'école Nyingma. Autre détail extraordinaire pour un maître tibétain de son rang : il décida de passer les dernières années de sa vie en France, en Dordogne, où il mourut en janvier 1987.

DZATRUL NGAWANG TENDZIN NORBOU (*dza sprul ngag dbang bstan 'dzin nor bu*, 1867-1940) – Grand érudit et yogi accompli de l'école Nyingma, il était originaire du sud-ouest du Tibet. Il fonda le monastère de Rongpou Do-Ngak Choling près du mont Everest, qu'il prit pour résidence et qui attira peu à peu de très nombreux disciples, hommes et femmes. Il fonda aussi des monastères en pays sherpa.

D'une grande énergie et d'une intelligence très fine, il devint célèbre dans la région, où on le surnomma le Bouddha de Rongpou, et fit même une impression extraordinaire sur les membres de la première expédition vers l'Everest, en 1924, ainsi que sur ceux des expéditions suivantes.

Il composa de nombreux ouvrages dont certains furent malheureusement détruits par l'invasion chinoise. Ceux que l'on a pu sauver totalisent neuf volumes.

GAMPOPA SONAM RINCHEN (*sgam po pa bsod nams rin chen*, 1079-1153) – Né au Tibet oriental, il fut d'abord médecin, se maria et eut deux enfants, mais une épidémie décima sa famille et il fit le vœu, au chevet de sa femme mourante, de consacrer le reste de sa vie au Dharma. À l'âge de vingt-six ans, il prononça les vœux monastiques et commença à étudier et pratiquer le bouddhisme auprès de maîtres kadampas, mais ne parvint toutefois pas à connaître la nature de son esprit.

À trente-deux ans, le fait d'entendre le nom de Milarépa l'emplit d'une foi telle qu'il en perdit presque connaissance. Il n'eut de cesse qu'il n'eût rencontré ce maître et ne fût devenu son disciple. Il reçut de lui les plus hauts enseignements du Vajrayana (voir glossaire) et, en les mettant en pratique pendant dix ans, parvint à une très haute réalisation.

Il passa le reste de sa vie à guider des milliers de disciples et laissa, en guise de testament, *Le Précieux Ornement de la libération*, un ouvrage dans lequel il combina la voie graduelle de la tradition Kadam et les instructions que Milarépa lui avait transmises sur le Mahamoudra, le grand sceau de l'ultime réalité. Parmi ses principaux disciples figure Dusoum Khyenpa (1110-1193), qui devint le premier Karmapa.

GOUROU CHÖKYI WANGCHOUK (*gu ru chos kyi dbang phyug*, 1212-1270) – Grand maître et révélateur de trésors spirituels de l'école Nyingma, il naquit à Lhodrak, au sud du Tibet et découvrit à l'âge de treize ans l'inventaire des trésors qu'il était destiné à découvrir. Il devint également le premier chroniqueur de la tradition des trésors. Sa compagne spirituelle, Jomo Menmo, fut elle-même une révélatrice de trésors.

Parmi les nombreux textes qu'il découvrit de la sorte figure un cycle de pratiques qui sert encore de base aux cérémonies de danses sacrées ayant lieu chaque année dans la plupart des monastères de l'école Nyingma en l'honneur de Padmasambhava.

GYALSÉ THOGMÉ (*rgyal sras thogs med*, 1295-1369) – Né au Tibet central, il manifesta dès son plus jeune âge les signes d'une immense compassion. La souffrance des autres le rendait systématiquement triste, et leur bonheur le rendait heureux.

À l'âge de quatorze ans, comprenant que les plaisirs apparents du samsara n'étaient que souffrance, il prononça les vœux de novice et, à partir de seize ans, il reçut des enseignements auprès de nombreux maîtres de toutes écoles. Brillant et doté d'un courage hors pair, il apprit très vite un grand nombre de textes et progressa très rapidement dans sa pratique intérieure. Il se mit alors à enseigner et à écrire des commentaires élucidant le sens profond des enseignements. Tandis qu'il traversait de grandes difficultés, il composa un texte célèbre intitulé *Trente-Sept Stances sur la pratique des bodhisattvas* qui résume toute la voie du grand véhicule.

Des milliers de gens venaient le voir, attirés par sa bonté, sa parfaite intégrité et sa capacité d'enseigner en tenant compte de la nature de chacun.

Appliquant à la perfection la conduite du bodhisattva, il donnait sans hésiter tout ce qu'il possédait, jusqu'à ce qu'il n'eût plus même de quoi se nourrir. Il ne se couchait pratiquement jamais mais restait assis, de jour comme de nuit. Il apparut clairement, à plusieurs reprises, qu'il était capable de prendre sur lui la maladie des autres, et le simple fait de le rencontrer suscitait en soi la foi, l'amour et la compassion. Personne ne l'entendit jamais prononcer une parole dure envers quiconque.

GYALWA GÖTSANGPA (*rgod tshang pa mgon po rdo rje*, 1189-1258) – L'un des plus grands yogis, ermites et maîtres spirituels de la lignée Droukpa Kagyu. Il vécut longtemps dans des grottes, notamment autour du mont Kailash, et devint célèbre pour renoncement total. Ses écrits sur l'amour altruiste, la compassion et la vision pure (voir glossaire) sont particulièrement inspirants.

Dans sa jeunesse, il vécut comme un artiste talentueux et séduisant. Il parcourait le pays avec une troupe qui exécutait des spectacles de musique, de chant et de danse sur les places des villes et des villages.

À seize ans, inspiré par la dévotion dont il fut témoin lors de ses visites à Lhassa, il ressentit du dégoût pour les activités ordinaires du monde et voulut connaître les enseignements du bouddhisme. Il étudia un grand nombre d'ouvrages et reçut les enseignements de plusieurs maîtres, surtout des traditions Kadam, Shitché et Kagyu.

Au simple nom de Tsangpa Gyaré, le lama qui allait devenir son maître principal, il fut envahi par une profonde dévotion. Quand il arriva chez lui, celui-ci s'exclama simplement : « Te voilà donc ! Merveilleux ! »

Il passa de nombreuses années en méditation dans des lieux solitaires et fut capable de supporter les difficultés les plus extrêmes, refusant de considérer les obstacles comme tels. À la mort de son maître, il décida d'appliquer à la lettre les derniers conseils de celui-ci : « Abandonne toute préoccupation ordinaire et reste dans la solitude des montagnes », et passa de nombreuses années à méditer dans les grottes, en particulier autour du mont Kaïlash. À Ralung, alors qu'il pratiquait dans une hutte, un lac déborda et l'eau envahit son abri, mais il resta en méditation, le corps à moitié dans l'eau.

Il passa les dernières années de sa vie à fonder des monastères où se rassemblaient des milliers de disciples. Il initia la tradition de pèlerinage autour du mont Kaïlash, dont il établit le trajet.

JAMGÖN KONGTRUL LODRÖ THAYÉ (*'jam mgon kong sprul blo gros mtha' yas yon tan rgya mtsho*, 1813-1899) – Né dans une famille de tradition *bonpo* du Tibet oriental, il reçut par la suite une éducation bouddhiste. Dès son plus jeune âge, il manifesta les signes d'un être hors du commun.

Sa grande ouverture d'esprit le poussa à étudier auprès de maîtres de toutes les écoles, et sa vive intelligence lui permit de maîtriser rapidement un grand nombre d'enseignements, dont la médecine. Il passa toute sa vie à écrire, méditer et enseigner. Humble, il refusa, malgré son rang, d'avoir des serviteurs.

Sa contribution majeure au bouddhisme fut d'initier, en compagnie de Jamyang Khyentsé Wangpo dont il fut à la fois le maître et le disciple, le mouvement « rimé », ou non sectaire, visant à dépasser les points de vue partiaux qui divisaient les écoles, tout en préservant avec respect les instructions et les spécificités de chacune.

Son immense érudition lui permit de composer, parmi d'autres ouvrages, *Les Cinq Grands Trésors*, une véritable encyclopédie du bouddhisme de plus de quatre-vingt-dix volumes qui rassemble les enseignements principaux des lignées majeures et mineures du Tibet.

JETSÜN MILARÉPA (*rje btsun mi la ras pa*, 1040-1123) – Le plus connu des grands yogis et poètes tibétains et le principal disciple de Marpa le traducteur, à l'origine de l'école Kagyu.

Milarépa naquit au Tibet occidental, près du Népal. Son père mourut alors qu'il n'avait que sept ans et les propriétés de la famille furent laissées aux soins de parents qui le maltraitèrent, ainsi que sa mère et sa sœur. La mère, désespérée, envoya son fils apprendre la magie noire afin de se venger de cette injustice.

Milarépa, instruit par un magicien, causa d'abord la mort de trente-cinq personnes, puis il provoqua un orage de grêle qui détruisit toute leur récolte de céréales.

Mais, très vite, il regretta ses actes. Ayant perdu goût à la vie, il rechercha un maître bouddhiste capable de l'aider à se purifier du karma négatif qu'il avait accumulé. Il devint disciple d'un maître de l'école Nyingma qui, percevant qu'il avait des affinités avec Marpa, l'envoya voir ce dernier. Marpa, au péril de sa vie, avait rapporté d'Inde puis traduit les enseignements du maître indien Naropa, eux-mêmes transmis par le sage indien Tilopa.

Marpa eut l'intuition qu'il avait affaire à un être au destin exceptionnel qui deviendrait son successeur. Il n'en montra cependant rien et, connaissant les méfaits passés de Milarépa, il s'attacha d'abord à tester sa volonté et à le purifier de ses crimes. C'est ainsi que, pour préparer Milarépa à recevoir les instructions et les pratiques qu'il lui destinait, il lui fit pendant six ans traverser de très dures épreuves. Puis il lui donna tous les enseignements qu'il avait lui-même reçus et l'envoya pratiquer dans la solitude des montagnes.

Pendant de nombreuses années, Milarépa pratiqua dans le dénuement le plus total, ne portant qu'un léger vêtement de coton (d'où son nom, qui signifie « Mila vêtu de coton ») et ne se nourrissant que d'orties sauvages, à tel point que, dit-il lui-même, son corps prit une couleur verte (que l'on retrouve sur certaines peintures le représentant).

Il atteignit l'Éveil en une vie, eut de nombreux disciples et devint célèbre pour ses chants poétiques, qui furent par la suite réunis sous le titre *Les Cent Mille Chants de Mila*. Parmi ses disciples les plus célèbres figurent Gampopa (voir ce nom), le moine qui devint le détenteur de la lignée, et Rétchoungpa, qui avait lui-même transmis à Milarépa des enseignements et qui poursuivit la tradition des yogis laïcs.

JETSÜN TARANATHA (*kun mkhyen jo nang ta ra na tha kun dga' snying po*, 1575-1634 ou 1635) – Maître de l'école Jonang, aujourd'hui disparue, du bouddhisme tibétain, il passe pour l'un des plus grands lettrés, historiens et pratiquants de son temps. On dit qu'à l'âge de un an, il s'exclama : « Je suis l'incarnation de Kunga Drölchok ! » À quatre ans, il fut formellement reconnu comme l'émanation de ce maître et intégra le monastère de son prédécesseur.

Il reçut un grand nombre d'enseignements auprès de lamas tibétains mais aussi de maîtres et érudits indiens venus au Tibet. Auteur prolifique, il écrivit plus de vingt volumes sur les sujets les plus divers (médecine, astrologie, méditation, tantras, philosophie, histoire, sanskrit). Il s'attacha à restaurer la tradition Jonang, dont il fut le dernier et le plus grand penseur, et dont il défendit, en particulier, le point de vue philosophique sur la vacuité. Il fut aussi un grand traducteur, et plusieurs de ses traductions figurent dans le *Kangyour*, le recueil des enseignements du Bouddha traduits en tibétain. Il passa les vingt dernières années de sa vie chez les Mongols Khalkhas, où il répandit les enseignements bouddhistes.

JIGMÉ KHYENTSÉ RINPOTCHÉ (*'jigs med mkhyen brtse rin po che nus ldan rdo rje*, né en 1964) – Fils cadet de Kangyour Rinpotché (voir ce nom), il fut reconnu comme l'une des émanations de Khyentsé Chökyi Lodrö et fut éduqué par son père ainsi que d'autres grands maîtres contemporains tels que Dilgo Khyentsé Rinpotché et Dudjom Rinpotché. Parlant couramment l'anglais et le français, respecté pour ses enseignements profonds et sa parfaite humilité, il parcourt le monde inlassablement pour guider ses disciples sur tous les continents.

KANGYOUR RINPOTCHÉ (*bka' 'gyour rin po che klong chen ye shes rdo rje*, 1897-1975) – Né dans la province du Kham, au Tibet oriental, il manifesta, dès sa plus tendre enfance, d'étonnantes qualités spirituelles. Un jour, accompagnant un groupe de pèlerins, il rendit visite à Mipham Rinpotché qui vivait dans une grotte lui tenant lieu d'ermitage. « Qui est ce garçon ? » interrogea Mipham, désignant l'enfant du doigt. « Un jeune garçon du village », répondirent les moines. Mipham fit alors cette réflexion : « Certains jeunes garçons deviennent de grands maîtres. »

Très jeune, il entra au monastère de Riwoché, un important centre non sectaire où il étudia avec son maître principal, le grand lama Jédroung Trinlé Jampa Joungné, l'un des principaux disciples de Jamyang Khyentsé Wangpo.

Une fois accompli le cycle monastique d'études traditionnelles, Kangyour Rinpotché entreprit, aux confins du Kham, une retraite de méditation de neuf années. Puis il se rendit à pied au monastère de Taklung, au Tibet central, un voyage de plusieurs mois. Là, pendant la retraite d'été, les moines l'invitèrent officiellement à réciter pour eux le *Kangyour*, la traduction tibétaine des discours du Bouddha, qui comprend cent trois volumes. La science dont il fit preuve pendant la récitation et les explications de ce recueil, dont il donna quinze fois la transmission au cours de sa vie, lui valut d'être surnommé « Kangyour » Rinpotché.

Il révéla des trésors spirituels et composa également un certain nombre de commentaires de textes majeurs comme *Le Trésor de précieuses qualités*, de Ridzin Jigmé Lingpa.

En 1955, Kangyour Rinpotché pressentit l'invasion imminente de l'ensemble du Tibet par les Chinois et décida de partir pour l'Inde avec sa femme et leurs jeunes enfants, emmenant avec lui à dos de mule, pour unique richesse, des centaines de livres. En 1960, il s'installa près de Darjeeling où il vécut jusqu'à sa mort, en 1975, sans jamais cesser d'enseigner. Il eut de nombreux disciples occidentaux et fut par là l'un des premiers grands maîtres tibétains à établir les fondements du bouddhisme tibétain en Occident.

Ses fils et héritiers sprituels, Takloung Tsétrul Péma Wangyal Rinpotché, Jigmé Khyentsé Rinpotché et Rangdrol Rinpotché, perpétuent la transmission de ses enseignements dans le monde, et plus particulièrement au centre d'études de Chanteloube, en Dordogne.

KHYENTSÉ CHÖKYI LODRÖ (*'jam dbyangs mkhyen brtse chos kyi blo gros*, 1893-1959) – Sans doute le lama du Tibet oriental qui eut la plus grande influence sur le bouddhisme tibétain de son époque. Reconnu comme une émanation du grand Jamyang Khyentsé Wangpo, il fut intronisé très jeune au monastère de Kathok, où il commença ses études. À quinze ans, il fut invité au monastère de Dzongsar pour en prendre la direction. Il étudia auprès de nombreux grands maîtres de différentes écoles.

En 1955, lorsqu'il pressentit que les conflits engendrés par l'invasion chinoise allaient entraîner d'importantes destructions, il quitta Dzongsar et s'exila au Sikkim. C'est là qu'il établit sa résidence permanente et qu'il continua jusqu'à sa mort à donner un très grand nombre d'enseignements.

KODRAKPA SONAM GYALTSEN (*ko brag pa bsod nams rgyal mtshan*, 1170-1249) – Maître de l'école Sakya né à Dingri, au Tibet occidental, il reçut également des enseignements d'autres écoles, et en particulier du célèbre maître bengalais Vibhutichandra. Après cinq années de méditation au pied du mont Kaïlash, il atteignit la plus haute réalisation.

Il fonda le monastère de Kodrag, d'où vient le nom sous lequel il devint célèbre. Il était surtout connu pour sa maîtrise de la méditation et ses méthodes particulières pour vaincre les obstacles au progrès spirituel, ce qui lui attira un très grand nombre de disciples.

Ses chants de réalisation spirituelle contribuèrent à répandre sa renommée bien au-delà des cercles monastiques, jusqu'aux dirigeants tibétains, aux disciples de toutes les écoles et même à la cour royale mongole.

Sa poésie sobre tranche avec les ornements traditionnels imposés par les manuels de poésie indiens qui servent de référence habituelle au Tibet, et exprime librement ses impressions devant les majestueux paysages solitaires des régions où il passa la plus grande partie de sa vie. Son disciple le plus célèbre, Gyalwa Yangönpa (*yang dgon pa*), fonda une branche de l'école Drougpa Kagyu et exerça une grande influence sur le bouddhisme tibétain en général.

LANGRI THANGPA (*glang ri thang pa rdo rje seng ge*, 1054-1123) – Célèbre maître de la tradition Kadam dont l'œuvre la plus connue, les *Huit Stances sur l'entraînement de l'esprit*, sont encore pratiquées dans toutes les écoles bouddhistes tibétaines.

Il est également célèbre pour la tristesse qu'il manifestait à la pensée des souffrances interminables des êtres qui peuplent le samsara, le monde illusoire des renaissances, au point que son attitude sert, en quelque sorte, de modèle aux débutants pour mesurer la profondeur de leur réflexion sur les défauts du samsara. Cette particularité lui valut le surnom de « Face Lugubre », car on ne le voyait jamais sourire, sauf à une occasion, lorsqu'il remarqua qu'une souris essayait d'emporter une turquoise posée sur son autel. La souris, incapable de faire bouger la pierre, appela à la rescousse l'une de ses congénères. C'est à la vue des deux animaux s'escrimant à déplacer la turquoise que Langri Thangpa se mit à rire.

LHATSÜN NAMKHA JIGMÉ (*lha btsun nam mkha' 'jigs med*, 1597-1650) – Grand maître et révélateur de trésors spirituels né dans le sud du Tibet, il commença par étudier pendant dix-sept ans auprès d'un maître de la Grande Perfection, puis passa des années à méditer dans les lieux les plus retirés du Tibet oriental et occidental, en parfaisant la réalisation qu'il avait acquise auprès de son maître. Ce fut à l'occasion de ces retraites solitaires qu'il révéla des trésors, dont le plus célèbre est le *Chant spontané des nuages d'essence adamantine* (*rdo rje 'i snynig po sprin gyi thol glu*).

LONGCHEN RABJAM OU LONGCHENPA (*klong chen rab 'byams dri med 'od zer*, 1308-1363) – Le plus brillant maître et exégète de la tradition Nyingma. On lui doit plus de deux cent cinquante ouvrages portant sur tous les enseignements, des soutras comme des tantras, et particulièrement de la Grande Perfection, sans écarter pour autant les sujets profanes comme l'histoire et la littérature. Parmi ses œuvres les plus importantes figurent *Les Quatre Essences du cœur* (*snying thig ya bzhi*), *Les Sept Trésors* (*mdzod bdun*) et la *Trilogie du Repos* (*ngal gso skor gsum*).

Après des études aux côtés des plus grands maîtres, il acquit une maîtrise parfaite de tous les enseignements. Il en fit l'expérience intérieure pendant des années de méditation dans les conditions les plus austères, n'ayant en tout et pour tout qu'un vieux sac pour vêtement, lit et siège de méditation, et atteignit les plus hauts accomplissements possibles. La liste de ses pérégrinations, de ses expériences méditatives et de ses écrits serait interminable.

Sa contribution majeure au bouddhisme tibétain fut de compiler, d'organiser et de codifier l'ensemble des enseignements et des pratiques de l'école Nyingma et, plus particulièrement, d'élucider de manière inégalée les enseignements de la Grande Perfection.

MATCHIK LAPDRÖN (*ma gcig lab sgron*, 1055-1153) – Sans doute la femme la plus connue parmi les plus grands maîtres qui marquèrent le bouddhisme tibétain. Intéressée très tôt par le bouddhisme, elle rencontra ses deux maîtres principaux, Padampa Sangyé et Sonam Drakpa, qui mirent l'accent sur l'intériorisation du sens par la pratique, par rapport à la simple compréhension intellectuelle. C'est ainsi qu'elle parvint à la réalisation intérieure de ce que ses maîtres lui avaient transmis.

Elle passa sa longue vie à enseigner en vivant d'abord à la façon des yoginis, s'unissant à un yogi indien dont elle eut cinq enfants, puis retournant à la vie monastique. Elle finit par s'installer dans une grotte à Zangri Kangmar, où une communauté se forma autour d'elle.

Elle fut à l'origine d'un grand nombre de pratiques et d'enseignements qui eurent une grande influence sur toutes les écoles, plus particulièrement la pratique du Tcheu, qui consiste à trancher l'attachement au moi, dont elle composa même les mélodies, et qui est encore utilisée dans toutes les traditions du bouddhisme tibétain.

MINLING TERCHEN TERDAG LINGPA, GYOURMÉ DORJÉ (*smin gling gter chen gter bdag gling pa 'gyur med rdo rje*, 1646-1714) – Grand maître et révélateur de trésors spirituels de l'école Nyingma. Il fonda le monastère de Mindroling, l'un des six grands monastères de l'école Nyingma, et s'efforça de sauver un grand nombre d'enseignements qui étaient sur le point de disparaître. On compte parmi eux les tantras de l'ancienne tradition constituant un premier *Recueil des tantras anciens*, ainsi qu'une anthologie des trésors spirituels les plus importants qui servit de base au *Recueil de précieux trésors* de Jamgön Kongtrul Lodrö Thayé. Ses œuvres complètes comportent seize volumes.

Terdag Lingpa eut une fille hautement réalisée, Mingyour Paldrön, qui joua un grand rôle dans la transmission des enseignements de la tradition de Mindroling, l'une des plus influentes de l'école Nyingma, et qui fut la première d'une lignée de jetsünmas, femmes saintes de Mindroling, dont Khandro Rinpotché, née en 1969, est la représentante actuelle.

MIPHAM RINPOTCHÉ (*mi pham 'jam dbyangs rgya mtsho*, 1846-1912) – Également connu sous les noms de Mipham Tcholé Namgyal et Jampel Gyépé Dorjé, il était originaire de Dzachouka, au Tibet oriental. Il manifesta très jeune des qualités rares, mémorisant des livres entiers dès l'âge de six ans et devenant à dix ans un auteur renommé.

Il fit de nombreuses retraites de méditation et manifesta nombre de signes de réalisation.

Encouragé par Jamgön Kongtrul Lodrö Thayé et Jamyang Khyentsé Wangpo, dont il était très proche, il composa de brillants traités et commentaires, portant, entre autres, sur la philosophie et les pratiques de la tradition Nyingma, mais aussi sur les enseignements issus des soutras et du Kalachakra. Esprit éclectique, il écrivit également sur des sujets aussi variés que la médecine, la peinture, l'astrologie, la grammaire ou la poésie. Ses œuvres complètes comprennent vingt-sept volumes.

NAGARJUNA (*klu grub*, Ier-IIe siècle) – Grand maître indien de la tradition du Grand Véhicule, il est aussi considéré comme l'un des quatre-vingt-quatre mahasiddhas, ou maîtres hautement accomplis de l'Inde. Il est l'un des exégètes majeurs des enseignements les plus profonds du Bouddha, en particulier ceux qui relèvent de la *prajñaparamita*, la connaissance transcendante. On lui attribue de nombreux textes philosophiques et médicaux. Parmi ses ouvrages les plus importants figurent *Les Stances-Racines de la voie médiane* et *Les Soixante-Dix Stances sur la vacuité*.

NYOSHUL KHEN RINPOTCHÉ (JAMYANG DORJÉ) (*smyo shul mkhan po 'jam dbyangs rdo rje*, 1932-1999) – Maître de la tradition Nyingma du Tibet oriental. Éprouvant depuis son enfance un grand intérêt pour le Dharma, il étudia auprès de vingt-cinq maîtres et passa de nombreuses années en retraite méditative. Il reçut en particulier de son maître principal, Shédroup Tenpé Nyima, la « grande transmission des instructions cruciales de la Grande Perfection », qu'il mit au cœur de sa pratique et de son enseignement, et qu'il transmit à de nombreux disciples, y compris de grands maîtres de son époque.

En 1959, il parvint de justesse à fuir le Tibet pour se réfugier en Inde, où il vécut dans des conditions extrêmement difficiles, devant même, pour survivre, mendier dans les rues de Calcutta. Puis il enseigna de nouveau, parfois à d'autres lamas, parfois à d'immenses foules, et de grands maîtres l'invitèrent à transmettre dans leurs monastères ou centres d'études les instructions spéciales qu'il détenait.

Il passa la dernière partie de sa vie en Occident, surtout en France. Il vécut jusqu'à sa mort en Dordogne, y enseignant dans les centres de retraite tout en répondant aux invitations d'autres monastères bouddhistes occidentaux.

PADMASAMBHAVA (VIIIe-IXe siècle) – Grand maître indien qui joua un rôle clé dans la première propagation du bouddhisme, et plus particulièrement celui du Véhicule de Diamant, au Tibet. Simplement appelé le « précieux maître » ou « second Bouddha » par les Tibétains, il fait l'objet d'innombrables « yogas du maître » (lire explication p. 174) et autres pratiques des Mantras secrets.

Invité au Tibet au VIIIe siècle par le roi Trisong Detsen, il permit d'y implanter fermement l'enseignement du bouddhisme et fonda le premier monastère bouddhiste, celui de Samyé. Il transmit un grand nombre de pratiques et d'enseignements issus des tantras et, en particulier, cacha dans toute la région himalayenne des milliers de trésors spirituels destinés à être révélés au moment opportun pour le bien des générations futures. Certains de ses trésors sont encore découverts de nos jours par des maîtres particuliers, appelés *tertön* (découvreurs de trésors), qui sont considérés comme des émanations des principaux disciples de Padmasambhava.

L'histoire de Padmasambhava, qui a fait l'objet de plusieurs hagiographies, n'obéit certes pas aux critères historiques occidentaux. De par ses nombreux épisodes symboliques qui sont en eux-mêmes des enseignements, elle décrit davantage un parcours intérieur que des événements extérieurs. Pour s'en faire une idée, on pourra consulter *Le Dict de Padma*, traduction très poétique par Gustave-Charles Toussaint de l'une de ces hagiographies qui comporte cent huit chants.

PATRUL RINPOTCHÉ (*dpal sprul o rgyan 'jigs med chos kyi dbang po*, 1808-1887) – Célèbre maître de l'école Nyingma originaire du Tibet oriental, il doit surtout sa renommée à son attitude non sectaire, à sa grande compassion et à la simplicité extrême de son mode de vie. Il passa l'essentiel de son existence – hormis quelques années où il habita au centre d'études du monastère de Dzogchen – dans des grottes, des forêts et des ermitages reculés. Il voyageait la plupart du temps incognito, vêtu comme un nomade.

Dans sa jeunesse, il apprit par cœur la plupart des œuvres fondamentales, même les volumineux *Sept Trésors* de Longchenpa. Ainsi pouvait-il exposer pendant des mois les sujets les plus complexes sans recourir au moindre support écrit. Il ne possédait, à sa mort, qu'un exemplaire de l'*Entrée dans la pratique des bodhisattvas* et un bol d'aumône.

Dès son enfance, il fit preuve d'une vive intelligence, d'une bonté naturelle et de capacités intellectuelles exceptionnelles. Il fut reconnu comme l'émanation combinée de plusieurs grands maîtres, dont le grand maître Shantidéva, et fut placé à la tête du monastère de son incarnation précédente.

Peu après, il rencontra son maître principal, Jigmé Gyalwai Nyougou. Celui-ci avait médité pendant plusieurs années dans la solitude, à la limite des neiges éternelles, dans la lointaine vallée de Dzamaloung. Sur la pente battue par les vents où il s'était arrêté, on ne trouvait pas même une grotte pour s'abriter. Il élut domicile dans une dépression du sol et survécut en se nourrissant de plantes sauvages. Avec le temps, la renommée de cet ascète remarquable se répandit au loin. Les disciples affluèrent auprès de lui par centaines, s'installant sous des tentes.

Outre Jigmé Gyalwai Nyougou, Patrul Rinpotché rencontra la plupart des grands lamas de son époque et étudia avec eux.

À la mort du neveu de son prédécesseur, qui s'était jusqu'alors occupé de son monastère, Patrul Rinpotché décida de passer le reste de ses jours sans demeure ni possession. Une fois réglées les affaires du monastère, il partit pour une vie d'errance.

Les montagnes escarpées et les vallées boisées qui entourent le monastère de Dzogchen sont parsemées d'abris et de surplombs où Patrul Rinpotché s'arrêta souvent pendant la première période de sa vie, et où souvent il retourna. Il composa de nombreux ouvrages, dont le célèbre *Kunzang Lamé Shéloung**. Il lui arrivait de convaincre les brigands de cesser leurs crimes et les chasseurs de ne plus tuer d'animaux.

Lorsqu'il enseignait, tous ceux qui l'écoutaient se sentaient sereins et pouvaient rester assis sans effort, comme absorbés dans une sorte de contemplation. Dans sa bouche, quelques paroles simples suffisaient à déclencher toute une suite d'intuitions nouvelles sur la vie spirituelle. Ce qu'il prêchait dans une langue directe, ses auditeurs pouvaient l'appliquer immédiatement à leur expérience personnelle. Ses vastes connaissances, la chaleur de ses bénédictions et la profondeur de son illumination intérieure donnaient à ses enseignements une qualité unique.

Tous ceux qui avaient passé un moment avec lui disaient qu'il ne parlait que du Dharma. Il enseignait ou racontait la vie des grands maîtres d'autrefois, mais nul ne l'entendit jamais s'étendre sur les bavardages du monde. De toute façon, il parlait peu et, quand il le faisait, c'était le plus directement possible, ce qui déplaisait parfois aux amateurs de flatterie. Sa présence inspirait au premier abord la crainte et le respect, et seuls ceux qui avaient vraiment besoin de ses conseils spirituels osaient l'approcher. Mais tous ceux qui le fréquentaient avaient ensuite le plus grand mal à le quitter.

Voici comment son serviteur, Sonam Tséring, décrit ses dernières heures :

« Lorsque le soleil se mit à briller, il se déshabilla, s'assit bien droit, les jambes dans la position du vajra,

* Traduit en français sous le titre *Le Chemin de la Grande Perfection*, Éditions Padmakara, deuxième édition, 1997.

et posa ses mains sur ses genoux. Quelques instants plus tard, il regarda droit devant lui, des deux mains fit claquer ses doigts, reposa ses mains dans le *moudra* de l'égalité et entra dans le grand espace intérieur lumineux de la pureté primordiale, parfaite sublimation de la mort. »

PÉMA LINGPA (*padma ling pa*, 1450-1521) – Considéré comme l'émanation de Longchen Rabjam, il fut l'un des maîtres les plus influents de l'histoire du Bhoutan, où il fonda de nombreux temples et communautés monastiques et où il révéla et propagea plus d'une trentaine de trésors spirituels.

Certains de ses contemporains doutaient de son authenticité en tant que révélateur de trésors, et d'autres le considéraient même comme un escroc. Un jour, le bruit courut qu'il était sur le point d'extraire un trésor dans une cuvette formée par une rivière. Le gouverneur local, pressentant une mystification, fit venir une foule de témoins. « Si vous révélez vraiment un trésor, je vous récompenserai, sinon je vous punirai pour avoir organisé cette tromperie dans mon district. » Le maître répondit que s'il était un authentique révélateur des trésors de Padmasambhava, il plongerait dans l'eau avec une torche et en ressortirait avec la torche allumée ; sinon, il périrait noyé. Il alluma la torche et plongea dans l'eau. Le temps passant, la foule se mit à pleurer la mort du maître. Le gouverneur lui-même eut honte d'avoir provoqué ce drame. Mais Péma Lingpa finit par émerger de l'eau avec, dans une main, la torche encore allumée et, dans l'autre, une statue et un petit écrin. À partir de ce jour, plus personne n'eut de doute au sujet de Péma Lingpa. L'endroit, que l'on appela Mébartso (« le lac à la torche allumée »), fait encore de nos jours l'objet de pèlerinages. Péma Lingpa eut d'innombrables disciples et sa renommée se propagea au-delà du Bhoutan et dans tout le Tibet.

RATNA LINGPA (*ratna gling pa rin chen dpal*, 1403-1478) – Maître et découvreur de trésors spirituels de l'école Nyingma né à Lhodrak, dans le sud du Tibet, il fut décrit comme un enfant prodige qui apprenait tout sans effort. Dès l'âge de dix ans, il eut des expériences intérieures telles que des apparitions de Padmasambhava. À partir de trente ans, il révéla des trésors cachés dans tout le sud du Tibet, vingt-cinq au total.

On dit que, lorsqu'il enseignait ou pratiquait, des signes extraordinaires apparaissaient autour de lui.

Il compila en quarante-deux volumes les tantras de la tradition Nyingma, une œuvre à présent disparue mais qui servit de base aux compilations futures.

Sa lignée spirituelle fut perpétuée par ses propres enfants et par de grands maîtres de l'époque tel que le VIe Karmapa.

RIDZIN JIGMÉ LINGPA (*rig 'dzin 'jigs med gling pa*, 1729-1798) – L'un des plus grands maîtres, écrivains et révélateurs de trésors spirituels de l'école Nyingma. Très jeune, il se souvenait de ses vies précédentes. Dès l'âge de six ans, il prononce ses vœux de novice et commence à recevoir nombre de transmissions et d'enseignements. À treize ans, il rencontre son maître principal, Ridzin Thougchok Dorjé.

À vingt-six ans, il fait une longue retraite pendant laquelle il étudie les *Sept Trésors* de Longchenpa et en éprouve une intense dévotion pour ce maître. Lors d'une seconde retraite, Longchenpa lui apparaît en vision, à la suite de quoi Jigmé Lingpa comprend le sens de *L'Essence du cœur de l'immensité* (*klong chen* *snying thig*), le principal trésor spirituel qu'il est sur le point de révéler et qui deviendra par la suite l'un des enseignements les plus pratiqués par les Nyingmapas. Il propage alors cet enseignement, fonde le monastère de Tséring Jong et compose des textes sur un grand nombre de sujets, aussi bien religieux que profanes, et tout particulièrement *Le Trésor de précieuses qualités**, brillant exposé en vers de la voie graduelle selon l'école Nyingma, accompagné de deux autocommentaires.

SAKYA PANDITA (*sa skya pan di ta kun dga' rgyal mtshan*, 1182-1251) – Considéré comme une manifestation du bodhisattva Manjushri, il fut l'un des plus grands érudits du bouddhisme tibétain.

Il étudia toutes les disciplines spirituelles et profanes connues à son époque, y compris les arts, la médecine, le sanskrit et d'autres langues étrangères.

Cet immense érudit et sanskritiste de l'école Sakya joua un rôle essentiel dans la transmission des sciences traditionnelles indiennes telles que la grammaire, la logique, la médecine, l'astrologie, etc.

Traducteur prolifique des textes sanskrits, il rédigea lui-même plus de cent ouvrages dont une explication majeure des trois sortes de vœux, qui eut une grande influence sur la littérature tibétaine et suscita de très nombreux commentaires.

Sa réputation et son autorité spirituelle lui valurent une invitation de l'empereur mongol Godan Khan, petit-fils de Gengis Khan, assortie d'une menace implicite d'invasion du Tibet en cas de refus. Devenu maître de l'empereur, qu'il sauva en outre d'une maladie incurable, il sauva ainsi le Tibet de la destruction et propagea son enseignement en Mongolie et en Chine.

* Publié sous ce titre par les Éditions Padmakara, 2009.

SHABKAR (TSOGDROUK RANGDROL) (*zhabs dkar tshogs drug rang grol*, 1781-1851) – Yogi errant et poète originaire du Tibet oriental, ce grand maître de l'école Nyingma rappelle Milarépa – on le considère d'ailleurs comme une émanation de celui-ci – car il était issu d'une famille nomade sans éducation et enseignait à l'aide de chants d'une grande beauté poétique qui ne devaient rien à la connaissance intellectuelle mais à une expérience intérieure authentique.

Il est célèbre pour son humilité et son immense compassion. Partout où il allait, au Tibet comme au Népal, il rachetait des animaux domestiques pour les libérer et persuadait les habitants qu'il rencontrait de ne plus tuer ni chasser d'animaux. Lui-même fit vœu devant la célèbre statue de Jowo Rinpotché à Lhassa de ne plus manger de viande, chose rare chez les Tibétains. À maintes reprises, il apaisa des conflits sanglants qui opposaient des tribus de sa région.

Il se déplaçait constamment, s'abritait dans des grottes, en particulier celles où avait médité Milarépa, sur les flancs des montagnes enneigées, et ne restait jamais longtemps au même endroit, hormis sur une île au milieu du lac Kokonor où il passa cinq années en retraite.

Il eut d'innombrables disciples auxquels il s'adressait le plus souvent au moyen de poèmes chantés à la manière de Milarépa. Ses œuvres complètes comprennent quatorze volumes d'enseignements d'une grande profondeur, dans un style extrêmement clair.

SHANTIDÉVA (*zhi ba lha*, 685-763) – L'un des quatre-vingt-quatre mahasiddhas indiens. Issu d'une famille royale de l'ouest de l'Inde, il renonça à succéder à son père et prononça les vœux monastiques à l'université bouddhiste de Nalanda, où il devint un érudit caché, dormant la journée et travaillant la nuit, et composa en secret deux traités, le *Compendium des instructions* et le *Compendium des soutras*. Méprisé par ses compagnons qui le prenaient pour un ignare, on le somma de donner un enseignement public sur un trône exagérément élevé, dans le seul but de le tourner en ridicule et de l'expulser de l'université. Or, l'enseignement qu'il donna stupéfia tout l'auditoire. Il s'agissait de l'*Entrée dans la pratique des bodhisattvas*, son œuvre majeure qui allait devenir, au Tibet, le texte le plus étudié et le plus commenté.

On raconte que Shantidéva renonça ensuite à ses vœux monastiques et quitta l'université de Nalanda pour mener une vie de yogi errant, débattant avec des maîtres non bouddhistes et secourant les êtres par toutes sortes de moyens, parmi lesquels des actes miraculeux.

SHECHEN GYALTSAP (*zhe chen rgyal tshab padma rnam rgyal*, 1871-1926) – Ce grand érudit et maître spirituel de l'école Nyingma appartenait à la seconde génération des propagateurs du mouvement non sectaire au Tibet oriental. Il eut, parmi ses maîtres, les fondateurs de ce mouvement : Jamyang Khyentsé Wangpo, Jamgön Kongtrul, Patrul Rinpotché et Mipham Rinpotché. Reconnu comme la quatrième émanation successive des *gyaltsap*, ou régents, du monastère de Shechen Tennyi Dargyeling, il fut, très jeune, installé sur le trône de son prédécesseur.

Il fit des études très complètes et pratiqua pendant plus de vingt ans tous les aspects de la voie de l'Éveil. Lorsqu'il eut recueilli le fruit de ces pratiques, « le trésor de sa sagesse se déversa », comme le dit l'expression tibétaine, et la qualité de ses enseignements lui valut d'avoir comme disciples les plus grands maîtres du Tibet oriental.

Il passa la plus grande partie de sa vie dans un ermitage au-dessus du monastère de Shechen, où il rédigea de brillants commentaires, à la fois clairs et profonds, sur les différents aspects de la philosophie et de la pratique bouddhistes.

Ses œuvres complètes, qui comprennent treize volumes, constituent l'un des recueils les plus variés de la littérature tibétaine, traitant non seulement de sujets purement bouddhistes mais aussi d'histoire, de grammaire, de poésie, d'astrologie et d'autres disciplines traditionnelles.

TRAKPA GYALTSEN (*rje btsun grags pa rgyal mtshan*, 1147-1216) – Maître érudit et accompli de l'école Sakya.

Dès son plus jeune âge, il manifesta les signes d'une grande maturité et ne se comporta pas comme les autres enfants. Il n'avait aucun attachement pour la nourriture et les autres plaisirs ordinaires. Alors qu'il savait à peine marcher, il se plaisait à rester dans des lieux retirés pour y étudier.

À huit ans, il prononça les vœux de novice. À douze ans, à la surprise générale, il commenta le tantra de Hevajra devant une vaste assemblée. Dès l'âge de treize ans et jusqu'à sa mort, il fut responsable de l'enseignement du Vajrayana au monastère de Sakya.

Il ne cessa jamais de recevoir d'innombrables enseignements de différents maîtres et pratiqua avec une diligence exceptionnelle, ne dormant que quelques heures par nuit. Les témoins de son époque disent ne l'avoir jamais vu oisif mais toujours occupé à étudier, à pratiquer ou à enseigner.

Il écrivait aussi, et laissa un grand nombre de textes au style simple et élégant, compréhensibles par tous et portant sur des sujets variés tels que les tantras, les pratiques méditatives, l'histoire, l'astrologie, la médecine. Il fut également un artiste traditionnel talentueux et réalisa, entre autres œuvres, des mandalas, des statues et des stoupas.

Sans attachement pour les biens de ce monde, il donnait régulièrement aux autres tout ce qu'il possédait. Bien qu'il reçût beaucoup d'offrandes de ses disciples, à sa mort ses possessions se résumaient à un coussin de méditation et ses vêtements monastiques.

YONGEY MINGYOUR RINPOTCHÉ (*yongs ge mi 'gyur rdo rje*, né en 1975)

Comme Jigmé Khyentsé Rinpotché, Mingyour Rinpotché appartient à la génération de *tulkous*, ces êtres reconnus comme des émanations de maîtres tibétains du passé, qui ont reçu toute leur formation en dehors du Tibet à cause de l'occupation chinoise. Né au Népal et fils de Tulkou Urgyen Rinpotché, un grand méditant qui passa la plus grande partie de sa vie dans des ermitages, il fut reconnu à l'âge de trois ans comme étant à la fois l'émanation du découvreur de trésors spirituels Yongey Mingyour Dorjé et celle de Kangyour Rinpotché (voir ce nom).

Dès son plus jeune âge, il fut attiré par la vie contemplative, et à treize ans, de son propre chef, il entreprit deux retraites consécutives de trois ans chacune. Il est ensuite devenu l'un des maîtres les plus appréciés de sa génération pour son humour et sa capacité à enseigner, de façon simple et directe, les concepts bouddhistes les plus difficiles à comprendre. Il est à présent invité dans le monde entier et a publié deux livres de conseils, dont le premier relate aussi son histoire personnelle*.

L'une de ses particularités est de s'être intéressé très jeune à la science moderne, et en particulier aux neu-

* Le premier a été traduit en français sous le titre *Bonheur de la méditation*, Fayard, 2007 et Le Livre de Poche, 2009. Le second est publié sous le titre de *Bonheur de la sagesse*, aux éditions Les Liens qui Libèrent, 2010.

rosciences, auxquelles il prêta son concours en participant, dès 2002, à des expériences conduites par des chercheurs de renom, comme Antoine Lutz, dont le but était de déterminer l'influence de l'entraînement à la méditation sur le fonctionnement du cerveau. Les résultats que lui et une poignée d'autres méditants chevronnés permirent d'obtenir poussèrent Richard Davidson, neuroscientifique de réputation mondiale, à s'exclamer : « Nous ne nous attendions pas à quelque chose d'aussi spectaculaire*. »

ZOURCHOUNG SHÉRAP TRAKPA (*zur chung shes rab 'grags pa*, 1014-1072) – Maître renommé de l'école Nyingma qui manifesta très tôt des capacités d'apprentissage exceptionnelles. Il quitta la maison familiale à l'âge de treize ans pour étudier les enseignements du Bouddha, et pendant plus de dix ans pratiqua jour et nuit dans des ermitages.

Il devint rapidement célèbre pour son extraordinaire degré de réalisation spirituelle qui lui valut le respect de nombreux maîtres, même ceux qui venaient d'autres traditions, et pour les pouvoirs spectaculaires qui découlaient de ses accomplissements intérieurs. Il manifestait ces derniers presque quotidiennement, non pas pour impressionner les autres mais pour susciter la foi et propager les enseignements de façon plus efficace. C'est ainsi que, selon les témoins de son époque, il pouvait se déplacer dans les airs et donner le même jour trois enseignements, en des lieux très éloignés les uns des autres ; il lui arriva de rallonger un pilier qui

* Pour plus de détails, consulter les livres de Mingyour Rinpotché et le rapport de A. Lutz, L.L. Greischar, N.B. Rowlings, M. Ricard et R.J. Davidson intitulé « Long-Term Meditators Self-Induce High Amplitude Gamma Synchrony During Mental Practice », PNAS, 16 novembre 2004, vol. CI, n° 46.

était trop court, de marcher sur un lac, ou de passer à travers des rochers comme s'ils étaient faits d'air. Un jour, il laissa dans un rocher l'empreinte de son chignon et de ses longues boucles d'oreilles en se prosternant par respect pour son maître qui venait de danser sur ce même rocher en y laissant l'empreinte de ses pieds.

Il rédigea, en guise de testament, *Huit Chapitres de conseils personnels**, dans lequel il expose, en termes concrets directement applicables par le pratiquant, les points les plus essentiels pour progresser avec succès sur la voie du Dharma, et plus particulièrement celle du Dzogchen, la Grande Perfection.

* Ces conseils ont été traduits en anglais et publiés sous le titre *Zurchungpa's Testament* par le Comité de traduction Padmakara, et publié par Snow Lion, États-Unis, 2006.

Remerciements

Je remercie profondément tous ceux qui ont rendu possible l'existence de ce livre.

Inutile de dire que je dois tout ce qu'il contient de juste à la bienveillance et à la sagesse de mes maîtres spirituels, principalement Kangyour Rinpotché, Dilgo Khyentsé Rinpotché, Dudjom Rinpotché, Trulshik Rinpotché, Takloung Tsétrul Péma Wangyal Rinpotché et Jigmé Khyentsé Rinpotché, ainsi que Sa Sainteté le dalaï-lama qui, selon les maîtres que je viens de citer, est le maître bouddhiste tibétain le plus accompli de notre temps.

Je remercie mon amie et fidèle éditrice Nicole Lattès, qui m'a toujours encouragé à poursuivre mes efforts.

Merci à mes amies et amis des Éditions NiL et Robert Laffont, Françoise Delivet qui a assuré la mise en forme finale du texte et m'a aidé à clarifier de nombreux points, Joël Renaudat qui a réalisé la maquette du livre, Christine Morin et Catherine Bourgey, qui m'ont toujours aidé et accompagné avec gentillesse et compétence.

Les droits d'auteur issus de ce livre sont entièrement consacrés aux projets humanitaires que nous menons au Tibet, au Népal, en Inde et au Bhoutan. Ceux qui souhaiteraient se joindre à cet effort peuvent se mettre en rapport avec l'association que nous avons fondée dans ce but, Karuna-Shechen (www.karuna-shechen.org).

Table des matières

Imprimé en France par Laballery

N° d'impression : 102377
Dépôt légal : décembre 2011
Suite du premier tirage : mars 2021
S21555/05
Pocket, 92 avenue de France, 75013 Paris